中国文化的生命力

宋修见 著

图书在版编目（CIP）数据

中国文化的生命力/宋修见著.—北京：北京大学出版社，2022.1
ISBN 978-7-301-32528-5

Ⅰ.①中… Ⅱ.①宋… Ⅲ.①中华文化—研究 Ⅳ.①K203

中国版本图书馆CIP数据核字（2021）第190281号

书　　　　名	中国文化的生命力 ZHONGGUO WENHUA DE SHENGMINGLI
著作责任者	宋修见　著
责 任 编 辑	魏冬峰
书 籍 设 计	武　将
标 准 书 号	ISBN 978-7-301-32528-5
出 版 发 行	北京大学出版社
地　　　　址	北京市海淀区成府路205号 100871
网　　　　址	http://www.pup.cn　　新浪微博：@北京大学出版社
电 子 信 箱	weidf02@sina.com
电　　　　话	邮购部 010-62752015　　　　发行部 010-62750672 编辑部 010-62750673
印 　刷 　者	三河市博文印刷有限公司
经 　销 　者	新华书店
	880 毫米 ×1230 毫米　A5　11.625 印张　270 千字 2022 年 1 月第 1 版　　2022 年 5 月第 4 次印刷
定　　　　价	58.00元

未经许可，不得以任何方式复制或抄袭本书之部分或全部内容。
版权所有，侵权必究
举报电话: 010-62752024　　　电子邮箱: fd@pup.pku.edu.cn
图书如有印装质量问题，请与出版部联系，电话: 010-62756370

图 版

图 1-1

图 1-2

图 1-1 1946 年 11 月《传奇》增订本封面,为张爱玲和炎樱合作完成。炎樱负责前面仕女图,后面那个诡异的人形出自张爱玲手笔

图 1-2 清华大学美术馆"与天久长"展览中展出的何尊 宋春雨摄

图 1-3

图 1-4

图 1-3 位于大兴安岭的嘎仙洞 宋修见 摄

图 1-4 〔法〕布歇，中国捕鱼风光，油画画布，42x56cm，法国贝桑松美术馆藏

图 1-5

图 2-1

图 1-5 好莱坞电影《傅满洲的复仇》中的傅满洲形象

图 2-1 展陈于广州西汉南越王博物馆的"忍"字瓷枕 宋修见摄

图 3-1

图 3-1 位于丽江古城的"天雨流芳"牌匾 宋修见摄

图 4-1 展陈于中国国家博物馆的击鼓说唱俑 蔡声韩摄

图 4-1

图 4-2 吕蒙正接彩毯,浙江省金华市木版年画博物馆提供

图 4-3 (宋)马远,寒江独钓图,绢本设色,26.7x50.6cm,日本东京国立博物馆藏

图 4-2

图 4-3

图 4-4

图 4-5

图 4-4 （明）戴进，携琴访友图（局部），纸本设色，25.5x137.2cm，德国柏林东亚美术馆藏

图 4-5 （宋）林椿，枇杷山鸟图，绢本设色，26.9x27.2cm，北京故宫博物院藏

图 5-1

图 5-1 桃符换(焕)彩，套色版印笔绘，天津杨柳青，20x52cm，前苏联科学院民族学博物馆藏

图 5-2 展陈于浙江东阳卢宅肃雍堂的"岳母刺字"木雕梁垫 朱景华摄

图 5-2

图 5-3

图 6-1

图 6-2

图 6-3

图 5-3 位于大理沙溪古镇玉津桥东的白族村庄与稻田 宋修见摄

图 6-1 〔意〕乔凡尼·贝利尼,诸神之宴,布面油彩,170x188cm,美国华盛顿国家美术馆藏

图 6-2 柳芭,父亲在哪里,木板油画棒

图 6-3 法国 L'UNIVERS ILLUSTRE 画报 1869 年 6 月 16 日刊登的大清帝国特命全权大使蒲安臣使团合影。画面中间站立者为蒲安臣,左为志刚,右为孙家谷。此木版画(黑白纸本,40x28cm)以原版照片为蓝本制作而成

序

人们常说，文化是一个民族的灵魂。要全面认识与完整表述一个民族的灵魂，显然是相当不易的！

从人类文明整体来看，古巴比伦、古印度、古埃及、古希腊、古印加和古玛雅等文明实体都分别中断、消亡或演变得面目全非了。而唯有中国文化不断融合调适成为一种具有内生活力的文明体系，历经数千年的战乱动荡、改朝换代而绵延不绝，其中自然有地理环境、气候条件、生产方式、人口规模、政治制度、价值观念等多种原因。但其内生活力则还可从更深层次的文字内涵、文化理想、民族性格、宗教信仰、思维模式、生活理念、哲学思想与艺术精神等诸多方面来剖析研究。

英国文学家乔治·N.赖特（George N. Wright）在《中央帝国》一书的"1858年版导言"中写道：

中华民族确实是一个奇特的民族，与我们不同的习俗和行为，在日常生活中屡见不鲜。中华文明源远流长，曾长期占据人类历史发展顶点，从科学技术到文学艺术，没有哪个国家或者民族能出其右。①

1858年是清咸丰八年。这一年，英法联军攻占北京，圆明园的大火烧了整整三天三夜。清政府先后与俄、美、英、法等国分别签订了《瑷珲条约》和《天津条约》等一系列割地赔款的屈辱条约。在这样的世变之下，乔治·N.赖特能如此客观地评价中华文明的辉煌历史，诚属难得。

1890年，上海英文报纸《字林西报》（North China Daily News）开始连载美国传教士亚瑟·亨·史密斯（Arthur H.Smith）的《中国人的性格》（Chinese Characteristics），四年后美国纽约弗

---

① 〔英〕乔治·N.赖特：《中央帝国》，何守源译，北京时代华文书局，2019年，"1858年版导言"，第6页。

序 /

莱明出版公司（Fleming H Revell Company）将其结集出版，后被译为多国文字，成为西方人研究介绍中国人性格的最有影响的著作之一，据说还是美国历届总统的必读书。这位1872年来华、中文名字为明恩溥的美国公理会传教士在书中写道：

> 中华民族是世界上最伟大的民族，"其有记载的历史一直可以追溯到传说中的远古，她是世界上唯一没有异化或崩溃的古老民族，也从未被任何民族，从她自古生存的那片土地上驱逐出去。"一切都仍是那样古老。对这一空前绝后的事实，我们该如何解释呢？中国人口之众多，在世界上无与伦比，他们自从开天辟地以来就居住在中华大地上，直到今天。到底是一种什么样的神秘力量在支撑着这个古老的民族？在所有的民族都必然走向衰落、灭亡的宇宙命运面前，中华民族为什么成了一个例外，一直保持着如此顽强的生命力？①

明恩溥提出的问题至今仍富有意义。到底是一种什么样的力量支撑着中华民族从古走到今？我们何以能自公元前221年以来始终使用着统一的文字，阅读着永恒的经典？何以能够在音乐、书法、绘画等艺术领域有着一脉相承的源流，在生活礼俗和道德伦理方面坚守着一以贯之的原则？也即是说，中华民族为什么能够"一直保持着如此顽强的生命力"？从明恩溥成书至今这一百多年来，中华民族又历经了无数的磨难，中国人民又进行了无数的奋斗。单就这一个多世纪以来的磨难与奋斗而言，明恩溥的问题也是特别值得研究和回答的。虽然西方的"中国学"研究由来已久，但是我们自己在这方面做的功课还远远不够。

中华民族"一直保持着如此顽强的生命力"，主要原因应该

---

① 〔美〕亚瑟·亨·史密斯：《中国人的性格》，乐爱国、张华玉译，学苑出版社，1998年，第249—250页。

不是体魄之强健，而是缘于文化的力量。是上善若水、兼容并包的中国文化赋予了一代又一代中国人的生命以顽强的意志品质和柔韧的智慧力量。被誉为中国文化"大道之源"的《易经》讲道："天行健，君子以自强不息；地势坤，君子以厚德载物。"两千多年来，"自强"与"厚德"刚柔并济的品格已经成为中国文化的强大基因。所以，中华民族"顽强的生命力"理应从中国文化中一探究竟。

19世纪末，还有一位中文名字为倪维思（John Livingstone Nevius）的美国传教士这样赞叹中国文化顽强的生命力——

> 诚然，叛乱和政治动荡在中国的历史上时有发生，但中国人的性格和他们的思想里所蕴含的万物生生不息的观念使这个民族得以无数次地恢复元气、重整河山，灾难和动乱只不过是中华帝国绵延发展与生长过程中暂时出现的羁绊和阻碍而已。这种大智大慧的思想不仅使这个民族雄踞于东方世界之中，即使在基督教国家看来，她也是独树一帜的。[①]

倪维思表达了对中国人的性格和思想观念的赞许，并称赞中国有三千年的"信史"，中国语言"复杂精深"，中国文学"包罗万象"，认为这些是"使这个民族得以无数次地恢复元气、重整河山"的重要原因，显然是十分中肯的。梁漱溟也讲道：

> 中国文化独自创发，慢慢形成，非从他受……中国文化自具特征……自成体系，与其他文化差异较大……唯中国能以其自创之文化绵永其独立之民族生命，至于今日岿然独存……从中国已往历史征之，其文化上同化他人之力最为伟大……由其伟大的同化力，故能吸收若干邻邦外族，而融成后来之广大中华民族……

---

① 〔美〕倪维思：《中国和中国人》，崔丽芳译，中华书局，2011年，第228页。

其自身内部具有高度之妥当性、调和性……①

"唯中国能以其自创之文化绵永其独立之民族生命",这是十分精辟的论断!那么,在古今中外文化再度深相激荡的大时代,认真探究中国文化的生命力继而深入开掘这份生命力,使之为民族复兴提供伟大的力量,当是这大时代里的大课题。如当代学者张德祥在《中国文化的基因、活力和能量》一文中所讲:

> 文化的命运只能由文化自身的生命力决定,文化的生命力取决于文化基因对社会发展的适应能力。事实上,华夏文明不仅有着深厚根基和悠久传统,而且有着符合自然规律、符合人类文明进步要求的本元基因。这就要求我们从更基础、更根本的深层角度认识中国文化。②

从更基础、更根本的深层角度认识中国文化,是这大课题中必须要做的工作。但是,20世纪以后我们学习西方的学科建制和人才培养体系,学科划分日益精细,文化的"专业化"阻隔了我们对文化"更基础"和"更根本"的整体性理解。如美国学者雅克·巴尔赞(Jacques Barzun)所言:

> 通过专业化,文化被委托给专家了;文化已经不再是其分享者用来完善自己精神的财富了。一个显而易见的后果是这种碎片化:大家都在谴责,没有人采取实际行动。专家把一个小题目当做自己的领域——而且一辈子都是兴趣或眼界狭窄的人。但是,通过这种文化委托,艺术和人文学科的重要性被转移到一个新的场所中。这些美好事物的价值不再是给人们的头脑和内心带来的直接影响;它们的价值在于作为职业,作为谋生手段,作为荣誉标识,作为被

---

① 梁漱溟:《中国文化要义》,上海人民出版社,2005年,第7—8页。
② 张德祥:《中国文化的基因、活力和能量》,《中国艺术报》,2016年12月16日。

销售的商品，作为文化产业的组成部分。①

显然，正是由于这种专业化的"文化委托"，对任何学科领域的学者来说要整体认识和阐述文化都难免存在一定的局限性和片面性，尤其是对于博大精深的中国文化而言。

英国学者雷蒙·道森（Dawson. R.）曾这样感慨："鉴于中国文献卷帙浩繁，令人望而却步，不知从何处入手；鉴于中国历史绵延数千年，源远流长，有着持续的传统；鉴于今日中国的局势殊难为人理解，因而要清除绝大多数欧洲人的中国作为'一个扇子与灯笼、辫子与斜眼、筷子与燕窝汤、亭台楼阁与宝塔、洋泾浜英语与缠足的国度'的'无知'谈何容易。"②

其实对我们中国人来说，面对"文献卷帙浩繁"和"历史绵延数千年"，也会有"盲人摸象"和"提灯照物"之感。但转念想来，既然对任何学科领域的专家学者来说都是一种挑战，是不是就可以释然自顾地说上一气了呢？虽然会挂一漏万，但这"一"如果能够激发人们去探索那漏掉的"万有"，便也是有意义的。

当然，这个意义更在于郑铁生在《中国文化的整体观与生命力》一文中所讲：

中国文化的生命力和优势是几千年来的文化传统基因，依旧流贯在我们的身上，影响着现代中国人的思维、性格和行为，这才是需要我们大力开掘的根本内涵。而恰恰这个根本问题还没引起我们高度的重视。③

是为序。

---
① 〔美〕雅克·巴尔赞：《我们应有的文化》，严忠志、马驷骅译，浙江大学出版社，2009 年，第 6 页。
② 〔英〕雷蒙·道森：《中国变色龙：对于欧洲中国文明观的分析》，常绍民、明毅译，时事出版社、海南出版社，1999 年，第 15 页。
③ 郑铁生：《中国文化的整体观与生命力》，中国作家网，2014 年 6 月 11 日，http://www.chinawriter.com.cn/bk/2014-06-11/76391.html，2021 年 6 月访问。

目　录

第一辑 认识与表述我们自己

3/ 自知者明：我们是谁

8/ 知人者智：他们是谁

13/ 何谓"中国"

21/ 中华民族与中华文明

26/ 中国人与中国文化

30/ 文明的他者与想象的异域

38/ 西洋镜中的中国和中国人

45/ 文明的交融、叠积与生成

53/ 美美与共，天下大同

第二辑 从民族性格看中国文化

59/ 民族性格与民族文化

63/ 中国人的性格

68/ 中国人笔下的"中国人"

73/ 中国人并不丑陋

77/ 自由、自在与自觉

82/ 不问、不说与不辩

88/ 君子、大人与小人

93/ 面子文化与熟人社会

98/ 稳健与忍耐
103/ 悠闲生活乐趣

第三辑　重新发现汉语之美

111/ 英语汉语孰难孰易
117/ 汉字中的文化密码
124/ 天雨流芳与大启文明
128/ 妙处难与君说
131/ 汉语韵律之美
136/ 由古典诗词体会汉语之美
142/ 藏修息游之中国书法
146/ 方言的妙趣与魅力
151/ 熟语的文化承载与生活趣味

第四辑　中国哲学与艺术精神

159/ 中国人的天空之上
165/ 故乡故土与故园故人
171/ 中国文化中的人生哲学
176/ 小我、大我与忘我
181/ 乐感文化与乐观精神

186/ 儒道互补的文化特质与生命智慧

191/ 中国戏曲中的礼乐教化

196/ 天人合一的中国艺术精神

202/ 中国文化艺术中的辩证法

210/ 意象、意境与意趣

215/ 诗化中国与诗意人生

221/ 中国文化的山水人文精神

第五辑 在庙堂与江湖之间

229/ 作为中国文化母体的"民间"

234/ 中国人的家和理想家庭生活

241/ 门楣上与窗棂间的伦理教化

246/ 院子文化与诗意栖居

252/ 悠长时日与清平年景

257/ 中国味道

261/ 中国茶道

268/ 中国书房与中国书院

275/ 由回家过年说中国节

279/ 追寻原乡,重建故园

第六辑 重新认识"古今中外"

287/ 马戛尔尼来华与郭嵩焘出使
292/ 三千余年一大变局之下
296/ 东方是东方,西方是西方
306/ 要用世界眼光审视中国传统文化
311/ 我们为什么"在路上"
315/ 走出中国现代化的"倒逼"困境
324/ 重温"双面公使"蒲安臣的中国观
329/ 真正的自信:我们就是我们
336/ 未来的自许:我们就是"我"们

第一辑

认识与表述我们自己

自知者明：我们是谁

前几天在校园遇到一位中国画专业毕业生，问其毕业去向，他说出国留学。我好奇中国画专业到国外学什么，他有一点自豪地说：去英国，学"汉学"专业。

我忽然对他有一点隐约的敬意了。尽管接下来他对这一选择的原因表述并不宏大和深刻，但我相信，他学成之后，不仅能够获得对中国画的新认识，也可以获得从"外部"理解中国、理解中华文明的新方法，获得更深入、更完整地回到中国画和中国"内部"的新路径。

作为"95后"，他能够想到去研究一百多年来外部世界对我们的研究——在世界经济愈发一体化、政治日益复杂化、科技加速现代化的新的历史条件下，重新审视近二百年乃至近五百年来中国与世界的文明交汇，这可否理解为今天年轻一代中国人在获得人类文明的比较大的格局和视野后，潜意识中有一种文明"自觉"意识的苏醒和一份"自知"诉求的开启？如此说来，这"隐约的敬意"里，似乎也包含着作为"65后"的中国人对"95后"这一代的羡慕。

纵观近二百年来的历史，中国人从来没有像现在这样能够以如此便捷的方式"进入"世界，从来没有像现在这样可以以如此轻松的方式"获取"世界视野；在"出入"世界并"获取"世界视野之后，我们开始意识到我们需要严肃认真地认识和表述"中国"和"中国人"；在这个过程中，严肃认真地研究和理解"他们"

对"我们"的认识与表述,无疑是十分必要和重要的。

1896年,美国演员路易丝·乔丹·米恩(Louise Jordan Miln)在其《一个西方艺人的东方印象》一书开篇中这样写道:

> 我们对中国的误解实在太深,世界上再没有哪个国家遭受过这么深的误解了。但是,同样地,世界上也没有哪个国家可以像中国一样对别人的误解如此漠不关心。①

米恩是19世纪末和丈夫一起来到中国的,她热爱并深入学习过东方文化,曾出版过《灯会》《山东花园》《北京往事》和《云南一隅》等至少13部关于中国的作品。她的这个论断应该说是十分准确的。不过那个时候的中国,恐怕不仅是没有兴趣而更是没有能力去关心别人对自己的误解。

而今天,当我们走向"强起来"的新时代,是该来关心这些误解的时候了。

我们被误解成什么样?我们为什么被误解成那样?这些误解至今还存在吗?我们究竟是什么样?我们应该怎样来消除这些误解?这些问题,都是我内心寄希望于出国研究"汉学"的年轻一代来思考回答的。这些问题,也都是一个深深渴望"实现伟大复兴"而走向世界舞台中央的民族所必须回答的问题。因为,这个近代以来饱受苦难的民族还借由一条独具特色的发展模式走上了富强之路,这也令"他们"充满或者说加深了误解。

实际上,我们在日常生活中就能感受到我们和西方国家诸多彼此"难以理解"之处。比如说,中国人的婚礼上有一项"改口"仪式,就是新娘对公公婆婆和新郎对岳父岳母的称呼要从叔叔、

---

① 〔美〕路易丝·乔丹·米恩:《一个西方艺人的东方印象》,王鹏译,南京出版社,2009年,第57页。

阿姨改为"爸""妈"。从此,双方父母就成了"咱爸咱妈"。我曾问一位朋友,未来你儿女结婚后,你的儿媳妇或女婿不称呼你"妈"而直呼你名字,你会怎么想?她开玩笑地说,我会气晕过去的。直呼长辈之名,这在西方国家是最平常不过的事情,而在我们这里却是不符合人伦之礼的,是"没教养"的表现。但实际上,这看似不可理解的生活习俗也并非不可逾越的鸿沟,关键是我们要调整心态,以敞开的胸怀来认识这个丰富多彩的世界。因为人类文明的大花园里本来就是百花齐放、五彩缤纷的!我们中国人还有句"骂人不带脏字"的俗语:林子大了什么鸟儿都有。但想想看,一大片林子里只有一种鸟儿,是不是也不合于生态系统的良性发展!

置身一片偌大的林子里,我们需要理性地审视"我们是谁"。两千多年前的《道德经》有言:"知人者智,自知者明。"古希腊德尔菲神殿上也有"人啊,认识你自己"的所谓"神谕"。清醒地认识自己,我们就可以不焦虑、不慌张、不自卑、不自傲,坦然自在地拥抱阳光雨露或接纳八面来风。

但"我们是谁"的这份自知,对中国人来说至今似乎仍是一项未完成的功课。因为真正理性的认识,多数需要建立在与他者相遇后的自省基础上,建立在对他者的了解基础上,即所谓"知己知彼",否则很容易成为自说自话式的盲目自大或者自卑。而对中国人来说,近代与他者的相遇,不幸是以一种极为特殊的方式开始的——被迫打开家门,迎接他者的闯入。"闯入"这个词语本身即带有一种非常强烈的感情色彩,有对峙的心态,有紧张的心理。在这种情况下,所谓"理性的认识"显然是不可能的,不仅是我们看他们,也包括他们看我们。

第一辑　认识与表述我们自己 /

　　从"东方睡狮"到"东亚病夫",从"中国崩溃"到"中国威胁",西洋哈哈镜中的我们,难免带有"西洋"的先入之见。今天,在全球化和逆全球化博弈的时代进程中,世界范围的民族主义都有所抬头,文化的交流、交融、交锋愈益澎湃激荡,我们非常需要自铸明镜以自照——我们有能力自铸明镜,我们有勇气正视自我,这是中国文化自信的重要内涵。在这个基础上,我们还要去正视他者——不需像最初他们"闯入"时去"仰视"他们,也不必像后来"站起来"时去"俯视"他们,时代已经赋予我们"正视"的条件,这也是新时代中国文化自信的题中之义。

　　1926年,鲁迅在《马上支日记》中写道:"中国人总不肯研究自己。"10年后的10月5日,他去世前14天,《中流》杂志上发表了他的杂文《立此存照(三)》,其中这样写道:

　　其实,中国人是并非"没有自知"之明的,缺点只在有些人安于"自欺",由此并想"欺人"。譬如病人,患着浮肿,而讳疾忌医,但愿别人胡涂,误认他为肥胖。①

　　鲁迅八十多年前的沉痛与激愤之语,揭示出我们由曾经辉煌而后落后挨打饱受屈辱所造就的盲目自卑与盲目自傲混杂纠结的心态,也给了我们今天获取"自知之明"时一份必要的警醒。

　　当然,任何受制于历史、时代与自身种种局限的个体,要想整体认知置身其中的一种文化、一个民族,几乎是"不可能的任务"。尤其是面对如此源远流长、兼容并蓄的中国文化长河所浸润滋养出来的"中国人",个人的目力所及太有限了。但是,越是这样,作为内部个体的"自省"的意义就越是凸显出来。我们

---

① 《鲁迅全集》第6卷,人民文学出版社,2005年,第648页。

可以借助他者的眼光而"客观",沿着由内而外和由外而内这两种循环往复的路径,来端详和省察"我们",同时也打量"他者"。这是当代中国人在澎湃激荡的世界文化浪潮中站稳脚跟的"定力"之所在,认清真实的自己并清楚地告诉世界:"我们"是谁,我们的历史、我们的文化、我们的生活和我们的道路为什么是这样的而不是那样的。

当然,"我们"的人口总量如此庞大,地域与族群的差异性和多样性如此巨大,近二百年来外来文化冲击的力度和我们自身应对变化的反应又如此复杂,认识与表述"我们是谁"极易陷入"一说就错"的困境;但如果因此我们都"不说",就很可能陷入对"我们"的客观认知更加偏差的困境。只有不断地思考、审视和言说,我们才能够接近整体而客观的认知,从而以真正自信的心态和从容的状态融入人类文明的历史潮流。

那时,我们可以自豪地说,我们就是我们,是浸润在古老而日新的中华文明中的中国人,是和世界所有民族"美美与共"的中国人!我们充分享受着自由而全面的发展,在五千年古老文明与两百年现代化求索的文化沉积相互交织的新时代中国,在我们的父母之邦,在祖先们筚路蓝缕的山河大地。

知人者智：他们是谁

2020年，中美关系遇到两国建交四十多年来的最大挑战。这令我们不能不想到英国著名历史学家汤因比（Arnold Joseph Toynbee）在其《历史研究》中所提出的"文明兴衰的基本原因是挑战和应战"的著名论断。实际上，近代以来中国社会的发展经常能看到"挑战—应战"这一模式的作用。

但是，从中美贸易摩擦到全球新冠肺炎疫情蔓延，以至现在的中美所谓"脱钩"问题，我们都可以听到国内某些专家特别是一些自媒体对美国和其他西方国家的误读之声。"知人者智"，"知己知彼，百战不殆"，两千多年前的古老智慧在今天看来仍然是有益的。在这样一个人类交往联系愈发密切的时代，我们更要认识自己和了解他者，不仅是如唐太宗所言"以人为镜，可以知得失"，而且还要知道为什么得失和怎样才能多得而少失。

近代以来，纵观西方研究中国的著述可谓汗牛充栋，但中国人关于西方的研究成果却寥若晨星。相比西方对"东方"、对"中国"的这种好奇心理与探索精神，似乎我们不大关心"西方"以及其他外部世界。客观而言，自19世纪中叶以后，"西洋鬼子"和"东洋鬼子"的船坚炮利，不仅造成了近代以来中国"亡国灭种"的深重危机，也使我们在文化上很难"平视"这些不同于先前的"番邦"和"蛮夷"的陌生人。在那样的时代条件下，尽管我们有过从魏源的《海国图志》到郭嵩焘的《使西纪程》这样非常了不起的探索和认知，但总体而言那个时代没有给我们的先贤足够的条件去"知人"。

所谓时代的条件,一方面是"敌强我弱"的客观形势使早期觉醒的知识分子没有更多的精力和能力去"深入"西方了解世界现代化的整体进程;另一方面,在国内占主要势力的保守派仍充满了"天朝大国""唯我独尊"的虚妄容不得"说人家好"这样的观点,郭嵩焘的《使西纪程》被奉旨销毁便很能说明这种情形。

19世纪下半叶的苦难历史也的确给了那个时代的中国人一种无法释然的"悲情"。1895年《马关条约》签订的消息传到国内后,严复在给友人的信中写到自己"尝中夜起而大哭"。向来为中国人所不屑的"蕞尔小国"怎么就能使"天朝大国"苦心经营数十年的北洋水师全军覆没了呢?同样值得我们反思的是,在20世纪上半叶,战火燃烧了大半个中国的抗日战争持续整整14年。然而,时至今日,中国人的"知日"和日本人的"知中"恐怕还是不可比较的。比如很多中国人不知道,日本2001年通过了"自然科学振兴计划"之后,每年有一位诺贝尔自然科学奖获得者,至今已有19位之多,该"振兴计划"提出的到21世纪中叶有30位自然科学领域的诺奖获得者的目标已经实现了大半。实际上,日本人最值得我们学习的地方可能就是他们的学习态度和学习能力。比如,一度甚嚣尘上的"中医伪科学论"似乎言之凿凿。但在日本,在中医基础上发展而来的汉方医学却自20世纪70年代后得以振兴,现有汉方药厂二百家左右,汉方制剂多达两千多种,《中草药》杂志的一篇文章讲道,目前日本汉方药占据了全世界90%的中药市场。日本著名汉方医学家大塚敬节所著的《临床应用伤寒论解说》《金匮要略研究》和《汉方诊疗三十年》等均有中文译本。

众所周知，早在唐代日本就派"遣唐使"来中国学习。在19世纪下半叶，比"戊戌变法"早30年的日本"明治维新"，又使日本走上"脱亚入欧"之路。1901年，日本在上海创立了以研究"中国学"为专务的东亚同文书院。书院从日本招收十几岁的男生，第一年学习汉语和中国文化，第二年三五人一组开始对中国进行包括地理、工商业和政治、经济、社会等多方面的实地调查，除了完成作为毕业论文的调查报告，还要写小组旅行日记。从1901年到1945年，书院五千多名日本青少年经由七百余条线路走遍了除西藏以外中国所有省区。2000年，商务印书馆出版了以同文书院学生旅行日记为主要内容的《上海东亚同文书院大旅行记录》。我读到此书时，深为日本人对青少年勇猛精进精神的培养方式所震撼。不知道同文书院这五千多名青少年中有多少人在1931年到1945年参与了侵华战争或者为侵华战争提供了一手资料；但从旅行记录中可以感受到他们对广袤的中华大地的深入探索和思考、对中国文化的热爱与批评。值得思考的是，这本书是由日本国际交流基金资助出版，而且是作为"近代日本人禹域踏查书系"之一。

前段时间刚读过当代日本学者沟口雄三的《中国的思维世界》一书，最近又看到由十位日本教授撰写的《讲谈社·中国的历史》十卷本。他们是谁？还是我们心目中的"鬼子"吗？杨奎松在《"鬼子"来了：现代中国之惑》一书中写道：

"鬼子来了"！这是18、19世纪以来落后中国所面临的一个严峻的现实。……对于延续了两千年文化传统的古老中国来说，近代以来最"悲摧"的事也许莫过于"鬼子来了"。[①]

[①] 杨奎松：《"鬼子"来了：现代中国之惑》，广西师范大学出版社，2016年，代序Ⅷ、Ⅸ。

杨奎松认为，对古代传统中国真正构成威胁的，是挟西方现代文明而来的"西洋鬼子"，日本这个"东洋鬼子"的加入，也是因为现代工业文明的作用。

"鬼子"无疑带有强烈的敌意，"落后挨打"所造就的这样一种悲愤，成为一个多世纪以来中国人潜意识中"追赶"和"超越"的源动力。但问题在于，姜文《鬼子来了》电影中的不敢杀已经手无寸铁的"鬼子"的农民们那种心态和意识，和"追赶"与"超越"的梦想远不匹配。

被誉为美国汉学"三杰之一"的伯克利加州大学历史系教授魏斐德（Frederic Evans Wakeman Jr.）的《大门口的陌生人：1839—1861年间华南的社会动乱》一书，研究描绘了两次鸦片战争期间以广州为中心的华南地区的社会状况，包括人们对外国人的态度。那时候，在传统农耕文明的熟人社会浸润日久的中国人，对"家门口的陌生人"的不适感远大于好奇之心，一方面是传统的"防人之心不可无"的心理作用；另一方面，这些"来者不善"的"陌生人"看起来也的确令人不安。

1946年11月，张爱玲的《传奇》一书增订本的封面（见图1-1），便很好地营造出一种陌生人闯入时的不安之感。这个封面由张爱玲与其好友炎樱合作完成，炎樱负责前面时装仕女图部分，而从窗外探进上半身来的比例失调面无五官的摩登女子则是张爱玲的手笔。张爱玲在前言《有几句话同读者说》中这样解释道：

封面是请炎樱设计的。借用了晚清的一张时装仕女图，画着个女人幽幽地在那里弄骨牌，旁边坐着奶妈，抱着孩子，仿佛是晚饭后家常的一幕。可是栏杆外，很突兀地，有个比例不对的人形，像鬼魂出现似的，那是现代人，非常好奇地孜孜往里窥视。如果这画面有使人感到不安的地方，那也正是我希望造成的气氛。①

"不安"，揭示出19世纪中叶以来中国人生存的一种深层心理，西方列强的入侵与势力渗透，军阀割据政权更迭变幻的"大王旗"，使传统中国那种"日月长，天地阔"的悠长隽永岁月一去不复返了。我们在慌乱、焦虑、郁愤的"不安"之中，如何能认识"他们是谁"？

而今，中华人民共和国成立已经七十多年，中国的改革开放也进行了四十多年，中华民族处在从站起来、富起来走向强起来的新时代。在这样的新时代里，我们必须"知己知人"才能真正满怀"自知者明"和"知人者智"的从容建立起理性的中国世界观，并清醒地认识到，从世界边缘到舞台中央，有那么多大小不一、强弱不等甚至敌友难辨的"他们"，如果我们还看不清"他们是谁"，不是一件很可怕的事情吗？

他们是谁？他们肯定不再是"蛮夷"，不再是"鬼子"，不再是"纸老虎"；当然他们也未必是"友邦"。他们也许就和我们一样，是"万邦"之一邦，万国之一国。但他们究竟是谁？这需要我们从政治、经济、文化和生活中共同去感受、去研究、去判断。有一天，当我们像美国文化人类学家鲁思·本尼迪克特（Ruth Benedict）那样写出一本关于日本民族精神和国民性格分析的专著《菊与刀》，像日本汉学家沟口雄三写出《中国的思维世界》那样写出一本《美国的思维世界》时，我们或许可能会更加清楚"他们是谁"。那个时候，如果中美再产生贸易摩擦，我们对其起因、走势与策略等问题大抵应该会有更客观的判断和更主动的应对。

---

① 张爱玲：《传奇》，中国文联出版公司，1998年，第2页。

何谓"中国"

1896年,李鸿章出使欧洲考察,在欢迎仪式上他遇到一个难题,就是当时没有国歌。直到1911年10月4日,清政府才正式颁布了由严复填词的国歌《巩金瓯》。"巩金瓯,承天帱,民物欣凫藻,喜同袍,清时幸遭。真熙皞,帝国苍穹保,天高高,海滔滔。"但是,帝国并未得到"苍穹保",六天后武昌起义爆发,这首国歌成了清王朝的挽歌。

清政府为什么没有国歌?因为那时包括清廷要员在内的绝大多数中国人,还没有意识到"中国"已经进入世界现代民族国家的秩序中,很多人还沉浸在"万邦来朝"的家国天下想象中。如梁启超在《新民说》中说中国人"知有天下而不知有国家"[1]。杨度在《金铁主义说》一文中也论述道:"中国之人民,亦唯有世界观念,而无国家观念。此无他,以为中国以外,无所谓世界,中国以外,亦无所谓国家。"[2]

宅兹中国

晚清以前大中华以外的"他者",总体而言是可怀柔的"远人",是待协和的"万邦",也是需开化的"蛮夷"。作为中央之国的"中国"自然不可能是与他们"平起平坐"的一国,尽管中国人使用"中国"一词已有三千年历史,但近三千年的"中国"

---

[1] 梁启超:《饮冰室合集·专集第3册》,中华书局,2015年,第21页。
[2] 刘晴波主编:《杨度集》,湖南人民出版社,1985年,第214页。

并不是一个现代民族国家意义上的政体，而是一个"宅兹中国""惠此中国"的家园城邦，以及由此演变而成的一个具有内在生生不息之活力的"家国天下"的文明体系。

"宅兹中国"出自1963年出土的西周青铜器"何尊"（见图1-2），上面共有122字的铭文，讲的是周武王在灭商之后欲建东都的决策，其中有"宅兹中国，自兹乂（䢌）民"之句，意思是说要建都于天下的中心，从这里统治人民。这是目前已知最早的"中国"概念，指的是洛邑所在的洛阳盆地及以其为中心的中原地区。

如果从西周初年算起，距今三千年的可考的中国历史长河不仅没有断流，也没有因为汇入众多支流而变质。具体到经济、政治、文化和社会治理等方面而言，自给自足的小农经济基础、中央集权的政治制度、重视诗书礼乐的文化制度和文官治国武将戍边的社会治理体系依然有着深刻的影响。尽管三千年来的中国社会总体呈现出"合久必分，分久必合"的大势，但生产生活方式、语言文字、礼乐教化和天理人伦秩序等一个社会赖以存续的基础性结构深深嵌入了这片辽阔大地。或者说，这一根基是和春播夏锄、秋收冬藏的田野与炊烟袅袅、鸡鸣狗吠的村庄联结在一起的，是从世世代代的日子中生长出来的，因而成为中华文明最稳定最深层的精神性内核。

但是，这种超稳定结构到近代以来开始动摇。"三千余年一大变局"开始撼动三千年文明之根基。在"西洋鬼子"和"东洋鬼子"的"洋枪洋炮"和"洋车洋房"乃至"洋火洋油"的猛烈攻势下，人们深刻意识到中国原来只是世界之一国，而且竟然也不是"中央之国"。小农经济、手工作坊，封建帝制、秀才举人，之乎者也、琴棋书画，在轰隆隆的炮声中似乎统统不顶事了！

/ 何谓"中国"

我们要知道"西方人起码应该知道"的中国

许知远在《兴衰的秘密》中写道:

外部世界对中国充满误解,因为它不知道该如何理解这个国家。中国不是一个彻底的现代国家,也不是一个单纯的文明传统,而是两者兼而有之。①

外部世界如何理解这个国家?哈佛大学终身教授、美国"头号中国通"费正清(John King Fairbank)这样说:

关于中国,西方人起码应该知道,首先它是一个人口大国;其次,中国文化与西方文化迥然不同,中国人的生活方式亦与西方生活方式千差万别;第三,他们正经历着一场迅猛的发展与变革。②

显然,"外部世界"并非找不到理解中国的路径。费正清所言这三点,可以说是认识中国的很好入门。但是,对于西方人"起码应该知道"的常识,我们很多中国人显然还不够清楚,也许是"不识庐山真面目,只缘身在此山中"吧。

第一点,一个人口大国。2021年5月,第七次全国人口普查结果公布,全国人口共1411778724人。③现在,我们拥有世界上近1/5的人口,是居世界人口总数第三位的美国的4倍还多,是日本的11倍,是德国的17倍,是英国的20倍。早在1956年8月,毛泽东在中国共产党第八次全国代表大会预备会议上所作的题为《增强党的团结,继承党的传统》的讲话中就讲过:

---

① 〔英〕保罗·肯尼迪:《大国的兴衰:1500—2000年的经济变革与军事冲突》(上),王保存等译,中信出版社,2013年,推荐序(许知远),Ⅷ。
② 〔美〕费正清:《中国:传统与变迁》,张沛等译,吉林出版集团有限责任公司,2013年,第1页。
③ 《第七次人口普查公报(第二号)——全国人口情况,国家统计局,2021年5月11日,http://www.stats.gov.cn/tjsj/tjgb/rkpcgb/qgrkpcgb/202106/t20210628_1818821.html,2021年6月访问。

你有那么多人，你有那么一块大地方，资源那么丰富，又听说搞了社会主义，据说是有优越性，结果你搞了五六十年还不能超过美国，你像个什么样子呢？那就要从地球上开除你的球籍！……如果不是这样，那我们中华民族就对不起全世界各民族，我们对人类的贡献就不大。①

毛泽东这段话至今听来仍是振聋发聩的，由此也可以从某种程度上理解中国人集体潜意识中迫切的追赶心理。但这一庞大的人口总量为中国的现代化转型带来巨大的压力，尤其是生产力水平发展的巨大差异，人口整体素质的参差不齐等问题，使"中国"呈现出美国未来学者托夫勒在《第三次浪潮》一书中提出的农业文明、工业文明和信息文明这三种人类文明相互叠积的复杂图景。2003年，时任国务院总理温家宝访美前接受美国《华盛顿邮报》总编采访时讲道，13亿是个神奇的数字，多么小的问题乘以13亿，都会变得很大；多么大的经济总量除以13亿，都会变得很小。今天我们看中国经济总量早在2010年就成为世界第二大经济体，但就人均国内生产总值而言，2019年我们虽然超过了一万美元，但在世界排名却是第72名。

1868年，时任中国使团"办理各国中外交涉事务大臣"的美国人蒲安臣（Anson Burlingame）在一次演讲中讲道："诸位一定记得这是一个人口稠密的国家，而要想使这样一个大国脱胎换骨将是何等的艰难。"这位史上绝无仅有的既担任过美国驻华公使又担任过中国使节的美国人对当时4亿人口的中国的这一点认识，显然非常到位。近一百五十年后，香港中文大学教授王绍光在"2014中国共产党与世界对话会"上的发言中讲道，没有一个

---

① 《毛泽东文集》第7卷，中共中央文献研究室编，人民出版社，1999年，第89页。

人能说他已经完全了解中国了……中国实在是太大了,然而这种"大"有时候却在我们的讨论中被忘记了。①中国体量之大决定了她问题的复杂性。的确如此,人口众多,而且人口素质极不均衡,可以说是认识中国的"第一张面孔"。

第二点,中西文化与生活方式的差异。这一点也正是本书探讨的问题之一,我们的文化与西方文化"迥然不同"处何在?我们的生活方式与西方人的"千差万别"在哪里?细说起来恐怕是太多了。一位曾在德国学习、工作和生活十年之久的朋友讲过一个真实的故事:有一天晚上加班结束后,他和德国同事随口说了一句"哪天咱们一起吃顿饭啊",那位德国同事立即掏出了记事本,很认真地问他"哪天"。也许正是这种"较真儿"精神使"德国制造"享誉世界吧!这个小故事似乎可以佐证明恩溥《中国人的性格》一书中所言中国人"漠视精确""拐弯抹角"等特点。但是,明恩溥和这位德国朋友一样,显然还很难领会中国文化的含蓄委婉。而中国的独特性就存在于这样"迥然不同"的文化和"千差万别"的生活方式中。

第三点,这场迅猛的发展和变革。《中国:传统与变革》一书的英文初版于1978年,那时费正清已经敏锐地观察到中国的巨变。改革开放40年后,亲历了"这场迅猛的发展和变革"的我们对"迅猛"一词的体会尤为真切。如果说,在1840年以前,"中国"是一个唯有朝代变换的"隐士王国",那么,1840年以后,中国的变革至今未曾停顿,20世纪上半叶的资产阶级革命和新民主主义革命、下半叶的社会主义建设和1978年以来的改革开放,"中国"已经几度沧海桑田,可谓是"苟日新,日日新",应了《诗

---

① 王绍光:《没有一个人能说他已经了解中国》,观察者网,2014年9月8日,https://www.guancha.cn/wang-shao-guang/2014_09_08_264961.shtml,2021年6月访问。

经·大雅·文王》中"周虽旧邦,其命维新"之说。

所以,当我们在全球化和逆全球化博弈的新时代重新审视自己的时候,不难发现,我们已然是"面目全非"。或者说,我们已经是"面目全新"。而如何理解和描述我们今天的"面目",又成为一项很有必要也很有难度的时代课题。

"中国"是一个文明的实体

1922年,在中国讲学了八个多月的英国哲学家伯特兰·罗素(Bertrand Russell)根据他的中国见闻和思考写作出版了《中国问题》一书,其中有这样一段话:

> 与其把中国视为政治实体还不如把它视为文明实体——唯一从古代存留至今的文明。从孔子的时代以来,古埃及、巴比伦、马其顿、罗马帝国都先后灭亡,只有中国通过不断进化依然生存,虽然也受到诸如昔日的佛教、现在的科学这种外来影响,但佛教并没有使中国人变成印度人,科学也没有使中国人变成欧洲人。①

罗素的观点无疑是非常准确的。"中国"不完全是现代西方政治意义上的民族国家实体。中国,还是一个地理概念、一个历史概念、一个文化概念,这是我们习以为常的"中国"的深层次内涵,也是罗素所提出的"文明实体"的内涵。历史学家许倬云在谈其《说中国:一个不断变化的复杂共同体》一书时也讲道:

> "中国"这两个字,不是一个国家,不是一个政治体,不是今天所谓主权国家可以界定的,也不是个文化系统。它是文化、政治、

---

① 〔英〕罗素:《中国问题》,秦悦译,学林出版社,1996年,第164页。

经济、社会在一个宽大地域里边，由无数不同来源的人共同生活组成的一个几千年演变而成的共同体。这个共同体就是，大家生命拴在一块儿了，命运拴在一块儿了，前途也拴在一块儿了。①

在此，许倬云进一步诠释了"中国"这个文明实体——一个不断变化的共同体，一个中国人繁衍生息的命运共同体，一个中国文化融汇激荡的共同体。由此也可以说，中国，是一个国家，但不是民族意义上的；一个政治体，但不是一般意义上的；一个能够在八面来风中不断自我调节、自我完善因而具有强大内生力的文化系统，但不是单一文化构成的。

长期研究中国现代化问题的金耀基在题为《论中国的"现代化"与"现代性"——中国现代的文明秩序的建构》的演讲中讲道：

> 诚然，中国是一个国家，但它不同于近代的"民族国家"（nation-state），它是一个以文化，而非以种族为华夷区别的独立发展的政治文化体，或者称之为"文明体国家"（civilizational state），它有一独特的文明秩序。……中国的政治、经济、文化等虽然代有损革，但它的基本性格，特别是社会结构、生活形态与深层的意义结构一直延续到清末，"前现代期"的中国真正具有一个独特的文明模式。②

这也是金耀基现代化理论体系的重要基石。人们常说，天变道也变，而万变不离其宗。无论是两千多年的周期性朝代变迁，还是近代以来激烈的革命与迅猛的改革，中国在适应着外部世界的变化，响应着内部世界的要求，按照自己的文化系统内在的逻辑，走在自己的道路上。这条道路，是"中国人民"选择的，是"中

---

① 《许倬云谈"中国"：困难时垮不掉，得意时不张狂》，腾讯视频，https://v.qq.com/x/cover/b18m9g93d5i5rvn/n0154e2j5bp.html。
② 《中国现代化的终极愿景：金耀基自选集》，上海人民出版社，2013年，第64页。

国文化"规定的。

但我们也应清醒地看到，今天我们的"中国"所面对的外部世界的变化更加纷繁复杂，而内部世界的要求愈益多样甚至彼此冲突。比如房价该降还是可涨，不同阶层的答案是不一样的。带货网红可以月入七位数，而普通工人达到五位数都相当困难。光怪陆离的种种社会现象层出不穷，折射出数千年古老文明与现代国家形态艰难的"磨合"。如刘东所言：

> 任何人都不会仅仅因为生而为"中国人"，就足以确保获得对于"中国"的足够了解；恰恰相反，为了防范心智的僵化和老化，他必须让胸怀向有关中国的所有学术研究（包括汉学）尽量洞开，拥抱那个具有生命活力的变动不居的"中国"。①

这是何等精辟的远见卓识啊！客观而言，一种自成体系而又比较完整地延续数千年至今的古老文明，在很多方面都很难与现代国家形态和社会生活规范相"兼容"。所以，在这剧变的时代，认识"中国"对我们每一个中国人，特别是读了些书的所谓"知识分子"，是一个理应始终心怀敬意而不断认识与思考的问题，而且其意义远不限于"防范心智的僵化和老化"。比如，我们历来讲要"为尊者讳""一日为师，终身为父"，这与"吾爱吾师，吾更爱真理"是否有龃龉呢？《孙子兵法》所言"兵不厌诈"能否用到现代商业领域呢？P2P跑路是不是就是"走为上策"呢？也许，我们有必要读一读马克斯·韦伯的《新教伦理与资本主义精神》。也即是说，我们既需要"不忘本来"，也需要"学习外来"，才能够真正造就出一个"面向未来"的伟大的"文明型国家"。

---

① 〔美〕何伟亚：《怀柔远人：马嘎尔尼使华的中英礼仪冲突》，邓常春译，社会科学文献出版社，2002年，阅读中国序（刘东），第2页。

中华民族与中华文明

1999年的冬天，我第一次走进大兴安岭北部顶峰东端的嘎仙洞（见图1-3）。在距离内蒙古自治区鄂伦春自治旗阿里河镇西北十公里处的一座半山腰上距离地面不到十米的地方，有一个巨大的天然石洞，那是鲜卑族祖先曾经生活的地方。史料记载，公元前1世纪，鲜卑人在第72代首领推寅的带领下从这里南迁呼伦贝尔草原，而后继续南下到今天的呼和浩特一带。公元386年，鲜卑人在今天的呼和浩特市一带建立了魏国，12年后迁都今天的大同，史称"北魏"，439年北魏统一了中原北部地区，迁都洛阳。公元443年他们派出中书侍郎李敞北上找到了他们的祖室嘎仙洞，进行了隆重的祭祀，并在距洞口很近的西侧石壁上刻下了201字的祝文。

站在嘎仙洞中向外望去，是大兴安岭连绵起伏的山脉。当年鲜卑先人是怀着怎样的冲动走出这苍莽群山的呢？在长达五百多年的南下历程中，他们又是怀揣着怎样的梦想而迁徙不止呢？作为最早"入主中原"的"蛮夷"，他们何以能积极推行改官制、禁胡服、断胡语和改姓氏籍贯等汉化改革措施？从如此寒冷荒远的北方山林南下的少数民族从何而来的多民族大一统国家理念？他们对"中华民族"和"中华文明"的形成有怎样的千秋功过？这些都是我们从单一学科视域很难回答的问题。不妨看一下1980年最早发现嘎仙洞遗址的考古学家米文平的观点：

鲜卑民族入主中原带来的森林民族文化，从客观上为摆脱中原文化危机创造了有利条件。……在以儒家思想为内核的封建传统文化渐趋僵化的情况下,从北方森林生态系统成长起来的游猎民族带来他们天然的纯朴、豪放、粗犷、武勇的新鲜气质,使之复归于健康向上、质朴、纯真的基础上来,为老化的封建文化焕发新的生机,这有如生物学上的杂交优势一样。[①]

这个推论的科学性姑且可不论,单说史书可查的是从西汉末年至北魏末年的300年间,鲜卑民族不仅融合了匈奴、乌桓、氐、羌等少数民族,南下黄河流域后又积极融合汉民族,并和以后的室韦、契丹、蒙古、达斡尔等少数民族都有渊源关系。后期的鲜卑民族就是森林民族、草原民族和农耕民族的"混血"民族;再后来,鲜卑民族就彻底融入其他民族之中了。照此推演,华夏民族和北方、西北以及西南地区少数民族共同融合而成为"中华民族",应该是不争的史实。从西晋末年到北魏统一北方期间,就已有北方少数民族匈奴、鲜卑、羯、氐、羌即"五胡"在黄河流域建立政权,在"中国"作为实体的历史进程中,绝大多数朝代的政治范围都涵盖了北方、西北以及西南等少数民族聚居区或者与这些地区保持了千丝万缕的联系。在民族矛盾非常尖锐的时期如汉与匈奴、唐与突厥、宋与契丹和女真、清与蒙古族噶尔丹部等,都没有把少数民族排斥在"中国"之外。民族之间的"融合",既体现在鲜卑族南下时"天女送子"的传说中,也表现在赵武灵王"胡服骑射"的远见中,更说明于王昭君出塞匈奴、文成公主和亲吐蕃、杨四郎入赘辽国等历史故事里。"融合"的直接结果是,今天包括汉族在内的中国人的血脉里流淌着多民族祖先的血液。

费孝通早在三十多年前的《中华民族的多元一体格局》就明

[①] 米文平:《鲜卑史研究》,中州古籍出版社,1994年,第319页。

确提出中华民族作为民族实体的问题，并且肯定了北方少数民族南下的积极意义：

>中华民族作为一个自觉的民族实体，是近百年来中国和西方列强对抗中出现的，但作为一个自在的民族实体则是几千年的历史过程所形成的。
>
>北方诸非汉民族在历史长河里一次又一次大规模地进入中原农业地区而不断地为汉族输入了新的血液，使汉族壮大起来，同时又为后来的中华民族增加了新的多元因素。这些对中华民族多元一体格局的形成都起了重要的作用。①

费孝通所言"为汉族注入了新的血液"，既是比喻意义，也是一种历史事实。记得几年前，刚成年的儿子看到网络消息心血来潮要测一次基因，我看了结果之后，想起诗人西川那首诗歌《虚构的家谱》：

>上溯300年是几个男人在豪饮
>上溯3000年是一家数口在耕种
>从大海的一滴水到山东一个小小的村落
>从江苏一份薄产到今夜我的台灯
>那么多人活着：文盲、秀才
>土匪、小业主……什么样的婚姻
>传下了我？我是否游荡过汉代的皇宫？
>一个个刀剑之夜、贩运之夜
>死亡也未能阻止喘息的黎明
>我虚构出众多祖先的名字，逐一呼喊
>总能听到一些声音在应答；但我

---

① 费孝通：《中国文化的重建》，华东师范大学出版社，2014年，第3、17页。

第一辑　认识与表述我们自己 /

　　　　看不见他们，就像我看不见自己的面孔^①

　　然后，我仔仔细细又看了一遍儿子的基因测试结果，他的"基因关系血统分布"中，北方汉族13人，南方汉族9人，然后依次是藏缅族群、蒙古族群、拉祜族、畲族、通古斯族群、壮傣族群、苗族和维吾尔族。你看，要有多少故事才传承下我们这样一个个体生命！由此说中华民族血脉相连，应该是非常符合实际的。从我们所有个体生命上溯，都曾是这块土地上演绎过的数不尽的故事，是数不尽的亲缘延续了你我，是数不尽的"虚构的家谱"形成了"中华民族"瓜瓞永续的血脉。那么，是不是可以说"中华民族"事实上已经远超近代在共同御侮的抗争中所形成的统一的多民族"多元一体"格局，而是一个在漫长而复杂的守望相助与相争的过程中"和合共生"的具有血亲渊源的民族共同体？

　　由此，"中华文明"即是在这一民族共同体"和合共生"的悠久历史中形成的具有共同的文化理想、价值导向和审美趣味的文明实体。如费孝通在《中华文化与人类的未来》一文中所言：

　　中华民族在漫长的"分分合合"的历程中，终于由许许多多分散孤立存在的族群，形成了一个"你来我去、我来你去，我中有你、你中有我，而又各具个性的多元一体"。^②

　　从某种意义上说，中华文明之所以没有像世界上其他古老文明一样中断或变异，是否就是由于这种"我中有你、你中有我"的"和合共生"而激荡的生命力？

　　当年从嘎仙洞返回海拉尔的时候，望着一路上从苍莽大森林逐渐过渡到辽阔大草原的地貌，我就想，"胡地多飙风""八月

---

① 西川：《虚构的家谱》，中国和平出版社，1997年，第68页。
② 费孝通：《中国文化的重建》，华东师范大学出版社，2014年，第294页。

即飞雪"这样只宜狩猎和游牧的严酷生存环境,使北方少数民族在生存斗争中变得强大的同时,是不是自然会觊觎温暖富饶的中原?清代徐兰《出关》中描写出居庸关的所见所感是:"马后桃花马前雪,出关争得不回头?"那么,历史上中原王朝末年社会衰败之际,那些在冰天雪地觊觎日久的北方少数民族的铁骑南下,是不是由此可以获得一种理解?这当然不成其为一种学术观点,或许还是因为马背民族需要茶和盐,而中原与塞北之间并无西南高原那样一条"茶马古道"。无论如何,客观上看北方少数民族南下中原的结果,的确是从某种程度上激发了中华文明的生命力,他们那粗犷豪放、勇武剽悍的"野气"为"内圣外王"的中原文化体系一次一次注入了一种强悍的生机与活力。

时至今日,这种民族融合的文化活力在中国大地仍然可以感受到。比如在云南剑川县的沙溪古镇,至今还保留着一座名为魁星阁的古戏台,使人可以追想当年这座滇藏茶马古道贸易重镇的兴盛气象。古戏台正对着的兴教寺,是目前我国保存规模最大、最有代表性的佛教密宗"阿吒力"寺院,寺内大殿与二殿均为明代建筑,大殿内外有明代佛教壁画,既有中原绘画风格,又有浓郁的白族特色。唐宋时期,南诏国、大理国在西南地区兴起,地处大理和丽江之间的沙溪,成为一个经贸发达的陆路码头,也成为儒家文化、佛教文化与西南少数民族文化融为一体的地方,由此亦可见中华文明这种多民族"和合共生"的内在活力。

钱穆曾讲道:"民族创造了文化,但民族亦由文化而融成。"[①]纵览五千年来的中华民族与中华文明,我们亦当作如是观,并由此来理解中国文化与中华文明的极端重要性。

[①] 钱穆:《民族与文化》,贵州人民出版社,2019年,第136页。

中国人与中国文化

"中国人"和"中国文化"是两个集合的、抽象的、表示整体的概念。也即是说,如果某一个现实的、具体的中国人要拿集合意义上的"中国人"和自己对照,显然不可能全部重合,但必然会有一定的关联性。

为什么要把"中国人"和"中国文化"放在一起来谈?因为集合的、抽象的、表示整体的"中国人",不是人种意义上的族群,不是地理意义上的居民,不是政治意义上的公民,而是带有中国文化血脉的构成"中国"这一命运共同体的全部成员,也就是文化意义上的"中国人"。

钱穆在《中国文化与中国人》一文中写道:

> 本来是由中国人创造了中国文化,但也可说中国文化又创造了中国人。总之,中国文化就在中国人身上。因此我们要研究中国文化,应该从中国历史上来看中国的人。亦就是说:看中国历史上中国人的人生,他们怎样地生活?怎样地做人?[①]

所以,"中国人"与"中国文化"可以说是互为表征的。有什么样的文化就会造就什么样的人,反过来说,有什么样的人也会创造什么样的文化。因为文化就是深深打上了人的生命烙印的活动过程与结果。这也恰恰是我们要讨论中国文化的根本原因——我们要认识我们自己,我们要在新时代做更美、更好、更强的中国人。而文化传统,是我们共同的深层次潜意识,是我们

---
① 钱穆:《中国历史精神》,九州出版社,2012年,第138页。

血脉中与生俱来的精神密码。

民国大儒辜鸿铭当年在北京大学讲英语文学课,他戴着瓜皮帽儿,拄着文明棍儿,穿着长袍马褂,一根花白而细小的小辫儿拖在脑后,这副模样走进作为新文化运动策源地的北大的教室时,那些"新青年"们自然哄堂大笑。辜鸿铭顿了顿文明棍儿说,我头上的小辫儿你们都看到了,你们自己心中的小辫儿你们看到了吗?课堂一下子鸦雀无声了。是啊!这根无形的小辫儿其实不就是我们的文化基因吗?

就是这位辜鸿铭,在《中国人的精神》一书序言中写道:

要估价一种文明,我们必须问的问题是,它能够生产什么样子的人(What type of humanity),什么样的男人和女人。事实上,一种文明所生产的男人和女人——人的类型,正好显示出该文明的本质和个性,也即显示出该文明的灵魂。①

所以,"文化"与"人"几乎就是一体两面的关系。但是,作为文化意义上的"中国人"的讨论,却往往会因为人们下意识地与具体的、特定的群体或个人对照而充满歧义,导致难以在同一维度展开对话而变成各说各话、莫衷一是。当然,客观而言,中国地域之辽阔,民族之众多,文化之独特,的确使"中国人"这个概念不易把握。比如,南方人与北方人,古来即有"橘生淮南则为橘,生于淮北则为枳"之说;沿海与内陆居民,农耕与游牧民族,生产生活方式均不相同,要归纳出作为"中国人"所共有的民族文化性格似乎也不容易。尤其是在当代生活语境中,使用"中国人"这个概念似乎越来越不严谨了。在全世界狂扫奢侈品的"土豪"们是中国人,在穷乡僻壤的留守儿童以及他们在他

---

① 辜鸿铭:《中国人的精神》,黄兴涛、宋小庆译,广西师范大学出版社,2001年,第3页。

乡打工的父母也是中国人。由于社会内部阶层分化与裂变,不用说民族文化性格的研究,即使作为社会共同体的成员,似乎在某种意义上也不再拥有共同的命运。

而且,"文化"本身也是一个大得令人摸不着边际的概念。一般认为,文化就是人们长期劳动创造形成的一切产物,是一个国家或民族的历史、地理、风土人情、传统习俗、生活方式、文学艺术、行为规范、思维方式、价值观念等。1952 年,美国人类学家阿尔弗雷德·克洛依伯(Alfred Kroeber)和克莱德·克拉克洪(Clyde Kluckhohn)在《文化:概念和定义批判分析》(Culture: A Critical Review of Concepts and Definitions)一书中提出:文化是指人类生产或创造的,而后传给其他人,特别是传给下一代人的每一件物品、习惯、观念、制度、思维模式和行为模式。这一概念被广泛接受。而早在 1871 年,文化人类学奠基人英国学者爱德华·伯内特·泰勒(Edward Burnett Tylor)在《原始文化》一书中就提出:

> 从广义的人种论的意义上说,文化或文明是一个复杂的整体,它包括知识、信仰、艺术、道德、法律、风俗以及作为社会成员的人所具有的其它一切能力和习惯。①

"复杂的整体"这个表述似乎更形象地揭橥出"文化"的特征。20 世纪上半叶,胡适在《东西文化之比较》中说一个民族的文化"是他们适应环境胜利的总和"②;梁漱溟在《东西文化及其哲学》中说"文化不过是一个民族生活的种种方面"或"民族生活的样法"③。这两个概念中的"总和""种种方面"都是"复杂整体"

---

① 〔英〕泰勒:《原始文化》,蔡江浓编译,浙江人民出版社,1988 年,第 1 页。
② 〔美〕俾耳德编著:《人类的前程》,于熙俭译,外语教学与研究出版社,2014 年,第 23 页。
③ 梁漱溟:《东西文化及其哲学》,中华书局,2018 年,第 11、26 页。

的意思。由此推之，中国文化，就是我们每一个个体生命置身其间的空气一般的整体性的存在：生产生活、语言文字、柴米油盐、诗文翰墨、岁时礼俗、婚丧嫁娶……世世代代中国人生命活动的场域以及所有的物质与精神的创造，就是中国文化的萦绕存续，就是我们赖以生活的思想土壤和安顿生命的精神家园。

这样说来，那"中国人"和"中国文化"的讨论是不是会因其宏大而难以在同一维度的有限思想疆域展开呢？会不会因为学科的局限和个人知识架构、思想情感等因素而陷入以偏概全或者挂一漏万的窘境呢？坦率地说，这是极有可能的。在20世纪初的"东西方文化论战"和80年代的"传统文化与现代化争论"等文化大讨论中，我们都可以看到"各执一词"的"文化盲点"问题。但是，讨论的结果仍然是激发了更多人关于文化的思考，推动了中国文化的发展进步。而且，既然美国人早在一百二十多年前就写出《中国人的性格》、在七十多年前写出《菊与刀》，我们的先贤也在一百多年前写下《中国人的精神》、在八十多年前写下《中国人》，那我们今天就不仅有可能而且有必要继续认识、探讨和表述我们自己。尤其是在全球化的浪潮与世界范围内的民族主义思潮日益博弈的新的历史条件下，我们太有必要理性、客观、全面、深入地认识我们自己，清醒地认知并且大声地告诉世界：我们是谁？我们从哪里来？我们要到哪里去？

第一辑　认识与表述我们自己 /

文明的他者与想象的异域

葡萄牙诗人费尔南多·佩索阿（Fernando Pessoa）在《不安之书》中写道：

> 我羡慕所有人，因为我不是他们。由于在一切不可能中，这是最不可能的事情，也成为我日日企盼之事，我为之每时每刻伤心绝望。①

对地球上这75亿多人来说，我们每个人都只能是自己，唯一的自己，不可能是其他任何人。对于一个国家、一个民族、一种文明来说，当然也只能是他自己，而不能是任何他者。那么问题就来了：如何认知这个"自己"呢？

通常说来，一种文明应该是在与他者相遇之后才会有自省乃至自知。没有可比较的他者，只能自说自话，难免"夜郎自大"。但问题在于，相遇之后的彼此果真能够因为相遇而相知与自知吗？对于我们每一位遇人无数的个体来说，要准确认知自己和所遇多年之人恐怕都不是易事，何况一个国家、一个民族和一种文明。问题的焦点和难点在于：彼此相遇之后，所有事物与问题的优劣与对错的评判标准由谁来确定？不同的评判标准会导致不同的认知结果。比如以西医的标准来衡量中医，中医就成了"伪科学"。果真如此的话，三千多年来，在数不清的战乱、瘟疫、灾荒之中，中国人单单是靠顽强的意志活下来的吗？从遍尝百草的神农，到扁鹊、华佗、张仲景、孙思邈、李时珍等，他们可永远

---

① 〔葡〕费尔南多·佩索阿：《不安之书》，刘勇军译，中国文联出版社，2014年，第33页。

是中国人心中的"药祖""神医""医圣""药圣"啊!

所以,文明的相遇未必意味着彼此的相知和自知。由于双方带有自身文明所给予的文化立场、价值取向和审美标准等,因特定的时间、地域、人物和事件而导致的彼此的猜想与误解也在所难免。比如18世纪法国画家华托(Watteau)的《中国皇帝宴请》《中国狩猎》和布歇(Boucher)的《中国捕鱼风光》(见图1-4)、《中国花园》等中国题材绘画中,典型中国人的形象就是戴斗笠的老者、扎羊角辫的儿童和穿宽大绣花袍子的妇女,典型中国场景有山、有水、有高大的椰子树。因为他们对中国的印象来自中国瓷器和手工艺品,所以这样充满浪漫想象的中国风景与人物,倒是既符合洛可可艺术的绘画风格,又符合那时欧洲传教士和旅行家所描述的"神秘又奇妙、美丽而富足"的遥远中国。

如果文明的相遇仅有这样的想象那倒无妨,无论这种想象是美好的还是不够美好的。但实际上,这种想象往往由于先入之见而带有某种善意或恶意的感情色彩,甚至成为随后行动的或隐或明的依据。美国当代学者爱德华·W. 萨义德(Edward W. Said)提出的"东方主义"概念中,就明确指出所谓"东方"不过是西方想象的"东方化的东方"而已:

> 东方几乎是被欧洲人凭空创造出来的地方,自古以来就代表着罗曼司、异国情调、美丽的风景、难忘的回忆、非凡的经历。[1]

从华托和布歇的绘画中,我们可以非常直观地感受到这一点。萨义德的观点是,所谓的"东方学"并不是有关东方的一种真实的理论阐释,而是西方人站在西方优越于东方的前提立场上描述

---

[1] [美]爱德华·W. 萨义德:《东方学》,王宇根译,生活·读书·新知三联书店,1999年,第1页。

与假设的一个结果:"欧洲的东方观念本身也存在霸权,这种观念不断重申欧洲比东方优越、比东方先进。"① 然后,他进一步揭示了这个想象的结果成为西方殖民的"合法性"依据的事实。首先,在《东方学》扉页上,萨义德引用了19世纪英国小说家和政治家本杰明·迪斯累里(Benjamin Disraeli)的一句话:"东方是一种谋生之道。"这句意味深长的话几乎点明了《东方学》的主旨,尽管萨义德在绪论中写道,他认为本杰明·迪斯累里在小说《坦克雷德》中真正想说的是,"年轻聪明的西方人会发现,东方将会引发一种可以令人废寝忘食的激情"。这种"废寝忘食的激情",显然源自想象中"神秘又奇妙、美丽而富足"的东方。所以,萨义德强调:

> 它不仅是对基本的地域划分(世界由东方和西方两大不平等的部分组成),而且是对整个"利益"体系的一种精心谋划——它通过学术发现、语言重构、心理分析、自然描述或社会描述将这些利益体系创造出来,并且使其得以维持下去;它本身就是,而不是表达了对一个与自己显然不同的(或新异的、替代性的)世界进行理解——在某些情况下是控制、操纵、甚至吞并——的愿望或意图。②

这位出生在耶路撒冷的学者同时也是巴勒斯坦立国运动的活跃分子,其鲜明的"战斗性"由此亦可见一斑。

美国学者 J.J. 克拉克(J.J. Clarke)的《东方启蒙:东西方思想的遭遇》被认为是继萨义德的《东方学》之后又一对西方关于"东方"思想的全面反省之作。书中这样写道:

---

① [美]爱德华·W.萨义德:《东方学》,王宇根译,生活·读书·新知三联书店,1999年,第10页。
② 同上书,第16页。

/ 文明的他者与想象的异域

一方面，东方是灵感的源头，是古代智慧的渊薮，是一种丰富的文明，高于我们，并映照我们自身文明的不足。另一方面，它是潜藏着威胁的、难以渗透的神秘异域。它长期封闭在停滞的过去，直至被西方现代文明粗暴冲击、唤醒。它唤起迸发的想象力，以及种种夸大之词。①

这本书的译者之一于闽梅在译序中这样写道：

在西方现代性的想象中，世界的最基本的秩序表现为两组二元对立：时间秩序上的古代与现代、空间秩序上的东方与西方。这两组二元对立最后决出胜负——在"古今之争"中，现代胜出古代，西方现代性的时间秩序由此确立；在"东西之争"中，西方胜出东方，东方成为"'被打败和遥远的'异邦"，东方的文化相对于西方"严密"的科学体系来说是一种散漫的迷思。②

那么，"西方"是如何"打败"了遥远的作为异邦的"东方"的呢？通常认为，公元1500年以后，西欧经过文艺复兴、宗教改革、启蒙运动和工业革命等一系列思想解放和社会变革之后，率先进入了美国未来学家阿尔文·托夫勒（Alvin Toffler）在《第三次浪潮》一书中所提出的"工业文明"阶段。这个时候，如马克思、恩格斯在1848年完成的《共产党宣言》中所指出的："不断扩大产品销路的需要，驱使资产阶级奔走于全球各地。"在这个"奔走"的过程中，还会产生这样的结果：

资产阶级使农村屈服于城市的统治。它创立了巨大的城市，使城市人口比农村人口大大增加起来，因而使很大一部分居民脱离了农村生活的愚昧状态。正像它使农村从属于城市一样，它使

---

①〔美〕J.J.克拉克：《东方启蒙：东西方思想的遭遇》，于闽梅、曾祥波译，上海人民出版社，2011年，第5页。
②同上书，译序第1页。

未开化和半开化的国家从属于文明的国家，使农民的民族从属于资产阶级的民族，使东方从属于西方。①

这段精辟论述中三次出现的"文明"一词，无疑确指西方的现代文明。值得注意的是，第一个"文明"前有"最野蛮的民族"与之对应；第二个"文明"前有"所谓的"加以限定；第三个"文明"之前则有"未开化和半开化"与之对应。这表明，马克思、恩格斯对于西方的现代文明，包括"工业文明"在内的资本主义生产关系，首先是承认其相对于中世纪封建社会的巨大进步性的，同时也是持批判态度的。其中还明确提出资产阶级要"使农民的民族从属于资产阶级的民族，使东方从属于西方"这样振聋发聩的论断，这不是很值得我们深思吗？时至今日，我们对"资本主义"和"西方现代文明"的认知是否全面和客观呢？如马克思、恩格斯在《共产党宣言》中所分析的：

资产阶级在它的不到一百年的阶级统治中所创造的生产力，比过去一切世代创造的全部生产力还要多，还要大。自然力的征服，机器的采用，化学在工业和农业中的应用，轮船的行驶，铁路的通行，电报的使用，整个整个大陆的开垦，河川的通航，仿佛用法术从地下呼唤出来的大量人口，——过去哪一个世纪料想到在社会劳动里蕴藏有这样的生产力呢？②

当然，这里无意苛责我们的先人不了解"资本主义"和"西方现代文明"。对于中国这样一个有着光荣历史的文明古国来说，在19世纪中叶，以那样一种屈辱的方式和"西方"相遇，无论如何都不可能有全面客观的所谓"平情"视野来打量来者并由此

---

① 《马克思恩格斯选集》第1卷，中共中央马克思恩格斯列宁斯大林著作编译局编译，人民出版社，1995年，第276—277页。
② 同上书，第277页。

内省自我。所以，深怀"天朝大国"骄傲的晚清朝野与充满优越感的"西方"之间的彼此"误解"几乎是不可避免的。我们在被误读的同时，也同样误读着他们。20世纪初曾在中国生活了二十多年的德国传教士卫礼贤（Richard Wilhelm）在德文版《东亚》中写道：

> 可悲的是，在东方和西方，当在经济关系上直接面对面的时候，不得不经历这一误解阶段，因为双方恰恰都暴露了自己本质的一面，从而增加了谅解的难度。这种误解给东方造成了最深重的苦难，而西方在渲染黄祸魔鬼的时候，自己却作为白祸出现在东方的大门前，尽其所能地去灭绝东方古老的文化。①

卫礼贤不仅是第一位将《易经》《论语》《大学》等中国传统经典翻译为德文的汉学家，而且出版过《中国人的生活智慧》《中国的精神》《中国文化史》等大量中国研究专著。这段"黄祸""白祸"之论，至今仍值得我们深思。西方列强的入侵，的确是给中华民族带来无尽深重的灾难和屈辱；而当时的中国，即使有"祸"人之心又岂有"祸"人之力？何况自古以来，中华民族就崇尚"和为贵"，倡导"和而不同""兼爱非攻""协和万邦"等理念，俗语说的是"害人之心不可有，防人之心不可无"。但是，凭借船坚炮利对中国虎视眈眈的"西方"防得住吗？

显然，仅仅"师夷长技以制夷"是防不住的。但是，在"亡国灭种"的危机面前，中华文明另有一道无比强大的藩篱，那就是我们极为复杂深奥的汉语。这道藩篱一方面在东西方激烈碰撞的时刻守护了我们的文明，另一方面也使意图真正理解我们的绝大多数"文明的他者"只能"走马观花"。比如1869年来华16

---

① 苏芙、龚荷花、苏惠民编译：《走向没落的"天朝"：德国人看大清》，国家图书馆出版社，2013年，第32页。

年之久的美国传教士和外交官何天爵（Chester Holcombe）这样感慨道：

> 对于学者来说，要想真正了解一个民族，就必须能够熟练使用这个民族的语言，并能用它来进行思考。如果做不到这一点，那么这个学者基本上无法实现自己的愿望。一个想要了解中国并深入研究她的人，很快就会发现，语言作为他最大的障碍，远比穿越万里长城要难得多。①

何天爵的这个说法是成立的。真正理解一种文明，必须精通其语言。但是，对外国人来说掌握汉语真是难于上青天。汉字的典故、修辞和汉语的委婉之词、隐喻之句等，即使是中国人之间也往往会出现看不明白和听不懂的情况。这就凸显出我们被"文明的他者"真正理解的难度。

曾任同文馆和京师大学堂总教习的美国传教士丁韪良（William Alexander Parsons Martin）在《中国人》一书中这样写道：

> 从没有一个伟大的民族能像中国人这样被误解，他们被贬斥为感觉迟钝，是因为我们不掌握能够明确地向他们传达我们的思想，或把他们的思想传达给我们的语言中介；他们还被丑化为野蛮人，是因为我们缺乏理解一个不同文明的宽阔胸襟。他们被描绘成奴仆般的应声虫，虽然他们比任何民族都更少求助于人；他们还被诬蔑为缺少发明的本能，虽然世界要感谢他们作出了一系列有价值的发现；他们更被贬斥为固守传统，虽然他们在自己的历史长河中经历了许多深刻的变革。②

这位在华生活了六十多年、出版过四十多部中文著译的当年

---

① 〔美〕何天爵：《本色中国人》，冯岩译，译林出版社，2016年，第35页。
② 〔英〕约·罗伯茨编著：《十九世纪西方人眼中的中国》，蒋重跃、刘林海译，中华书局，2006年，第147页。

头号"中国通",在此不仅指明中西交流中语言藩篱的肯綮,而且也明确指出中华文明作为一种西方的"不同文明"的基本事实。

但是,反过来说,中国人掌握英语的难度恐怕要小得多,尽管今天无数人为学习英语而苦恼。早在 20 世纪前期,辜鸿铭和林语堂已经分别用英语写作出版了谈中国人和中国文化的专著 The Spirit of the Chinese People（《春秋大义》）和 My Country and My People（《吾国吾民》）,现分别译为《中国人的精神》和《中国人》。也即是说,在那个时代,中国人对英语的精通已经胜于欧美人对汉语的学习掌握。但是,一个多世纪以来,我们对"资本主义"和"西方现代文明"却仍多"误解"。

今天的世界,国与国之间经济、政治、文化的交流、交融、交锋已经如此便捷、寻常和普遍,几乎稍有文化知识的普通人都可以通过发微信朋友圈等方式来臧否天下。但也正因如此,文明之间更需要彼此努力理解和相互学习而不是充满误解甚至抹黑,尤其是对于处在最接近实现民族复兴历史节点上的"中华文明"和"中国"来说,倡导和践行文明之间的相互尊重理解与学习交流是构建"人类命运共同体"的题中之义。否则,"文明冲突论""历史终结论""中国威胁论""中国崩溃论"等"他者"的想象与误解,仍然无解。

第一辑　认识与表述我们自己 /

西洋镜中的中国和中国人

进入 21 世纪以来，我们对早期来华西方人所著中国书籍的译介开始系列化和规模化了，这是中国文化自觉与自信的体现。2004 年到 2015 年间，国家图书馆出版社策划出版过"亲历中国丛书"共计 21 种，均为清末民初来华外国人的亲历纪事，包括游记、报告、书信、日记和回忆录等，这些一手史料对我们了解一百多年前外国人眼中的中国和中国人非常有益。2006 年，中华书局推出一套 10 种的"西方的中国形象"译丛。这些书的作者大多是 19 世纪来华并在中国生活多年的外国人，他们在书中描写了在华经历与观感，其中不乏对中国政治、经济、文化和社会的观察思考，特别是对中国人的民族性格的描绘，今天读来仍令人饶有兴致。2008 年开始，南京出版社推出了一套"西方人看中国"文化游记丛书，包括 3 辑 11 种。所谓"文化游记"，主要是指丛书作者基本上是作家、汉学家和艺人等，这也是一个非常有意义的选题视角。

如上这些早期各类来华外国人关于中国和中国人的著述，既是西方人认识我们的最早印象，也是我们审视自己的"西洋镜"。黄兴涛、杨念群在"西方的中国形象"译丛的总序中写道：

外国人对中国的认识好比是一面历史的镜子，照照这面西洋镜，从中领略生活于中国本土意识之外的人们对自己的看法，了解我们在西方的形象变迁史，将无疑有助于我们反省和完善自身的民族性格，在国家建设和国际交往中，增强自我意识，更好地进行自我定位。这也是人们常说的"借别人的眼光加深自知之明"的意思。①

的确如此,作为一个有着悠久文明历史的东方大国,特别需要在文明的比较中认清自我,在日益密切的国与国之间的政治、经济、文化往来中准确定位自我。如果从13世纪《马可·波罗游记》和17世纪《利玛窦中国札记》算起,这数百年间,来过中国的西方传教士、外交官、游历者等为我们所铸就的"西洋镜"可谓五花八门。由于语言文化背景不同、来华前后个人阅历差异、来华接触社会层面不一等原因,他们所铸之镜各有侧重,其中不乏令人啼笑皆非的"哈哈镜"。实际上,要准确描绘出"中国"和"中国人"的形象,不用说外国人,即使中国人也未必做得到。因为纯粹客观而整体的认识与把握几乎是不可能的。但如此众多"主观的""片面的"认识总还是可能从某种程度上汇聚起一个古老的"中国"和复杂的"中国人"的大概形象的。

也即是说,"西洋镜"中的中国和中国人,总体而言是可以作为我们"返照自我"的一面镜子的。无论是美是丑,是清晰是模糊,都值得我们反思:我们究竟是不是这样?我们为什么是这样?我们为什么不是这样?我们究竟什么样?这是这些"西洋镜"之于我们的根本意义。

比如,来看一下出版于1872年的《中国和中国人》(China and the Chinese)"对中国人性格和文明的总体评价":

和欧洲各国相比,中国是一个冷漠迟钝、不思进取、懒散懈怠、缺乏生气的民族。

---

① 〔英〕约·罗伯茨编著:《十九世纪西方人眼中的中国》,蒋重跃、刘林海译,中华书局,2006年,"西方的中国形象"译丛总序,第4页。

第一辑　认识与表述我们自己 /

不过，中国人一向狂妄自大、唯我独尊，也许正是源于此因，我们不愿给予其公正的评价和他们本应享有的地位。应该指出的是，直到最近，中国对西方国家仍全无了解，正如西方对中国一无所知一样。闭关自守、妄自尊大的中国人只将西方各国视为邻邦，他们认为周围各国都应对自己恭顺有加，这大概就是为什么这个民族总爱摆出一副不可一世、高高在上的自大姿态的部分原因吧。[1]

这本书的作者倪维思是 1854 年来华的美国传教士，他的夫人海伦·倪维思（Mrs. Helen S. C. Nevius）还著有《在华岁月》，记述了他们在华近四十年的生活和见闻。但是，基本上是同期在华的英国传教士麦高温（John Macgowan，一译为"麦嘉湖"）却有完全不同的感受：

我在中国生活了 50 年，几乎与每个阶层的人都有过很深的交往，从中得到了莫大的快慰。我越是深入到中国人生活的内部，我的心就越是被他们深深吸引。他们确实是一个非常可爱的民族，在充满欢乐的时刻，在笼罩着悲哀的时刻，以及在激发起正义感的时刻，他们都证明了自己真正拥有作为一个伟大民族的品质。[2]

麦高温 1860 年来华，1910 年回国。这半个世纪里，中华民族遭遇空前的危机，但麦高温能从中认识到"中华民族是一个强大的民族"，并且感受到了这个"伟大民族的精神品格"，应该说是一种难得客观的视角和观点。

从这两位传教士笔下不同的中国人形象来看，不难发现西方对中国的印象大多处于两个极端。这一点，另有一位外国人认识得尤为到位。这位汉文名为"古伯察"的法国传教士 1839 年来华，

---

[1]〔美〕倪维思：《中国和中国人》，崔丽芳译，中华书局，2011 年，第 227、229 页。
[2]〔英〕麦高温：《中国人生活的明与暗》，朱涛、倪静译，中华书局，2006 年，前言，第 1 页。

在其《中华帝国纪行》一书中,竟然精彩点评或者说中肯批评了"法兰西启蒙运动三剑侠"中两位的中国观:

> 伏尔泰给我们描绘了一幅迷人的中国图画,描绘了它的等级制的礼仪,父权制的政府,建立在孝道基础上的机构,经常对大多数有学问、有德行的人教育的明智的行政管理。相反地,孟德斯鸠用最黑暗的颜色,把中国人描绘成一个可悲的、怯懦的民族,在残酷的专制君主统治下卑躬屈膝,在皇帝意志的驱使下好像是一群肮脏的牛。
>
> 《风俗论》和《论法的精神》的两位作者——伏尔泰与孟德斯鸠笔下的两幅画面同实际情况完全不一样,两者均有夸张,其真相当然应在两者之间寻觅。①

真相显然也并不在这两者之间,而在中国大地上。这位精通汉语、蒙语和藏语,曾在内蒙古、宁夏、甘肃、青海长途跋涉18个月、在中国生活了十余年的传教士和冒险家最终也并未铸就一面光亮可人、明鉴服人的"西洋镜"来。

和古伯察同期来华的美国传教士卫三畏(Samuel Wells Williams),在中国生活了四十多年,回国后于1883年出版的《中国总论》影响也很大。他认为,中国"整个制度是现存的最专制的制度之一,它像一张大网笼罩在社会的表面上,每个人在他自己的网眼中都是孤立的,可是又和他周围所有的人在责任上联系在一起"②。卫三畏认为中国人的品格是相互矛盾的混合体:

> 总的来说,中国人表现出一个混合的品格,如果有什么东西可以赞扬,就一定有更多的东西要批评;如果说他们有什么较明

---

① 〔法〕古伯察:《中华帝国纪行——在大清国最富传奇色彩的历险》(上),张子清等译,南京出版社,2006年,第48页。
② 杨奎松:《"鬼子"来了:现代中国之惑》,广西师范大学出版社,2016年,第149页。

显的恶迹,可他们比其他绝大多数异教民族又具有更多的美德。炫耀的仁慈和天生的疑虑,仪式化的礼貌和实在的粗鲁,部分的发明和奴仆般的模仿,勤劳和浪费,溜须拍马和自我依靠,这些阴暗和光明品质奇妙地混合在一起。①

如此碎片化的片面直觉显然不足以概括一个民族的总体性格,更不用说像中国这样一个历史悠久、人口众多的东方大国的国民性格总体特征。当然,对于西方来说,这的确也是一件"几乎不可能完成的任务"。如1858年柯克(George Wingrove Cooke)在其《中国:作为〈泰晤士报〉驻中国特派记者的报道,1857—1858》一书的前言中所写:

我经常与那些极为出众、极为真诚的汉学家们探讨这个问题,并且总是发现,他们很乐于接受我的看法,即西方的意识不可能对中国人的性格形成一个总体的概念。②

日本明治时期著名美术家、思想家冈仓天心在1906年的《茶之书》中写道:"西方何时才能、何时才愿理解东方?他们以事实与幻想为东方织就的猎奇之网,常使我等亚洲人瞠目结舌。"③事实的确如此。

纵观数百年间这些西方来华者所铸"西洋镜"虽然对中国和中国人褒贬不一,色彩各异,但总可以归属为"镜子"。偏偏有位并未来过中国的英国小说家萨克斯·罗默(Sax Rohmer)杜撰出一位名为"傅满洲"的中国人,此人1913年在《傅满洲博士之谜》一书中首次亮相,阴郁的刀条脸、邪恶的眼神儿、两撇山羊胡子,

---

① 〔英〕约·罗伯茨编著:《十九世纪西方人眼中的中国》,蒋重跃、刘林海译,中华书局,2006年,第150页。
② 同上书,第144页。
③ 〔日〕冈仓天心:《冈仓天心东方三书》,孙莉莉等译,四川文艺出版社,2019年,第251页。

加上黄马褂、带顶翎的官帽,在我们中国人眼里也是一个阴鸷恶毒的典型恶人形象,竟然通过随后一系列的"傅满洲"小说和电影深深嵌入很多西方人心目中,成为"黄祸"(Yellow Peril)的化身。早在1755年,法国大思想家伏尔泰(Voltaire)受元杂剧《赵氏孤儿》的影响创作的悲剧《中国孤儿》曾上演。但是,没有一部剧、没有一个剧中人像"傅满洲"这样连哈哈镜都算不上的杜撰形象,抹黑中国和中国人如此之深和如此之久。从电影《傅满洲的复仇》中傅满洲的演员选择和人物造型(见图1-5)上我们会有直观的感受。

回头来看,一百多年来,我们也未曾通过小说、绘画、电影等塑造出光明磊落、儒雅伟岸的典型"中国人"形象展示给世界。是因为我们压根儿不知道他们捏造出个"傅满洲",还是压根儿就不在乎他们捏造出个"傅满洲"呢?在追求站起来和富起来的年代里,或许我们连"知不知道"和"在不在乎"也无暇顾及。但是,在走向强起来的新时代,我们不仅有必要"知道",也有必要"在乎"。

从学术角度来说,改革开放以来,我们在译介大量西方经典的同时,关于西方的中国印象、中国问题研究著述方面的译作,同样蔚为可观,但这可能是所谓"中国学"以外的学者知之不多的,更不用说普通人。比如有一套自1988年开始出版的"海外中国研究丛书",三十多年来已经出版了185种图书,内容涉及中国政治、历史、经济、社会、思想、宗教、文化、艺术等各个方面。这套丛书的作者大多是海外有影响力的中国学研究专家,他们虽然没有早期来华的传教士等人那样长期的中国生活经历,但基于翔实的史料和扎实的研究所得出的观点,更值得我们深思。丛书

第一辑　认识与表述我们自己 /

序言中写道：

> 这套书可能会加深我们100年来怀有的危机感和失落感。它的学术水准也再次提醒：我们在现时代所面对的，决不再是过去那些粗蛮古朴、很快就将被中华文明所同化的、马背上的战胜者，而是高度发达的、必将对我们的根本价值取向大大触动的文明。也正因为这样，"他山之石，可以攻玉"这古老的中国警句便仍然适用，我们可以借别人的眼光来加深自知之明。故步自封，不跳出自家的文化圈子、透过强烈的反差去思量自身，中华文明将难以找到进入其现代形态的入口。[①]

三十多年后的今天，我们再次细细体味这段宏论，其真知灼见仍是如此发人深省。"借别人的眼光去获得自知之明"的历史使命依然如此艰巨，尤其是在"西洋镜"以至"东洋镜"都打磨得辨识度已经极高的今天，我们需要在"他者"的打量、审视与判断中思忖确立自己的形象，然后才会有底气、有信心在诋毁之中不自卑，在赞美之中不自傲。

[①] 余英时：《中国思想传统的现代诠释》，江苏人民出版社，1989年，序《海外中国研究》丛书，第1—2页。

文明的交融、叠积与生成

无论人们如何定义文明，文明的存在——不同地域、不同民族的不同文明的存在，乃是一个基本的事实。但问题在于，文明作为一个民族所创造的物质与精神的总和，对于置身其间的个体来说，往往像空气一样在日常生活中不易被意识到。而一旦意识到，你会发现，这个几乎是无所不包、无所不有的概念有着无限的奥秘与魅力。

比如说，我们中国人从小耳熟能详的伟大的"中华文明"和在我们求知过程中日渐充满复杂感情的"西方文明"，它们各自究竟有怎样的内涵？它们彼此之间又是怎样的关系？当你站在云冈石窟凝视那些高鼻梁深眼窝的佛像时，当你站在圆明园大水法遗址前凝望那些残垣断壁时，当你坐在灵隐寺外的星巴克店里啜饮一杯香滑的焦糖玛奇朵咖啡时，你会想到"文明"吗？

文明的交融

多年前，易中天在一篇文章中提出了一个值得我们深思的"半盘西化"的概念。他说鸦片战争以来，"我们大量引进西方的科学、技术、思想、观念、制度、主张，寻找自强和现代化的道路"，这使我们的生活"半盘西化"，因为我们"剪头发，穿西装，用电脑，打手机，过情人节、圣诞节，送巧克力、玫瑰花"等。鸦片战争距今已经一百八十多年了，这一百八十多年来"中华文明"

的巨变，诚可谓几番天翻地覆。易中天文中引用了电视剧《北京人在纽约》的主题曲来说明中国和西方的关系："千万里我追寻着你，可是你却并不在意"，结果是"我已经变得不再是我，可是你却依然是你"。①

总体上来看这一百八十多年，我们的确是一直在"寻找自强和现代化的道路"。早在1935年的时候，新文化运动的旗手胡适在《充分世界化与全盘西化》一文中就明确写道：

> 我主张全盘的西化，一心一意的走上世界化的路。
> 我赞成"全盘西化"，原意只是因为这个口号最近于我十几年来"充分"世界化的主张。②

1934年，鲁迅在《拿来主义》这篇文章的结尾，同样旗帜鲜明并且斩钉截铁地说：

> 总之，我们要拿来。……没有拿来的，人不能自成为新人，没有拿来的，文艺不能自成为新文艺。③

想想这一百八十多年来，我们的确"拿来"了许多。从"洋枪""洋炮"到"洋酒""洋节"，从电灯、电话到电视、电脑，从学校、学制到学科、学位，我们拿来的"人类文明的先进成果"数不胜数。虽然"我已经变得不再是我"，但"我"变成"他们"了吗？"我"是不是在更美更好之后还是"我"呢？而"他们"其实也是很"在意"的。如果不在意，一百八十多年乃至更早的时候，"他们""远渡重洋"来干什么？一百八十多年来，从殖民扩张到"一战""二战""冷战"以至于"贸易战"之后，"他

---

① 易中天：《"文化入世"与"文化航母"》，《南方周末》，2012年1月27日。
② 朱正编选：《胡适文集》第4卷，花城出版社，2013年，第36页。
③ 《鲁迅全集》第6卷，人民文学出版社，2005年，第41页。

们"真的还依然是"他们"吗?

答案显然很清楚,我们都在变。世界在变,你我在变,这种"变"即是文明的交融,或者说,在文明的交融中一切都在改变。当然,"交融"也难免会有"交流"或"交锋",但究其实质不外乎人与人、国与国的"交往"而已。以丝绸、香料相见是一种交往,以鸦片、石油相见也是一种交往,交往是大航海之后特别是"全球化"之后人类生存的"常态"方式。人类不可能不交往,文明也不可能不交融。

二十多年前学游泳的时候,教练告诉我,初下水者是在和水搏斗,而善泳者是在和水交融、嬉戏,因为你会感觉你就是水的一部分。中华文明在经过一百八十多年的"搏斗"之后,理应有勇气、有力量、有智慧与人类先进文明交融了。

文明的叠积

任何文明都不可能是一种"固态"的存在。你可以在故宫或卢浮宫指着那些古老的文物讲解"中华文明"或"法兰西文明",但那不过是文明的"沧海一粟"而已。如同你拍着胸脯说"我是人"一样,但这个星球上还有75亿多人在婚丧嫁娶生老病死不是?文明亦当作如是观。即是说,文明不仅是那些陈列在博物馆或沉睡在废墟里的古老文物,也不仅是一种整体相互交融的状态,还是在彼此交融中各自不断叠积、不断变化发展的形态。

从人类生产生活方式的角度来看,农耕文明、海洋文明、游牧文明、工业文明和数字文明等概念无疑都是成立的。前三者可以理解为一种空间意义上的横向交融关系,后两者则是一种时间意义上的纵向发展关系。但是，作为非"固态"存在的文明，实际上通常不会有如此清晰的时空秩序。尤其对于中国这样一个历史文化悠久、地理条件多样、生产力发展不平衡的"后发"现代化大国来说，文明的状态难免是横向交融与纵向发展的复杂叠积状态。

所谓"叠积"，可以从19世纪末20世纪初中国早期知识分子即面临的"古今中外"问题来理解：

> 在十九世纪末，特别是1895年以后，中国人在极度震惊之后，突然对自己的传统失去了信心，虽然共同生活的地域还在，共同使用的语言还在，但是共同的信仰却开始被西洋的新知动摇，共同的历史记忆似乎也在渐渐消失。①

这是中华文明的危机肇始，人们痛切地认识到"仁义礼智信"和"琴棋书画"不顶用了，所以，新文化运动要"打倒孔家店"，要革清代"四王"之画的命。但百年之后，"孔子学院"遍及世界，"四王"之画拍出天价。"仁义礼智信"和"琴棋书画"作为农耕文明的礼治秩序与文化修养，获得了新时代的创造性转化和创新性发展。可见，所谓文明的危机，往往也是一种转机，一种激发其内在生命活力的更新契机。

实际上，中华文明五千年绵延不绝，其根本原因就在于善于自我更新，这种更新不是以一种文明替代另一种文明，而是彼此之间的交融与叠积。所以，今天的中国，我们几乎可以感受到农耕文明、海洋文明、游牧文明、工业文明和数字文明的各种形态。比如你用智能手机预约了一辆专车到机场，在机场麦当劳用过早

---

① 葛兆光：《中国思想史·第2卷：七世纪至十九世纪中国的知识、思想与信仰》，复旦大学出版社，2013年，第480页。

餐后乘飞机到呼伦贝尔草原，中午在蒙古包里喝过奶茶吃过手把肉，黄昏时分躺在草地上看夕阳中羊群归来。这已经不再是一种浪漫的想象，而是不难实现的一个"小目标"。

记得 30 年前讲课时，我曾以北京中关村、山西大同和甘肃定西为例，说明阿尔文·托夫勒在《第三次浪潮》中所划分的人类文明三个阶段即信息文明、工业文明和农业文明在中国并存的现实。那时我们的农业，尤其是老少边穷地区的农业，距离"现代化"的目标还比较遥远。但是今天，年轻一代的定西农民也可以用手机上直播带货卖土豆了。而中关村的写字楼里，可能也会有从定西走出来的年轻白领。这就是今日中国文明叠积的现实情形。

文明的生成

当我们谈"中华文明"的时候，从三千多年的视野更容易理解"文明的交融"，因为中华文明正是中原汉民族和周边诸多少数民族在三千多年的交流与交战中融合而成；而从近二百年的视野更容易理解"文明的叠积"，因为自"洋务运动"开始中国就不再是一个纯粹的农业文明和游牧文明的国度，也即是说，中华文明是在各种文明的交融与叠积中不断生成的文明体系。

那么，这种交融与叠积为什么没有导致中华文明"变异"，并且始终保持一种"生成"状态呢？我想最重要的原因是三千多年前的《周易》给了中国人一种"变易"与"不易"的大道智慧。天变道也变，而万变不离其宗。无论是"永嘉南渡"，还是"靖康之耻"，直至"庚子事变"，作为中华文明根基的农耕生产生活方式都未曾改变。如果我们的生命里没有三千多年前那击壤而歌"日出而作，日入而息"者的血脉，为什么至今你我还会有"采菊东篱下，悠然见南山"的田园梦想？如果说工业文明必然打败农业文明，那工业文明重要标志之一的广告中为何有无数的"手工匠心之作"？

所以，我们大可不必担心"全盘西化"，我们"化"不成他们。三千多年来，我们不仅始终在使用统一的文字，而且在音乐、书法、绘画等艺术领域有着一脉相承的源流，在生活礼俗和道德伦理方面也有很多一以贯之的原则，比如年节祭祖、长幼尊卑等。那么，究竟是什么使中华文明得以历经数千年的沧海桑田而生机永续？以博大包容的胸怀在文明的交融与叠积中不断生成，或许可以给我们提供一种答案。

所谓"生成"，就是文明演进过程中由不同文化的相互激荡融汇而形成的新事物、新风尚。这种新事物和新风尚既有可能取代或改变旧事物与旧风尚，也可能并行不悖互不加害，这就是"叠积"的状态。所以，文明的交融、叠积与生成其实是同时进行的，在交融中总会有新的生成，生成后既会有替代或改变也会有叠积。中华文明源远流长延续至今，正是得益于这样的交融、叠积与生成。具体而言，从西周末年至今近三千年的岁月里，中原汉民族与周边的匈奴、鲜卑、突厥、吐蕃、契丹、女真、党项以及蒙古族、满族等民族在从军事战争、政治统治到经济交往、文化交流的整体性融汇中形成了中华民族和中华文明。"纵然历史发展充满了曲折，文化发展隐含着痛苦，但整体上是一个吸纳、整合、新生的过程。"[①]

[①] 张德祥：《中国文化的基因、活力和能量》，《中国艺术报》，2016年12月16日。

但是，在这个古今中外文化如此激荡的大时代里，中国传统文化能否一如既往地兼容并包安然走向未来呢？在她所赖以存续的生产生活方式已经发生了根本性改变的时代条件下，如果不做相应的调整、实现真正现代意义的转型，已然面目全非的传统文化的式微，恐怕是难以避免的。因为对世界上一切文明形态来说，在这个科技日新、文化多元、时空压缩的扁平化时代里，要卓然自清几乎是不可能的。

从1840年鸦片战争开始，或再往前推至1601年利玛窦为代表的西方传教士来到北京开始，东西方文明便发生实质性接触，西方文化对中国文化的冲击开始日渐发力，到19世纪末20世纪初，在袁世凯称帝、张勋复辟等时代逆流中，"今胜于古，外优于中"的观念日渐成为"古今中外"之辩中的主流。

当年辜鸿铭在北大课堂上那句"你们是否看到自己心中那根小辫儿"的质问，今天仍是振聋发聩的大音希声。一百多年来，我们心中的这根小辫儿显然还在，只是我们自己看不见或者假装看不见而已。是所幸，亦是所不幸。如明代大儒王阳明说过："破山中贼易，破心中贼难。"从另一种意义而言，我们心中这根小辫儿，恰恰是中国文化顽韧生命力的体现。但是，今天，我们需要追问的是，这根小辫儿还能不能够、还值不值得永远挂在我们心上呢？

能不能够的问题，是指作为上层建筑的文化，其所依赖的经济基础——当代中国社会的生产生活方式发生如此天翻地覆的变化之后，当代中国人的思想观念还有多少传统的基因？一百七十多年前，马克思和恩格斯在《共产党宣言》中明确写道：

人们的观念、观点和概念，一句话，人们的意识，随着人们的生活条件、人们的社会关系、人们的社会存在的改变而改变，这难道需要经过深思才能了解吗？[①]

值不值得的问题，是指与两千多年封建皇权体制相伴生或者说相催生的中国文化，能否与现代文明全然相容？说全然相容，显然有绝对之嫌，实际上任何古老的文化与现代生活的关系，都只能是部分活化承传。那么，值得追问的就是，哪一部分值得？哪一部分需要扬弃？比如那些堂而皇之的"皇家气派""帝王风范"的广告，为什么就如此"打动人心"？比如那些花团锦簇、惊心动魄的宫斗戏，为什么就如此"高收视率"？在文明的交融与叠积中，究竟应该"生成"怎样的新文明，这也是一百多年前我们的先贤就已经提出但至今仍未根本解决的问题。而这个问题如果得不到根本解决，我们恐怕还很难真正跨入"现代"中国的门槛。

[①]《马克思恩格斯选集》第1卷，中共中央马克思恩格斯列宁斯大林著作编译局编译，人民出版社，1995年，第291页。

美美与共，天下大同

2020年春天，日本捐助中国武汉等地的防疫物资包装上的几句中国古诗词有点"火"："山川异域，风月同天""岂曰无衣，与子同裳""辽河雪融，富山花开；同气连枝，共盼春来""青山一道同云雨，明月何曾是两乡"。

照理说，我们应该非常高兴。日本不仅捐赠防疫物资，还如此有温度地用我们的古典诗词鼓励慰藉我们。但是，偏偏有人把它与中央电视台的"武汉不哭"和《人民日报》的"武汉加油"来比较，似乎显出"我们没文化，我们不美"；然后就有《长江日报》的评论文章《相比"风月同天"，我更想听到"武汉加油"》在网友一片讥讽声中再度"火"了一把。

这令我想起费孝通讲过的"各美其美，美人之美，美美与共，天下大同"。这16字体现了一种文化的互尊互敬，其本质则是文化的自觉自信。但是，现在不要说"美美与共"，就是人家以我们的美为美都为我们所不容了？尤其是2020年下半年这段时间，在我国的新冠肺炎疫情得到有效控制的同时，意大利、美国等欧美诸多国家的疫情呈现出令人痛心的肆虐之势。在这种情况下，我们如何担当起共建"人类文明共同体"的大国责任？如何体现走向世界舞台中央的大国风范？

我以为这不仅仅是艰巨的国际外交事务问题，而且是考验与塑造中华民族在最接近实现民族复兴的历史节点上的国民心态和民族精神的重要课题。我们当然有一千个理由为这场抗击疫情全民战的重大阶段性成果骄傲，有一万个理由赞美全民战疫中的众志成城、万众一心。但是，我们没有任何理由去讥讽、嘲弄甚至窃喜其他国家疫情的"难以遏制"，毕竟疫情是人类共同的敌人。人类每一次抗击疫情都付出过巨大的代价，但也极大推动了人类文明的不断进步。在我们还没有找到这次新冠肺炎疫情的真正病源、病理和有效疫苗的时候，在世界总体经济形势正呈衰退之势、大国政治博弈与地区冲突愈益扑朔迷离之际，我们曾经在日常生活中以为可以远离的国家与民族、时代与个人、文明与进步等所谓"宏大叙事"，以如此猝不及防的姿态涌入我们每天的信息流中。

疫情面前，我们看到很多人非黑即白、泾渭分明的二元对立思维。一种观点是中国强大无比，中国人民众志成城，稍有微词便是"汉奸""公知""卖国贼"；另一种则是中国沉疴宿疾，中国人愚昧落后，谁要说中国强大就是"脑残""五毛"。自鸦片战争爆发至今一百八十多年了，落后挨打的屈辱所造就的中国人和世界的紧张对峙心态以及由此纠缠在我们心底的盲目自傲与盲目自卑"情结"，该是调整和打开的时候了！

显然，"各美其美"与"美人之美"的文化自信与宽广胸怀是一个走向强起来的民族应有的风范。在当代世界，无论国家大小、国力强弱，搞"自我封闭"和"唯我独尊"都是不得人心和没有出路的。

所以，承认差异、包容多样、和而不同的"美美与共"世界观，正是文化自觉与文化自信的体现。这不仅是一种不再做"沉默的他者"的自觉与自尊的文化观念，也是一种彼此充满善意与敬意的文明状态。我们不仅要确切懂得自己的美，而且也要确实认识到他者的美；并在此基础上清楚地表述和展现自己的美，确信自己的美和他者的美各行其道、互不加害。这是有胸怀并且有能力构建人类文明共同体的大国国民应有之心态。

费孝通最早提出并这样阐释"文化自觉"的概念：

> 文化自觉是指生活在一定文化中的人对其文化有"自知之明"，明白它的来历、形成过程、所具有的特色和它的发展趋向，不带任何"文化回归"的意思，不是要"复旧"，同时也不主张"全盘西化"或"全盘他化"。自知之明是为了加强对文化转型的自主能力，取得决定适应新环境、新时代对文化选择的自主地位。①

而所谓的"美美与共"，则是针对建立一种具有文化多样性的世界和平与和谐的文明格局而言，其前提是能够在"各美其美"的基础上"美人之美"：

> 文化自觉是一个艰巨的过程，只有在认识自己的文化、理解所接触到的多种文化的基础上，才有条件在这个正在形成中的多元文化的世界里确立自己的位置，然后经过自主的适应，和其他文化一起，取长补短，共同建立一个有共同认可的基本秩序和一套各种文化都能和平共处、各抒所长、联手发展的共处守则。②

在疫情面前，各国的国民心态和反应措施显然有很大的差异，各国的防疫机制也千差万别。无论从国家外交层面还是国民心态角度，我们都不容许他国的无理指责，但也大可不必对任何"风吹草动"有过激反应。"天下大同"是"和而不同"的"大同"，要紧的是"美"起来。我们可以赞美"山川异域，风月同天"的风雅，但也感动于"武汉不哭"的温情。这是我们的文化自信，也是我们的民族自信，更是我们胸怀天下的"美美与共"。

---

① 费孝通：《中国文化的重建》，华东师范大学出版社，2014年，第127页。
② 同上书，第161页。

第二辑

从民族性格看中国文化

民族性格与民族文化

有位在美国留学和生活多年归来的年轻人告诉我,有一次他去美国同学家吃饭,同学妈妈在饭桌上一个劲儿地介绍她预备这顿饭菜是多么用心。实际上只有一道主菜、一道汤、一道沙拉和烤面包。让他最不好理解和难以接受的是,道别时同学父母很有礼貌地和他拥抱并诚恳地表示欢迎他再来。但当他走到院门口回首时,他们已在身后关上了屋门。听起来这"老美"似乎很"凉薄"。比较一下我们招待客人通常面对一大桌子美味佳肴一边念叨"没啥好吃的"、一边不断夹菜的"热情",和任你怎么回首挥手东道主就是不肯回屋的"客气",是不是能够感受到不同的民族性格与文化?

在民族内部而言,显然存在着个体性的性格差异。对于地域辽阔、历史悠久的民族来说,可能还会有地域性的差异、历史性的差异等。但是,就民族的整体而言,在与其他民族的比较之中,有没有一种"民族性格"存在于这个民族的整体之中呢?

有这样两则幽默故事很能说明这个问题。一是假设在一个房间里有一根针掉到地上,如果是意大利人,可能一耸肩一摊手就离开了;法国人多半会顺手抄起一把笤帚,胡乱扫扫也作罢了;德国人则会用一把尺子和一根粉笔把地板划分成一个个小方格,然后逐一检查直至找到这根针。那么,中国人呢?是趴在地上一点一点地摸索到的啊!而犹太人,则是找了一块磁铁在地上拖了几圈就轻而易举地把针找到了。另一个笑话说,一幢大楼失火后,犹太人背出了钱袋子，法国人救出了情人，中国人则奋不顾身地寻找老母亲。这两个故事实际上讲的都是民族性格的差异，虽有戏说成分，但听起来似乎也有点儿意思。

德国哲学家伽达默尔（Hans-Georg Gadamer）说过，所有的"邂逅"都是相互的，所有的阐释都是彼此相关的和互文的。"民族性格"正是在不同民族相互"邂逅"与"互文"中的彼此认知与自我省视。比如当我们说到"德国人的严谨与认真"时，潜意识中很有可能在比照我们自己性格中太多的"也许""可能""大概""差不多"的模糊与笼统。

前些日子听一位朋友讲述她在家做面包的经历。她买了很久的面包机，试了几次都没有做成功。后来下决心按照食谱要求，严格遵循面粉、水、黄油和酵母的精准用量配比终于得以成功。是啊！我们中式菜谱最常见的字眼是"油适量""盐少许"等，基本上是靠感性直觉来判断的。但是，当我和这位成功烤制出面包的朋友谈及西餐的科学精准时，她却非常认真地说："精准是精准啊，但这还有什么创造的乐趣了？"想想这句话还真是在理儿！你看，同样的白菜馅儿饺子，不同的人做出来的味道还真是不一样；同样的白菜炖豆腐，你自个儿来做，每次放入佐料的种类和数量不同，味道也是不一样的。这样说来，似乎我们的模糊笼统反倒给了人们一定的创造空间？

言归正传，"民族性格"之有无应该不成其为一个问题。不同的地理环境、气候条件等因素形成不同的生产生活方式，产生不同的社会政治经济模式，生活于其中的人们在长期的历史演进中逐渐形成其民族总体性格特征。所谓"总体"，是指对该民族整体性的、历史性的典型性格特征的概括。因此，任何现实的具体的个人,与这一"总体"的比照难免有似是而非之感,但这一"总体"总是潜意识地影响和规定着个体的思维模式、行为习惯、价值取向等;而对外部来说,这一"总体"往往是一个民族整体精神风貌的体现。

究其实质,所谓"民族性格"也就是民族文化在人身上的体现。而民族文化,就是这个民族的整体在长期的生产生活方式中"适应环境胜利的总和"。马克思主义唯物史观认为,生产力决定生产关系,经济基础决定上层建筑。所以,一个民族的生活方式主要取决于生产方式,其思维方式、大众心理、审美情趣、价值判断、生活态度等所构成的民族文化整体,同样需要从生产方式来理解。而生产方式又与地理环境、气候状况和历史传统等密不可分。因而有人依据生产方式把文化划分为游牧文化、农耕文化、海洋文化和商业文化等。但实际情况往往是,各种文化总是处于发展变化和交流融汇的过程中。

比如我们中国,北方少数民族的游牧文化和中原汉民族的农耕文化早在北魏时代就开始激荡融合;东部和东南沿海的东夷文化、闽越文化、潮汕文化等则带有鲜明的海洋文化特质。而两千多年来,在这片辽阔的土地上,朝代变迁中的文化交融几乎从未间断。比如福建省的福州市,早在六朝末期就有许多北方贵族逃亡至此,唐宋时期又有许多汉人南迁,其中不乏书香门第、达官贵族。尤其是作为中国唯一的都市"里坊制度活化石"的三坊七巷,自晋代以来便是许多北方"钟鸣鼎食之家"南来聚居之地,千百年中原士大夫文化的积淀和面朝大海放眼世界的开阔胸襟,使这里走出林则徐、沈葆桢、严复、陈宝琛、林觉民、林纾等一批具有远见卓识和家国情怀的近代民族先驱,也让我们进一步体会到民族文化对民族性格的深刻影响。而且,这也让我们由此进一步理解,对于地域辽阔、民族众多、生产生活方式多样、历史悠久的中华民族来说,所谓"民族文化"和"民族性格"是如何独特与复杂,但这也正是其时代意义与价值之所在,是其内在"生命力"之所在,是我们这个古老民族现代转型的艰巨性之所在。

这也是为什么我们在讨论中国文化时要谈一谈民族性格问题的缘由,并由此进一步深刻认识到讨论中国文化发展对于中华民族进步的深远意义。

中国人的性格

大概 20 年前在首都机场一间书屋，看到美国传教士明恩溥写的《中国人的性格》一书。我的第一反应是，一个"老外"竟能写出"中国人的性格"？他著书立说时的 19 世纪末，我们辽阔的中国大地上也已有四亿多同胞了啊！四亿多人的性格？科学吗？可信吗？但书的封面上介绍"这本书影响了世界近百年的中国观"，而且是历届美国总统的必读书，被译成十几种文字，全球销量超过 1000 万册。厦门大学教授周宁在序言中写道：

我们不能盲信史密斯的观察和叙述都是事实，但也不必怀疑其中有事实有道理。……异域文化的目光是我们理解自己的镜子。临照这面镜子需要坦诚、勇气与明辨的理性。①

这是十分中肯的评价与荐语。从那时起，这本书就成了我的案头书。而我在之后无数次讲课中提及这本书时，大多数学生或学员都一脸茫然。但当我把书中目录"保全面子""节俭持家""勤劳刻苦""讲究礼貌""漠视时间"等条目在课件中展示时，尤其是请大家对照目录所列二十多种性格特征，看看自己和周围亲朋好友身上是否有这些性格体现的时候，每一次都能感觉到课堂氛围一下子活跃了起来。

通常，如果时间允许的话，我会选择其中几点谈谈自己的看法。比如"顺而不从"——这是大家比较有共鸣的一点。因为在我们从小到大的学习、工作和生活中，"顺而不从"的情况太寻

---
① 〔美〕亚瑟·亨·史密斯：《中国人的性格》，乐爱国、张华玉译，学苑出版社，1998 年，序言，第 4 页。

常了。很多时候，我们认为父母、老师、领导等明明说得不对，但通常先点头称是，然后再"从长计议"，因为"好汉不吃眼前亏"和"为尊者讳"啊！总不能让父母、老师和领导"没面子"吧！这也就是书中第一节"保全面子"的内容了！明恩溥在书中写道："如何做到有'面子'，其技巧和造诣往往是西方人所望尘莫及的。"这恐怕还真不是谦虚之说。

明恩溥的书出版后不久，被称为"文化怪杰"的民国大儒辜鸿铭便也在《字林西报》上开始发表英文文章谈中国人的性格，他旗帜鲜明地提出：

> 事实上，要懂得真正的中国人和中国文明，那个人必须是深沉的、博大的和纯朴的。因为中国人的性格和中国文明的三大特征，正是深沉、博大和纯朴（deep, broad and simple）。
>
> 中国人和中国文明的特征，除了我上面提到过的那三种以外，还应补上一条、而且是最重要的一条，那就是灵敏。①

辜鸿铭还很不客气地写道："我力图说明那些被称作中国文明研究权威的外国人，实际上并不真正懂得中国人和中国语言。"然后更为直接地例举了明恩溥，认为明恩溥"不了解真正的中国人，因为作为一个美国人，他不够深沉"②。

实际上，今天很多人更认可明恩溥对中国人性格的一些概括，而不大理解辜鸿铭所提出的四大特征。比如"深沉"和"淳朴"，从字面意思上看，这甚至有一点自相矛盾。但应该说，作为一位学贯中西、能倒读英文的硕儒，辜鸿铭对中国人的性格和中国文明的认识还是很深刻的。就以"深沉"和"淳朴"而论，何天爵

---

① 辜鸿铭：《中国人的精神》，黄兴涛、宋小庆译，广西师范大学出版社，2001年，第5页。
② 同上书，第3—4页。

在《真实的中国问题》（*The Real Chinese Question*）一书中写道：

> 任何把天朝当作孩子的人都会发现他非常有成年人的气质。而任何把他当作成年人的人却会因为发现许多孩子的特点而惊讶。①

"不够深沉"的美国人何天爵以观察者的角度和直白的语言描绘了中国人的"深沉"和"淳朴"。从某种意义上说，越是本民族所不具有的性格特征，就越容易在其他民族身上发现。所以，坦诚与理智地照一照来自异域的镜子还是非常有必要的。

比起内部的审视，在来自异域的镜子的比照之下，我们对民族整体性格的把握在很大程度上甚至更为客观准确。如周宁在《中国人的性格》序言中所言：

> 问题是，一个美国人不能了解真正的中国人，一个中国人就能了解中国人吗？盲目的自尊与脆弱的自卑，怀念与希望、不断被提醒的挫折感与被误导的自鸣得意，我们能真正地认识我们自己吗？②

周宁二十多年前提出的问题在今天看来仍具有警醒意义。因为我们正处在从"站起来""富起来"走向"强起来"的新时代，我们已经稳居世界第二大经济体多年，我们的人口总量已达到14亿之多，改革开放四十多年来的经济快速发展、社会结构演变等使我们认识自己变得更加困难。

但在这样一个全球化程度如此之高、中国与世界的关系如此密切而复杂的时代，我们太需要清醒而准确地认知与辨识"自我"与"他者"了。"缺席者永远理屈（Les absens ont toujours

---

① 〔美〕何天爵：《真实的中国问题》，卢彦名译，南京出版社，2009年，第14页。
② 〔美〕亚瑟·亨·史密斯：《中国人的性格》，乐爱国、张华玉译，学苑出版社，1998年，序言，第3页。

tort）"①，1900年，何天爵在其《真实的中国问题》一书中引用的这句法国名言至今仍然"很有说服力"，对于正从世界边缘走向舞台中央的中国人来说尤其重要。在世界舞台上，沉默的"缺席者"永远不会成为中国传统文化所推崇的那种不屑一辩的"智者"。

作为一位在中国生活了22年之久的传教士，明恩溥在书中所谈及的"漠视精确""缺乏公心""随遇而安""知足常乐""缺乏诚信"等诸多问题，对我们来说真是有必要内省的。而且，不仅要作为"有则改之，无则加勉"的自省，更应该作为"国民性"问题来深度省察以至批判。因为一个常识性的问题是，中国要走上现代化之路，中国人必须首先要有"现代化"的国民素养。

1936年，对中国国民性批判最为犀利的"民族魂"鲁迅在《立此存照（三）》中写道：

> 我至今还在希望有人翻出斯密斯的《支那人气质》来。看了这些，而自省，分析，明白那几点说的对，变革，挣扎，自做工夫，却不求别人的原谅和称赞，来证明究竟怎样的是中国人。②

但遗憾的是，直至20世纪末《中国人的性格》中译本才得以出版，而且，出版至今应该说影响力也很有限。或许，这也是我们中国人性格的一种体现吧！

1946年，第二次世界大战刚结束不久，鲁思·本尼迪克特出版了关于日本人国民性研究的《菊与刀》一书。1949年初该书就被译成日文，受到日本人极大关注，据说卖出230万册；1951年该书被列入日本"现代教养文库"，到1963年已经重印36次。

---

① 〔美〕何天爵：《真实的中国问题》，卢彦名译，南京出版社，2009年，译者序，第1页。
② 《鲁迅全集》第6卷，人民文学出版社，2005年，第649页。

作为和我们"一衣带水"的邻邦,日本人最值得我们学习的地方或许就是他们的"学习"精神与"自省"意识。

那么,我们是不是可从《中国人的性格》一书开始"学习"与"自省"?

第二辑　从民族性格看中国文化 /

中国人笔下的"中国人"

1894 年，明恩溥的《中国人的性格》一书在纽约出版。1893 年 12 月，光绪皇帝批准了湖广总督张之洞《设立自强学堂片》的奏折。策划、拟稿并呈张之洞审定上奏这封奏折的是张之洞的"洋文案"即外文秘书辜鸿铭。那个时候，辜鸿铭已开始在上海英文报纸《字林西报》上发表题为"中国学"的文章；后来他的《春秋大义》即《中国人的精神》系列文章最早也是在这份报纸上发表的。

"生在南洋，学在西洋，娶在东洋，仕在北洋"的辜鸿铭是近现代中国文化史上的一位传奇人物。1857 年，他出生于马来西亚槟榔屿，10 岁时就被当地的种植园主布朗夫妇作为义子带到英国接受教育，在欧洲游学 14 年，精通英、法、德等 9 种语言，1877 年辜鸿铭获得爱丁堡大学文学硕士学位后赴德国莱比锡大学深造，据说先后获得 13 个博士学位。这样一位满腹西学的青年才俊，后来彻底转向中国传统文化的研学与宣扬，并先后将《论语》《中庸》《大学》译为英文和德文介绍给西方，这很值得我们深思。20 世纪 20 年代，辜鸿铭在北京东交民巷的六国饭店用英语讲演"中国人的精神"（*The Spirit of the Chinese People*），收费两块大洋仍座无虚席，而当时梅兰芳的一场戏，票价不超过一元二角大洋。他被称为"文化怪杰"，似乎很是贴切。

1915 年，辜鸿铭发表在《字林西报》上的英文文章由"北京每日新闻社"结集出版，名为《中国人的精神》。辜鸿铭所概括的深沉、博大、淳朴和灵敏这四点"中国人的性格和中国文明的特征"的确耐人寻味。1916年，该书就有了德文译本，后来又有了法文版、日文版等，但很遗憾直至1994年，才有中译本出版。

辜鸿铭离开德国莱比锡大学40年后，又有一位中国青年才俊从美国哈佛大学辗转法国后来此留学，他叫林语堂。又14年后，林语堂的《中国人》一书由美国纽约的约翰·戴公司（John Day Company，又译为庄台出版公司）出版，面世后立即引起巨大反响，被译为多国文字。以中国题材小说《大地》三部曲而获得诺贝尔文学奖的美国女作家赛珍珠在《中国人》的序言中称赞说，这本书"写得骄傲，写得幽默，写得美妙，既严肃又欢快，对古今中国都能给予正确的理解和评价。我认为这是迄今为止最真实、最深刻、最完备、最重要的一部关于中国的著作"[①]。但同样令人遗憾的是，也是直至1994年国内才有了此书的中文全译本。

20世纪20年代林语堂获得哈佛大学文学硕士、莱比锡大学语言学博士回国后，先后在清华大学、北京大学、厦门大学任教，后移居台湾。他一生著作等身，在海内外均产生了巨大影响。比如他的英文著述《生活的艺术》1937年出版后，曾高居美国畅销书排行榜榜首达52周，连续再版四十余次，被译成十几种文字。据说《纽约时报》上曾有人评论道：读完这本书之后，我想跑到唐人街，遇见一个中国人便向他深鞠躬。

那么，这样一位深谙中国传统文化艺术与生活趣味的学贯中西之大家，会怎样描述"中国人"呢？

如果我们回头看一下中华民族，并试着描绘其民族性，我们大致可以看到如下特点：①稳健，②单纯，③酷爱自然，④忍耐，

[①] 林语堂：《中国人》，郝志东、沈益洪译，学林出版社，1994年，第8页。

⑤消极避世，⑥超脱老滑，⑦多生多育，⑧勤劳，⑨节俭，⑩热爱家庭生活，⑪和平主义，⑫知足常乐，⑬幽默滑稽，⑭因循守旧，⑮耽于声色。总的来讲，这些都是能让任何国家都增色不少的平凡而又伟大的品质。①

林语堂认为如上这些品质可以归纳为一个词，就是"老成温厚"。这就与他的学长和福建同乡辜鸿铭笔下"深沉、博大和淳朴"以及"灵敏"的表述非常相近了。有深沉的思想、博大的胸怀才会表现出真正"稳健"的生命气质；而林语堂所言"单纯"与辜鸿铭所说"淳朴"则不啻为同义词；至于辜鸿铭所说的"灵敏"，换成带有贬义色彩的词，那就可以是林语堂笔下的"超脱老滑"了。这样说来，这两位均曾获得过诺贝尔文学奖提名的莱比锡大学校友对"中国人"的看法是有一致之处的，只不过前者只有一味的赞美，而后者多了一些批评。

在林语堂到莱比锡大学留学的1921年，有位从未出过国门的28岁青年应山东省教育厅之邀赴济南演讲"东西文化及其哲学"。当年，商务印书馆出版了同名文集。这位青年叫梁漱溟。梁漱溟24岁那年，在《东方杂志》发表了《究元决疑论》一文，北京大学蔡元培校长读此文后即聘请这位没有任何学历的年轻人到北大讲授哲学。1949年，梁漱溟出版了《中国文化要义》一书，书中"综合各方之所见"，得出中国人"比较公认的特点"：自私自利、勤俭、爱讲礼貌、和平文弱、知足自得、守旧、马虎（模糊）、坚忍及残忍、韧性及弹性、圆熟老到。②

梁漱溟认为，其中最后一点"盖为中国民族品性之总括的特征"，并且这是"中国文化所结之果"。细细品来，梁漱溟所言

---

① 林语堂：《中国人》，郝志东、沈益洪译，学林出版社，1994年，第56页。
② 梁漱溟：《中国文化要义》，上海人民出版社，2005年，第25页。

的"圆熟老到"与林语堂的"老成温厚"和辜鸿铭的"深沉、博大、淳朴与灵敏"似乎也有内在的契合与深度的关联,并且从中还可以体会到5000年悠悠不绝的中华文明的味道。直接说来,这种味道就是长者的味道,"淳朴"带有"凿井而饮,耕田而食。帝力于我何有哉"的击壤而歌式的憨厚。

20世纪上半叶,除了这三位"大咖"外,还有诸多知识分子对中华民族、中国文化和中国人民族性格等问题进行了研究阐述,包括以《新青年》杂志主编陈独秀为代表的新文化阵营与以《东方杂志》主编杜亚泉为代表的所谓"旧文化"阵营之间"东西方文化论战"中的双方,他们的各种声音都推动了在那"古今中外"文化激荡的时代里人们对自我与"他者"、从前与"现在"的文化思考与国民性认识。

自1840年乃至更早的时间以来,西方人热衷于观察、研究和讨论中国文化的特质和中国人的性格特征,虽然其中不乏主观臆想的赞美,也颇多不无恶意的揣测,但毕竟也有相对真诚客观的"中国著述"。问题在于,中国人在这方面不能是沉默的"缺席者",中国人必须有能力表述自己的文化与生活。从这个意义上来说,辜鸿铭的《中国人的精神》一书,作为第一本中国人用英语阐释自己民族的性格与文化精神的专著,其价值应该不可估量;而林语堂的《中国人》一书,作为海外出版并经久畅销的第一本中国人的英文"中国著述",其深刻意义在要向世界"讲好中国故事"的新时代还应进一步认识。

2019年春天,我给中央美术学院港澳台学生开设了一门"中国文化研究专题"课程。结课的时候,我请他们谈谈"我心目中的典型中国人形象"。这些"00后"给了我很多有趣的答案,其中也不乏辜鸿铭、林语堂和梁漱溟笔下那些"中国人"的影子：

首先是友善，其次是沉默，内敛而沉默。

圆滑老到，时而固执己见，时而宽容开放，多以自我为中心，为了自己的利益而选择沉默，十分讲究面子、礼貌，倚老卖老，说一套做一套。

重视家庭，各家自扫门前雪，崇尚金钱和权力，重情重义但只限和自己熟的人。

大抵含蓄，具有包容性，讲究礼仪，尊重传统。讲话常过于委婉，表面上的意思与其内涵不同，需要意会。

遵循传统大于变通，集体意识强于个体意识，崇拜权威，容易满足。

老年人宽厚，沉稳，啥事儿都看情况来，委婉，各种隐喻，冷漠，划圈子（我自己也是在自己的圈子里的）。

怂又好怼人，可以非常高大伟岸，也可以很鸡贼，事可做绝话不可说破。

和平，重礼节，会吃，重视家庭，喜欢群体生活。

会压抑自己的感情，喜欢结伴做事。

含蓄、内敛、冷漠、心眼多，善良，随遇而安。

性格比较内敛，很容易从众，做事比较拐弯抹角，很多很简单直接就能解决的事最后弄得很复杂，思想上比较保守，顾虑太多，能勇于做自己的人不多，过于追求物质生活，容易人云亦云。

我大致摘录如上这些，从中可以感受到他们心目中的"中国人"的模样。由此我们可以思考，我们每个人印象中的"中国人"是什么样的，我们希望身边的"中国人"是什么样的，在中华民族走向强起来的新时代里，包括每一个"我"在内的"中国人"应该是什么样的。

中国人并不丑陋

"丑陋"这个评价,在早期有关中国与中国人的中外论述中都没有直接出现,至少没有以标题形式出现,虽然实际不乏诸多"丑陋"的同义词。所以,20世纪80年代,作家柏杨一声"丑陋的中国人"之怒吼,着实把"中国人"惊了一哆嗦。

之所以有如此反应,显然因为其中很多批评还是很中肯的,比如"脏乱吵""窝里斗"等。当时的台湾,国民党解除党禁开放言论,在狱中多年的柏杨痛定思痛,思考"中国人"如何告别陈腐惯性和"酱缸"文化而走上现代化之路,应当说是很有意义的。而那时的中国大陆,"80年代的新一辈"正沐浴在改革开放的春风中,对西方译著、港台文化大抵是一种如饥似渴的"全盘接受"状态。这种拥抱新知的热情,我以为体现出来的,反倒恰恰是中国人并不丑陋。

要论对中国国民性反思最为深刻、批判也最为犀利者,鲁迅仍是首屈一指、当之无愧的"真的猛士",比如阿Q式自欺欺人的"精神胜利法"。但他在1934年的《中国人失掉自信力了吗》一文中讲得特别清楚:"说中国人失掉了自信力,用以指一部分人则可,倘若加于全体,那简直是诬蔑。"[①]

是的,问题的关键就在于此,我们不能"以偏概全",把一部分人的问题扣在整体的"中国人"身上。但这话是不是也要反过来说,就是我们也不能"以全蔽偏",以中华文明的生生不息、

[①]《鲁迅全集》第6卷,人民文学出版社,2005年,第122页。

以中华民族的伟大,就断言我们"中国人"的优秀完美!事实和逻辑显然都不是这样的。我们常说,如果一个人看不到别人的缺点,那是有点天真了;但如果一个人看不到别人的优点,那就未免有点阴暗了。以此既不"天真"也不"阴暗"的视角,也就是既不"以偏概全"也不"以全蔽偏"的态度,来省察整体"中国人"的民族性格,显然有勤劳善良、重视家庭、热爱生活等诸多优点,但同样也有马马虎虎、斤斤计较等很多问题。还有当年鲁迅所批判的"哀其不幸,怒其不争"的奴性、麻木、卑怯、保守、看客心态等。而且,在1925年给许广平的信中,鲁迅还这样写道:

  最初的革命是排满,容易做到的,其次的改革是要国民改革自己的坏根性,于是就不肯了。所以此后最要紧的是改革国民性,否则,无论是专制,是共和,是什么什么,招牌虽换,货色照旧,全不行的。[1]

近百年后回望和反省这些问题,我们其实已经"改革"了许多许多,尽管还没有彻底,但只要我们"肯",只要我们有宋代大儒陆九渊所言的"闻过则喜,知过不讳,改过不惮"的胸襟和气度,就会深得包括清末民初来华传教士等人笔下对"中国人性格"等的攻错之谊,会因此越来越"美"的。左宗棠写给曾国藩的挽联下联是"同心若金,攻错若石,相期无负平生",有如此同心诤友的确是人生一大幸事。同理,一个民族,有人站出来指出其"丑陋"之处,又何尝不是一大幸事!不管是来自内部的"自己人",还是来自外部的"他者",其观点都可以作为"有则改之,无则加勉"的参照。

  "知乎"上有这样一个问题:鲁迅对国民性的批判是否保留

---
[1]《鲁迅全集》第11卷,人民文学出版社,2005年,第31—32页。

对中国人丑陋的揭示？这个问题很难以二元对立式的"是"与"否"来回答。其中有一条评论写道：

> 鲁迅从没觉得中国人丑恶，丑恶的是那些屠头们，欺软怕硬，愚昧无知，丑恶的是那些走狗们，为虎作伥，趋炎附势，丑恶的是那些军阀们，鱼肉百姓，泯灭良心。[1]

这是非常中肯而犀利的评论。在《中国人失掉自信力了吗》这篇短文中，鲁迅写下这样一段被无数次引用过的掷地有声的话：

> 我们从古以来，就有埋头苦干的人，有拼命硬干的人，有为民请命的人，有舍身求法的人，……虽是等于为帝王将相作家谱的所谓"正史"，也往往掩不住他们的光耀，这就是中国的脊梁。[2]

然后，鲁迅继续写道："要论中国人，必须不被搽在表面的自欺欺人的脂粉所诓骗，却看看他的筋骨和脊梁。"是的，正是因为有这样的"筋骨和脊梁"，中华民族才得以在无数次的危难之中破茧化蝶，中国文化才在无数次的危机之中凤凰涅槃。

当我们回到"有什么样的人造就什么样的文化，有什么样的文化造就什么样的人"这个基本命题时，更不难发现，中国人不仅创造了青铜器、玉器、瓷器和诗歌、绘画、书法、戏曲等具有东方之美的灿烂艺术，也创造了具有中国味道与中国风韵的饮食文化、服饰文化、礼俗文化等，这些难道都是"窝里斗"出来的？这样的"酱缸"难道不是我们每一个中国人的福祉吗？反过来说，由这样的"琴棋书画"高雅文化和"柴米油盐"人间烟火所共同滋养出来的中国人，照理说又能"丑陋"到哪里去呢？

---

[1]《鲁迅对国民性的批判是否是对中国人丑陋的揭示？》，知乎，2018年12月14日，https://www.zhihu.com/question/304661732/answer/551376766，2021年6月访问。
[2]《鲁迅全集》第6卷，人民文学出版社，2005年，第122页。

但事实上，我们也还真是有丑陋不堪之处的。"文化大革命"中毫无人性的揭发、批斗、摧残与破坏，就充分展示了我们的"丑陋"。当然，世界上任何民族都有其"丑陋"之处，比如美国"西进"运动中对印第安原住民的血腥大屠杀，"二战"期间德国纳粹对犹太人的种族大屠杀，日本侵华战争中的南京大屠杀等，不都是无比丑陋的人性之恶吗？但问题在于，这个民族是否有勇气直面自己的"丑陋"？这恐怕是真正的"美"与"丑"的分界线。如果不愿直视或不敢正视自己的"丑陋"，甚至如鲁迅所言非要把"红肿之处"说成是"艳若桃花"的自欺欺人，那才是真正的无可救药的"丑陋"了。

今天，正在走向强起来的中华民族，理应更有文化的自信、文明的自省来正视自己的"丑陋"之处。如冯骥才在《中国人丑陋吗？》中所写：

一个真正的文明的民族，总要不断自我批评和自我完善，不管是穷是富。贫富不是文明的标准。我们希望明天的中国能够无愧地成为未来人类文明的脊梁，那就不要忘记去不断清洗历史留下的那些惰性，不时站在自省的镜子里检点自己，宽容和直面一切批评，并从中清醒地建立起真正而坚实的自信来。[1]

兼容并包、博采众长而始终充满活力的中华文明，一定是有这样一种内在的力量给予一代又一代中国人的。在不断反省和不断创造与进步中越来越自信，这才是一个真正走向伟大复兴的民族全体成员应有之所为。

---

[1] 柏杨：《丑陋的中国人》，人民文学出版社，2008年，序言，第4页。

自由、自在与自觉

年轻时读匈牙利诗人裴多菲的"生命诚可贵,爱情价更高。若为自由故,两者皆可抛"诗句,很难理解为什么自由高于生命和爱情,那时觉得爱情是至高无上的。人到中年以后,再琢磨起来,又觉得无论如何是不可以轻易抛弃生命的。我们讲"留得青山在,不怕没柴烧",还有似乎"话糙理不糙"的那句俗话——"好死不如赖活着"。

作为匈牙利的革命诗人,裴多菲年仅26岁的生命是丰富而精彩的。纯真的爱情、伟大的友谊、幸福的婚姻、英勇的革命、卓著的战绩,八百多首抒情诗和八部长篇叙事诗,八十多万字的小说、政论、戏剧和游记,其中许多是在战火中写就的。这首《自由与爱情》就是写给他的妻子尤利娅的一百多首情诗之一。他为匈牙利人民的自由,牺牲了自己的生命与爱情。

中华民族自近代以来,更有无数为了人民的自由、国家的解放和民族的独立而英勇奋斗献出自己宝贵生命的革命者。同样令人感奋的是,1929年翻译了裴多菲这首《自由与爱情》的青年诗人殷夫,17岁时加入中国共产党,是早期上海共青团和工运工作的重要领导者,上海左翼作家联盟发起人之一,1931年被国民党秘密杀害于上海龙华的一片荒野,留下99首诗作和11首译诗,当时年仅21岁。

中国人无疑是肯于为"自由"而牺牲生命与爱情的。古往今来,我们有那么多以身许国的民族英雄,但他们争的都不是个人的自由，而是国家民族的大义，比如因"靖康耻，犹未雪"而发愤"待从头，收拾旧山河，朝天阙"的岳飞，忧于"山河破碎风飘絮"而笃定"人生自古谁无死，留取丹心照汗青"的文天祥，虽觉"力微任重久神疲"但仍决心"苟利国家生死以，岂因祸福避趋之"的林则徐，等等。

裴多菲和殷夫所争取的"自由"，应该是具有政治解放意味的"Liberty"，而不是不受束缚意义的"Freedom"。而岳飞、文天祥和林则徐为之牺牲的，虽然也是一种崇高的信仰和深厚的家国情怀，但却更有别于"Liberty"和"Freedom"。而我们要讨论的，作为民族性格一部分的对自由的热爱，应该更接近"Freedom"，但也并不等同于18世纪法国资产阶级革命时期提出的"自由、平等、博爱"中的"自由"，所以我们也很难认同法国革命后流行于西方的美国政治家帕特里克·亨利（Patrick Henry）所说的"不自由，毋宁死"。

因为按照这里的"自由"之内涵，秦代以后两千多年的中国封建社会无疑都是"不自由"的。如果照此理解，那就无法解释在这样"不自由"的社会里如何能产生中华文明所独有的那些伟大的科技发明、文化思想和艺术经典等。显然，在看似"不自由"的社会里，包括"焚书坑儒"和"文字狱"那样野蛮的统治之下，中华文明仍然"野火烧不尽，春风吹又生"地生生不息绵延至今，一定是有其内在自由活力的。

在汉语中，"自由"常常和"自在"合起来使用，即"自由自在"。所谓"自在"，应该是更强调一种心灵的自由状态而不是没有外在的约束。通常来看，"不自在"的外在表现就是神情与动作极为不自然，手足无措、局促不安；而"自在"的状态是"优哉游哉""怡然自得",老北京话讲"自儿着"或"滋儿着"的样子。这种"自在"本质上类似西方哲学中"消极自由"的概念内涵。

中国传统文人往往把"自在"作为一种人生境界。宋代徐侨的《常自在歌》中写道:"常自在。常自在,此外何求哉。有时诗一篇,有时酒一杯。庭花野草为宾友,清风明月相追陪。"但最会"自在"的当属字号"乐天"的唐代诗人白居易:

更无忙苦吟闲乐,恐是人间自在天。(《闲乐》)
高卧闲行自在身,池边六见柳条新。(《池上闲吟二首》)
谁知不离簪缨内,长得逍遥自在心。(《菩提寺上方晚眺》)

"自在天""自在身""自在心"都还不够,他还有一首就以《自在》为题的五言诗,描绘了"自在"的至境:冬日阳光明暖,移榻向阳而坐,拥裘解带之后,小奴捶足小婢搔背,想到事与心会了然无碍,"所以日阳中,向君言自在"。这位笃信佛教的乐天老兄描绘的简直就是"得大自在"的境界了。

佛教所讲的"得大自在"是如《心经》所言"心无挂碍""无有恐怖""远离颠倒梦想"的"涅槃"。普通人的"自在"恐怕距此境界还甚远,但各人有各人的"自在"。比如"两亩地一头牛,老婆孩子热炕头"的生活理想,何尝不也是一种自在!

所以,中国人的"自在",可以说是一种由特定价值观支撑的、由个人定义的人生意义所生成的生命状态,与现实的"自由"关系不大,与黑格尔(Georg Wilhelm Friedrich Hegel)所界定的"自为"和"自主"的意思也差距很大。也许我们早已深谙法国思想家让-雅克·卢梭(Jean-Jacques Rousseau)在《社会契约论》中所写:"人是生而自由的,却无往不在枷锁之中。"

1899年严复开始翻译约翰·斯图亚特·密尔（John Stuart Mill）的《论自由》（*On Liberty*），1903年《群己权界论》由上海商务印书馆出版。将"自由"界定为"群己权界"，严复的理解与表达还是非常"中国化"的。"群己权界"于公域讲权力和民主，于私域曰权利与自由。但对于喜欢整体性、模糊性和笼统性的中国人来说，这种群己权界始终是不分明的。这些年纷纷落马的"老虎"和"苍蝇"们将"权力"与"权利"混为一谈便是明证。不过，僭越"自由"的边界而把公共权力当作私人权利者，终究难逃天网恢恢。

当然，对中国人来说，有比自由更为重要的东西。1959年，胡适在《容忍比自由更重要》一文中写道："有时我竟觉得容忍是一切自由的根本：没有容忍，就没有自由。"[①] 他那时给朋友题字就写"容忍比自由更重要"，后来又写"容忍比自由还更重要"。

但是，比自由更重要的"容忍"可以使人获得"自在"吗？从"容忍"二字的字面意思来说，"容"是山谷的宝，"忍"则是心上一把刀。"容"是一种美德，"忍"是一种能力。林语堂也认为："遇事忍耐为中国人的崇高品德，凡对中国有所了解的人都不否认这一点。"[②] 所以，只要还稍微有一点"自在"之处，大多数人还是愿意"得过且过"的，但他们往往也并不都如鲁迅悲愤地揭示的那样"麻木"，而是有着小农经济条件下所造就的"精明"。比如"天下大事肉食者谋之"的算计，比如"各人自扫门前雪，莫管他人瓦上霜"的计较。

从根本上来说，农业文明离不开水，而我们的传统文化又特别崇尚水的"自然"之道，相信水滴石穿，相信百川到海。所以，

[①] 胡适：《容忍比自由更重要》，九州出版社，2012年，第335页。
[②] 林语堂：《中国人》，郝志东、沈益洪译，学林出版社，1994年，第59页。

传统中国人生命的"自觉"都如"水唯能下方成海"一样,用在了"柴米油盐酱醋茶"和"琴棋书画诗酒花"的工夫上了,追求在能调适性情、愉悦心灵处获得"自在"。在这方面,由老子和庄子开导出来的道家文化为中国人提供了"自在"的理论依据以及实践路径。

冯友兰依照人的觉知程度将人生境界划分为自然境界、功利境界、道德境界和天地境界。对照来看,自然境界是"无自觉"的"自在"人生;功利境界是"自觉"的"不自由"也"不自在"的人生,或者说是最可以牺牲个人的"自由"与"自在"的人生;道德境界则是"自觉""自由"但"不自在"的人生;到了天地境界便是"自觉""自由"并且"自在"的人生。所以,中国古代文人往往寄情山水,放舟江河,在"唤起一天明月,照我满怀冰雪"(辛弃疾《水调歌头·和马叔度游月波楼》)中,"独与天地精神往来"(《庄子·天下》),从而获得人生的安顿与心灵的寄托。由此我们就不难理解为什么在中国古代诗词与书画中,有如此众多的登高望远、临流抚琴、关山行旅、寒江独钓之类题材。诗人画家们在王国维推崇为"可谓千古壮观"的"明月照积雪""大江流日夜""中天悬明月""长河落日圆"等日月江河经天纬地的阔大气象中,挣脱了世间一切不自由的羁绊,获得了生命的自由精神、自在诗意和自觉智慧。

不问、不说与不辩

2015年年初在巴黎国际艺术城驻留时,我和一位曾在中国讲授过设计课程的芬兰艺术家聊天。他说他对中国学生最深刻的印象就是"乖",从没有问题求教老师,很听话也很勤奋。作为一位有30年教龄的教师,我深有同感。细想起来,我们大多数学生的确在学习过程中从不提问,也不善表达,更不愿辩论。而且,不问、不说与不辩这"三不主义"在日常生活中,也是作为"知者不惑""君子讷于言敏于行"和"智者不辩"的生存智慧与生活经验而传承久远的。秉持不问、不说与不辩这"三不主义"的典型中国人,如影视作品中那位太白金星,慈眉善目但庄严深沉少言寡语,一派了悟天上人间而无惑、洞察天地日月而不语的仙风道骨,持一拂尘转身而去。在传统社会中,这样的生命状态不仅可行而且可敬。但在人与人之间、国与国之间的频繁交流对话成为日常的时代,不问、不说与不辩的"高深莫测"还行得通吗?

不 问

大多数从教的朋友都会有此同感,就是学生没有问题意识,课堂上不爱提问,不会提问,不敢答问,不愿答问。这个比较普遍的现象深究起来,可能还真不是学生的问题。比如说在学术会议或工作会议上,通常很少出现"踊跃发言"的情形,这应该与我们的文化传统和教育模式有很大关系。

／不问、不说与不辩

  我们的文化传统中首先是因实用主义而导致的不大关心"没用的"问题。比如西方哲学中的经典三问：我是谁？我从哪里来？我要到哪里去？这对大多数中国人来说，通常不是问题。虽然在西方哲学看来，这是引导人认识自我、认知世界、认识使命的根本性三问，但对中国人来说，基本上是没什么用的"瞎琢磨"。就拿"我是谁"的问题来说，我们从来不需要所谓"自我的觉醒"或什么"人的发现"，因为"我"就在"我们"这个"家国天下"的群体和整体之中，而且"天地与我并生，而万物与我为一"，这份"忘我"的"天地境界"是中国文化理想中的最高境界。再比如说，英国大文豪莎士比亚的名剧《哈姆雷特》主人公有一句经典独白"活着，还是死去，这是一个问题"。对中国人来说，这算什么问题！"留得青山在，不愁没柴烧"啊！

  我们之所以"不问"，还有一个原因就是我们的文化传统也不鼓励人们的好奇心和探索精神。比如说"苹果为什么往地上落"的问题，我们的答案就是苹果"该着"往地上落啊！这是"天经地义"的事情嘛！你问别人"苹果为什么往地上落"时，如果不是被当作"故作天真"便有可能被认为是心理不健康或精神不正常，是"大惊小怪"或者"少见多怪"。所以，即使人们内心其实很惊讶，脸上也往往一副"见多识广""不以为然"的淡定与漠然。久而久之，"见怪不怪"的心态就习以为常了。

  另外，我们的文化传统也不鼓励个人"强出头"，因为"枪打出头鸟""出头的橼子先烂"。所以当你想提问的时候，你会先想到"人家都没有问题怎么就我有问题"，然后还想到你的问题会不会让老师不高兴或者被同学笑话；而事实上，很多老师也往往会这样想；同学们呢，也有可能觉得你的问题不成其为问题。

这样的积习陈陈相因，人们自然就不愿提问、不敢提问，也不好意思提问了。久而久之，也就没有了问题意识，不会提问了。

不 说

"不说"诚可谓中华文化传统的一大精髓，所谓"沉默是金""言多必失""万言万当，不如一默"，还有"见人只说三分话，未可全抛一片心"之类，都是教人轻易"不说"与"慎言"的。

辜鸿铭认为，中国人最主要的性格特征之一是"深沉"；林语堂认为中国人最主要的性格就是"稳健"。想来"深沉"和"稳健"之人的最重要特征，恐怕就是"不说"，所谓"贵人语迟"和君子"讷于言而敏于行"是也。而且，对于爱说话、会说话的人，人们的评价大多是"口若悬河""高谈阔论""巧言令色""巧舌如簧"等带有贬义色彩的词语。

"不说"也并不全是由于"深沉"和"稳健"。外国人看越剧《梁祝》时，虽大多为剧中美妙典雅的扮相与千回百转的唱腔所倾倒，但总是搞不懂为什么祝英台和梁山伯"十八相送"，打了那么多情深意长的比喻，却就是不直接说"我爱你"。这恐怕就是中国文化素来讲究的委婉含蓄了。当然，一个"爱"字，恐怕还真是不能涵括生命中那分萦怀难言的情感。晚清词话家况周颐的《蕙风词话》中讲道："吾观风雨，吾览江山，常觉风雨江山外，有万不得已者在。此万不得已者，即词心也。"这所谓的"万不得已"，恐怕也是一种难以言说的复杂而微妙的生命感动。这种复杂而微妙之情，也许可以用"妙不可言"来概括表达。

说到词话，不免要说中国古典诗词文赋，与"不说"有一比的是"惜墨如金"和"言有尽而意无穷",体现的是晚唐诗论家司空图在《诗品》中所论及的"不着一字,尽得风流"的"含蓄"之美。对比西方思想家让人"一辈子读不完"的卷帙浩繁的论著,中国历代先贤的文章则往往是"一辈子读不透"的千字文或万言书。老子的《道德经》,区区五千多字。开篇"道可道非常道"这六个字就足以让人"费思量"了。而正是这五千多字,成就了一代道家鼻祖。孔子的《论语》也不过一万五千多字,还是由其弟子整理而成。"述而不作"的万世师表,其"不写"的精神与中国人的"不说"传统可谓交相辉映了!

但要论"不说"也"不写"的典范,恐怕当属禅宗的"拈花微笑"。不立文字,以心传心,讲究心领神会、心意相通、心心相印。这种不依赖语言文字的思想传承,果然是"其中妙处难与君说"。

在交通和通信条件极其有限的传统农耕社会中,"沉默寡言"应该大抵无妨。因为除了少数赶考的书生、戍边的军人、宦游的仕人,普通人的生活范围和社会交往基本上相当有限。方圆三五里,烟火十几家,日常生活的婚丧嫁娶岁时年景之外,恐怕也真的没什么可说。但是,工业革命之后的社会化大生产和资本全球化,极大地扩展了人们的生活范围和思想视野。所以,早在19世纪下半叶,当中国吃了那么多"哑巴亏"的时候,早期知识分子就已经意识到了"不得不说""非说不可"的世道大势。英国有句谚语说,了解了一切也就理解了一切。而"不说",最容易导致的直接问题就是误解。但无论个人还是国家,我们都太需要别人的理解了!

不 辩

法国当代汉学家、哲学家弗朗索瓦·于连（François Jullien，汉文名为朱利安）在其 2015 年出版的 From Being to Living : a Euro-Chinese lexicon of thought 一书中，写到中国文化有不辩论而只骂人的问题，而且中国人骂人的方法很多，比如指桑骂槐。梁实秋的确还专门写过《骂人的艺术》。他这样一讲，倒真是提醒我们这种事实性的存在，即在意见不合和观点不同时，我们的确很少当面辩论，而往往是以喻说理。

我们为什么"不辩"？因为"智者不辩"啊！曾看过一篇小故事，说孔子的一位弟子遇到一个人问他一年有几个季节，这位弟子如实说有四季，但这人坚持认为只有春、夏、秋三季并要求见孔子。孔子听完他们的陈述后，对这人说的确是只有三季。待来人高高兴兴走后，孔子对弟子说，这人浑身发绿，一开口一股青草味道，肯定是蚂蚱成精的，蚂蚱怎么可能见到冬季呢？这个故事如此"毒舌"地阐释为什么"智者不辩"：你怎么能和一个只有三季生命的蚂蚱精去辩论四季之有无呢？当然，这个故事也许是杜撰的，因为"子不语怪、力、乱、神"。

细想"不辩"之因，除了"不屑"之外，很大程度上也与"面子"有关。辩论中"理屈词穷"的一方，总是"没面子的"，而我们的文化传统一般不主张"让人下不了台"，所以不能"得理不让人"。这样一来，也就造就了我们对真理和正义的坚持也不是那么"死犟眼子"。这是我们胶东话中对那些爱较真儿的人充满贬义的说法。

"此中有真意，欲辨已忘言。"但是，现代社会中的个人和民族不仅不能"忘言"而且特别需要"能言善辩",从而准确清楚地表达、表述、表明自己的"真意"。"你懂的"这样自行"意会""神会"的辞令难免给人以搪塞之感。提出高质量的问题,清楚地阐释自己的观点,并且严谨地辩明自己的观点,应该是一个现代人和一个现代国家的必修课。

君子、大人与小人

有位朋友和我说，他认为当下中国知识分子有一个问题是"虚伪"。我的第一反应是，这位朋友遇到什么人什么事想吐槽了，但我故意绕弯子问他，怎样才算真诚？他不假思索地回答：不说假话。

以这位朋友的身份和阅历，他应该是知道我们虽然说"君子坦荡荡"，但这"坦荡荡"绝非直来直去的"幼稚"乃至"鲁莽"，而不过是一种内在的胸怀敞亮而已。至于在什么时候什么事情上对什么人"敞亮"，那要另当别论了。

实际上，我特别理解这位朋友的激愤。因为在人人都可成为"意见领袖"的自媒体时代，你会发现很多姑且称之为"知识分子"的人不知道是为了流量还是为了博人眼球，非要"语不惊人死不休"地弄出一堆假话、大话、空话来。那种似乎占领了道德制高点的煞有介事的模样和口吻，让人感觉此人不做法官和判官真是屈才了。

但是，在一般人当然也包括这位朋友和我自己的心目中，知识分子确实应该是传统文化中的"君子"啊！而且，中国文化的理想人格就是谦谦君子，文质彬彬；或者正人君子，坦坦荡荡。那知识分子怎么可以"虚伪"呢？然而细想起来，"君子"反倒最容易成为"伪君子"。

"君子"这一概念在先秦百家中比较多见，虽然各家都有各家的见解，但总体上都是指知书达理的有识之士。《周易》中有

"君子终日乾乾,夕惕若厉"之语,讲的是"君子"每天勤奋谨慎没有丝毫疏忽懈怠。作为中华文明的"大道之源",《易经》凝聚了中华民族往圣先贤对宇宙人生深刻洞察的深奥智慧,其最为经典的"君子"之说当属"天行健,君子以自强不息;地势坤,君子以厚德载物"。"自强不息"和"厚德载物"成为中国人素所尊崇的"君子"人格理想。

在《诗经》中,则有"风雨如晦,鸡鸣不已。既见君子,云胡不喜"之句,是说风雨交加天色昏瞑鸡鸣不已之际,见到"君子"怎能不特别欣喜!这里的"君子"应该是指"心上人"。在《春秋左传》中有"君子劳心,小人劳力"之说,说的是"君子"从事脑力劳动,而"小人"从事体力劳动。

讲"君子"最多的当推《论语》。可以说,《论语》就是一部教人如何成为"君子"的经典语录。比如"君子固穷""君子上达""君子中庸""君子不忧不惧""君子成人之美""君子和而不同""君子贞而不谅""君子耻其言而过其行""君子谋道不谋食"等。《论语·宪问》讲到君子之道有三,分别是"仁者不忧,知者不惑,勇者不惧"。做到这三点,可真就是非同一般的"君子"了。《论语·雍也》还讲到"质胜文则野,文胜质则史。文质彬彬,然后君子"。这是说"君子"的文采与质朴要相宜,这也是不容易达到的一种平衡。此外还有很多对"君子"的阐释:

君子以文会友,以友辅仁。
君子矜而不争,群而不党。
君子不以言举人,不以言废人。
人不知而不愠,不亦君子乎?

如此内涵丰富的"君子"之说,可见孔子对"君子"所作界定之"高大上"。但这样的"君子"还不足以强调人的完善,《论语》及其他典籍中还有与"君子"同义但似乎层次更高的"大人"之说。《论语》讲:"君子有三畏:畏天命,畏大人,畏圣人之言。"这里的"大人"是指掌权者。也因此,旧时百姓称呼官府之人都是"大人"。

但问题在于,"君子"与"大人"所对应的就是"小人",而没有"其他人"。比如:

君子喻于义,小人喻于利。
君子坦荡荡,小人长戚戚。
君子怀德,小人怀土;君子怀刑,小人怀惠。
君子周而不比,小人比而不周。
君子求诸己,小人求诸人。
君子泰而不骄,小人骄而不泰。

你看,这中间毫无余地。即是说,如果你不能成为"君子",便是"小人",因为这中间没有达不到"君子"境界但也不至于是"小人"心思的"常人"。你要是"以小人之心度君子之腹",那人家就"大人不见小人怪"了。这样,问题就来了:成不了"君子"和"大人"但又不愿做"小人",怎么办?那就装成"君子"啊!这就是"伪君子"了!所以,在一个以"君子"为理想文化人格的国度,古往今来充斥着大量"装模作样"的"伪君子"便不足为奇了。

比如说"君子固穷",今天来看显然不符合时代要求了。改革开放之初,我们就提出"致富光荣"的口号,那个时候的"万元户"可是风光无限的。20世纪90年代很多知识分子和机关干部纷纷"下海"经商,当时他们是被称为"弄潮儿"的。至于现在,人们习惯以"房产"看身价,要做到"固穷"恐怕是很难的。但也总会有"故事"让人想起"君子固穷"来。

2016年10月,中央电视台曝光国家能源局一副司长平日骑自行车上班,经查处却发现其家中竟藏匿两亿现金。而他平日其实是开奥迪车上班,车开到单位附近停好后,再取出折叠存放在奥迪车里的自行车骑到单位。一位道貌岸然的"大人""君子"原来竟是如此"卑鄙小人"。林语堂曾写道:

> 汉语中充满了把人生看作演戏的比喻:中国官员的就职离职被说成"上台""下台",某人提出一项略有夸张的计划会被称为"唱高调"。[①]

可见,"君子"是可以作为职业形象与舞台角色的。麦高温曾写道:"中国是一个到处都是戏子的国度,似乎在连续不断地编排他们的戏剧,彼此在别人的面前扮演各自的角色。"[②]

"扮演各自的角色"这个说法有点耐人寻味。但我们这个民族的确是非常热爱传统戏曲的,我们的戏曲人物确实是有"角色"限定和"脸谱化"扮相的,最基本的就是"生、旦、净、末、丑",而且还有"红脸"忠臣和"白脸"奸臣之分,典型的就是关公和曹操。所以现实生活中,似乎人们也习惯于"角色"即身份的"脸谱化",比如说,教师通常是庄重而不失亲切的,医生则是亲切却不苟言笑的。不但"职业角色"如此,"关系角色"也如此,比如上级在下级面前往往是威严但比较关切的,下级在上级面前

[①] 林语堂:《中国人》,郝志东、沈益洪译,学林出版社,1994年,第82页。
[②] 〔英〕麦嘉湖:《中国人的生活方式》,秦传安译,电子工业出版社,2015年,第7页。

则是谦恭却敬而远之的。这样人们不但需要收敛起自己的个性,而且可能还要违心适应"角色"的要求。在这种难以做"真人"的情况下,"说假话"便会很普遍。清代学者俞樾有一则《戴高帽》的短文:

> 俗以喜人面谀者,曰喜戴高帽,有京朝官出仕于外者,往别其师,师曰:"外官不易为,宜慎之。"其人曰:"某备有高帽一百,逢人辄送其一,当不至有所龃龉也。"师怒曰:"吾辈直道事人,何须如此?"其人曰:"天下不喜戴高帽如吾师者,能有几人欤?"师颔其首曰:"汝言亦不为无见。"其人出语人曰:"吾高帽一百,今止存九十九矣。"①

在这个故事中,师生二人孰为"君子"孰为"小人"呢?恐怕都只能归为"伪君子"行列吧!《史记·商君列传》中写道"千人之诺诺,不如一士之谔谔"。但千百年来,"谔谔之士"往往不得善终,"诺诺之众"却常常忝列高位成了"大人"。

清代文学家李汝珍在其小说《镜花缘》中,为世人描绘了一个礼仪之邦的"君子国":"耕者让田畔,行者让路。士庶人等,无论富贵贫贱,举止言谈,莫不慕而有礼。"中国人自古以来就是"有礼"的。明恩溥的《中国人的性格》一书中,第四章就是"讲究礼貌"。但"有礼"并不能就此成为"君子",却往往是"伪君子"最好的伪装。当下有个网络词汇"人设坍塌",通常是指公众人物因某事声名狼藉而毁了先前的"君子"形象。

所以,在这充满个性解放的新时代,让我们索性做一个真真切切、实实在在的本色常人好了!"常人"不是君子,不是大人,也不是小人,而是平常人,是可以嬉笑怒骂做"真我"的正常人!

---

① 《俞樾全集》第10册,浙江古籍出版社,2017年,第710页。

面子文化与熟人社会

"面子"是中国文化一大特色。明恩溥的《中国人的性格》第一章就是"保全面子",他说中国人所讲的"脸面"含义之复杂,比他们所能描述和所能理解的还要甚之。麦高温的《中国人的生活方式》也专门有一章"面子"。开篇就写道:

在中国人的语言里,"面子"是最有力、同时也是最有趣的词汇之一。……它所表示的观念渗透到了整个社会。可以说,它是一个戏剧因素,使得每一个中国人都成为戏子,使他自己的生活成为戏台,他就是在这个戏台上演出日常生活中每天都在上演的闹剧和喜剧。有一种激情始终支配着中国人,即:要在同胞面前看上去很不错。成功地做到这一点就是有"面子"。[①]

这段分析挺深刻的,恐怕是我们大多数"要面子"的中国人所没有想到的。因为对生活在"面子"里的中国人来说,往往不容易觉察到自己潜意识中的"要面子"。

鲁迅在《说"面子"》一文中写道:"但'面子'究竟是怎么一回事呢?不想还好,一想可就觉得胡涂。"[②]是啊,想一想"面子"的意思确实有很多种。

是虚荣?自然是有这层意思在里面。"富贵而不还乡,犹如锦衣夜行。"一旦发达了,要实实在在地回家乡炫耀一下才"有面子"。"有面子"的很多做法,确实是能够满足人的虚荣心的,比如说请客吃饭,总是要丰盛到剩下许多才算"有面子",所以"光

---
① 〔英〕麦嘉湖:《中国人的生活方式》,秦传安译,电子工业出版社,2015 年,第 277 页。
② 《鲁迅全集》第 6 卷,人民文学出版社,2005 年,第 130 页。

盘行动"很难为人们普遍接受。很多喜欢戴名表拎名包的男士女士，未必不是出于要"有面子"的心态。

是尊严？自然也包括这层含义。"人要脸，树要皮。""脸往哪儿搁"是最严厉的质问；"不要脸"是最狠毒的责骂。人要活得"体面"，体面的近义词就是"尊严"。"没面子""面子上挂不住"就是有失尊严之感。

是关系？应该也是有的。"不看僧面看佛面。"鲁迅笔下的阿Q就时常讲自己"祖上曾经阔气过"。"丢某某的脸"和"没脸去见某某"都有着对不起与某某这层关系的意思；而"给面子"也就是照顾了关系。

所以，"面子"里有难以言传的复杂和微妙。明恩溥写道："不仅仅是西方人，就连中国本土的比较天真的心灵，也理解不了、驾驭不了这繁杂的有关面子的衡量。"他的观察应该说是很准确的，"面子"远不是看起来这么简单，而是深刻体现着中国人的人生观、价值观和荣辱观。

比如说，孝敬是中国人普遍认同的一种美德。那么，如果谁家孩子孝敬了长辈钱财之类，通常情况下，长辈是很愿意讲给街坊邻居听的，因为不仅自己着实"有面子"，孩子回来的时候在街坊邻居面前也会"脸上有光"。如果谁家出了不肖子孙干了偷鸡摸狗的事情，不仅他本人会"被唾沫星子淹死"，一家人都会跟着"丢脸"，在人前"抬不起头来"。费孝通在《乡土中国》中提出，乡土社会是一个没有陌生人的"熟悉"的社会，也是一种"礼治"社会。从"面子问题"看，这是极为中肯的论断。因为"面子"是"要在同胞面前看上去很不错"，只有熟人社会才会"有面子"和"丢面子"，所以"面子"是参与到乡土社会"礼治"

体系中的,成为维系传统社会秩序的一种非常重要的内驱动力。如罗素在《中国问题》中所写:"外国人对中国的'要面子'觉得很可笑。殊不知只有这样才能在社会上形成互相尊敬的风气。"①这是有一定道理的。卫礼贤在《中国心灵》中也写道:"对于'丢面子'的恐惧,可能是中国最强烈的道德推动力,比基督徒对地狱的害怕还要强烈。"②

有位朋友讲过一个蒙古族嘎查达(村主任)断羊案的故事。甲乙两位牧民牵着一只羊到嘎查达家各自声称是自己家的。嘎查达招呼他们坐下喝奶茶聊天。双方理论到差不多的时候,女主人端上了热乎乎的手把肉,嘎查达打开了一瓶酒,请他们边吃喝边接着讲。酒至酣处,两位牧民自己就说不争啦,不就一只羊嘛!嘎查达乐呵呵地说,那只羊都已经被你们吃到肚子里啦!还争啥!这位"难得糊涂"的嘎查达如此"断羊",让两位牧民既没有伤和气也没有"丢面子"。因为对于拥有数百上千头羊的牧民们来说,彼此所争执的可能还真不是这头羊而是"面子",但这"面子"被其中任何一位获得对另一位都是一种"没了面子"的伤害。所以,如此糊涂"断羊"法,实际上是维持了草原上的人们相互尊敬的和气氛围,这恐怕还真比一头羊的确切归属更重要。

但是,这种"断羊"法,或许只能适用于世世代代生活在草原上的牧民之间,也就是"熟人社会"之中。他们生于斯长于斯终老于斯,当然需要"面子",需要面子里所包含的人的尊严、价值和荣誉。而且,这种方法恐怕也只能适用于断羊而不是断牛。

显然,既然是"面子",那也就会有相应的"里子"。通常来说,如果"面子"是一种尊严、价值和荣誉的话,那么,"里子"

---

① 〔英〕罗素:《中国问题》,秦悦译,学林出版社,1996年,第161页。
② 〔德〕卫礼贤:《中国心灵》,王宇洁等译,国际文化出版公司,1998年,第325页。

就是一种实实在在的利益，是"闷声发大财"。所以，当人们实在需要"面子"的时候，便不乏"打肿脸充胖子"和"死要面子活受罪"的情况。这倒也可以理解，毕竟在传统社会中，对于普通人来说"有面子"的时候并不多。问题很容易出在既想要"面子"又想要"里子"的情况，如鲁迅在《说"面子"》中所写：

  中国人要"面子"，是好的，可惜的是这"面子"是"圆机活法"，善于变化，于是就和"不要脸"混起来了。①

可见"面子"本身没有问题，问题总是出在"要"和"给"的方式上了。毕竟"面子"是作用于"熟人社会"的，在现代中国，这种"熟人社会"往往演变为老乡、同学、战友等特定群体。民国年间北京的"同乡会"，改革开放后各省市的"驻京办"，都可以理解为是"熟人社会"的延伸机构，具有联络同乡情谊、在外"抱团取暖"并反哺家乡发展的功能。这样，原本具有普遍意义的"熟人社会"便演变为作为个人活动一部分的"小圈子社会"。而在特定的小圈子里，"面子"问题显然更加复杂且隐秘，比如为了"面子"而违背原则、滥用职权乃至触碰法律底线等。

说起来，这"面子"也不单是个人的问题，比如一些政府"形象工程"就被人们形象地称之为"面子工程"。当然，这样的"政府行为"考虑的也可能是比"面子"更重要、更长远的"里子"问题。

1040年，西夏与北宋开始发生战争。小小的西夏竟然接二连三击败宋军，宋仁宗只好议和。议和的结果是，获胜的西夏王李元昊向宋称臣，获得每年7万多两白银、15万多匹绢和3万斤茶

---

① 《鲁迅全集》第6卷，人民文学出版社，2005年，第132页。

叶的"岁赐"。而宋仁宗,以这样的方式保全了大宋王朝的"面子"。当然,对大宋王朝来说,白银、绢与茶这些远不如国泰民安更为重要,这可不仅仅是个"面子"问题。

稳健与忍耐

美国密歇根州州立苏必利尔湖大学每年会评选出一个"年度应弃用词",标准是该词被过度使用、过度依赖和阅读疲劳。2012年,他们评出了"Amazing"(神奇)这个词。

是的,我们在美剧中,可能听到最多的就是"Wow! Amazing!"(哇哦!好神奇呀!)而我们中国人对太多的现象则是司空见惯不以为然;对太多的问题通常熟视无睹漠然置之。即使遇到令人惊讶的事情,也往往要掩饰自己的惊讶以显示稳重老成或者见多识广,这与Amazing的确形成了鲜明的对照。所以,我们的口头禅往往是"那有啥呀"!

我们当然不能以简单的二元对立思维来据此断定孰优孰劣。在民族性格问题的讨论上,无论是就其对民族发展的功用而言,还是对民族形象的建设来说,一种特性往往有其正反两面甚至是多面的意义。比如我们"不惊讶",的确是少了很多"大呼小叫",但由此往往压抑了人们的好奇心,甚至泯灭了人们的问题意识。

细想起来,大抵是因为我们"稳健"的民族性格,崇尚具有稳健的生命气质的人,这样的人最为"靠谱"。所以,我们中国人的玉皇大帝和王母娘娘是无上的庄严威仪和深沉的含而不露,而希腊神话中的宙斯和赫拉却总是精力充沛表情丰富!想想看,中国和西方社会里的很多老年人的形象是不是分别有一点像他们的翻版?

记得很多年前,有位留学生很真诚地问我,为什么很多中国人都面无表情？甚至一些人有"橡胶轮胎"一样的面容。我也很真诚地告诉他，我们中国人讲究"喜怒不形于色"，这是一种"修养"。我没忍心告诉他这话还有后半句"好恶不言于表"，因为那前半句已经够他琢磨半生了：为什么有喜悦或愤怒要憋在心里而不能表现出来？其实《论语》中给出了答案："君子不重则不威。"就是说如果不严肃就没有威严，得不到别人的尊重。我们从辜鸿铭、林语堂和梁漱溟笔下的"深沉""稳健"和"圆熟老到"的中国人身上，可以感受到喜怒哀乐都泯然于心的温厚长者的风范。林语堂在《中国人》中写道：

> 中国人毫无表情的面容后面，隐藏着一个深沉的情感主义；阴郁的外表背后，包含着一颗无忧无虑的豪爽的心灵。①

林语堂用了两组反义词使中国人看起来有点"表里不一"。"毫无表情"中隐藏的是"深沉的情感主义"，"阴郁"的外表后是"无忧无虑的豪爽的心灵"。这就是那位外国朋友和我讲过的一个比喻：中国人有点像暖水瓶。打开瓶塞，才会感受到热量。他大概是根据英文"Break ice"（打破僵局）来理解的，这倒也有一定道理。那么，中国人为什么要把自己的深沉情感和豪爽心灵藏起来呢？这大概是因为我们是一个注重群体生活的民族，传统宗法社会里那种几世同堂的大家族生活中，如果每个人的喜怒哀乐都写在脸上，恐怕每位家族成员都不太好过。

今天的现实生活中，其实也不乏因自己的宠物生病而把难过和悲伤写满脸上一副"别理我烦着呢"的样子，这恐怕还真不如"毫无表情的面容"让人舒心一点。所以，"稳健"的背后，不仅体

---

① 林语堂：《中国人》，郝志东、沈益洪译，学林出版社，1994年，第282页。

现了中国人修养的工夫,也包含着中国人忍耐的品质。

在广州西汉南越王墓博物馆的"杨永德伉俪捐赠藏枕专题陈列"中,有一件刻有"忍"字的元代瓷枕(见图 2-1)。那久远年代里做这件瓷枕的工匠和使用者是怎样的心态,我们已经不得而知,但由此却可以更直观地感受到我们这个民族"善忍""能忍"的特质。

几乎所有写中国人性格的著述都讲到了这种特质。罗素在《中国问题》中写道:"中国人的性格中最让欧洲人惊讶的莫过于他们的忍耐了。"[1]明恩溥《中国人的性格》中专门有一章写中国人的"能忍且韧",而且这种特性与"勤劳刻苦""不紧不慢""漠视时间"都有着不可分割的密切联系。明恩溥认为:

> 地大物博的国家遭受着周期性的干旱、水灾,以及由此引起的饥荒,诸如打官司这样的社会麻烦事以及因某种不确定因素而造成的更令人担忧的灾难,困扰着成千上万的人……生活在这样的条件下,除了无限止地忍耐,还能有什么更好的法子呢?[2]

在这里,明恩溥以一位传教士悲天悯人的心怀提出,中国人的忍耐是无可奈何和别无选择的,但事实未必如此。去看一看都江堰、龙脊梯田和开平碉楼等,就会认识到,千百年来,中国人为生存而进行的斗争充满了智慧与勇气。所以,并不能说中国人的忍耐是没有"什么更好的法子"的消极人生态度,而是如林语堂所言"遇事忍耐为中国人的崇高品德"。当然,林语堂也指出了问题之所在:

> 然而这种品质走得太远,以致成了中国人的恶习:中国人已

---

[1]〔英〕罗素:《中国问题》,秦悦译,学林出版社,1996 年,第 163 页。
[2]〔美〕亚瑟·亨·史密斯:《中国人的性格》,乐爱国、张华玉译,学苑出版社,1998 年,第 138—139 页。

/ 稳健与忍耐

经容忍了许多西方人从来不能容忍的暴政、动荡不安和腐败的统治,他们似乎认为这些也是自然法则的组成部分。①

但如果真是这样,那又如何解释中国历史上周而复始的由暴政所引起的朝代变迁?从公元前209年陈胜、吴广在大泽乡喊出"王侯将相宁有种乎"发动了中国历史上首次大规模的农民起义开始,直至19世纪中叶意图建立一个"有田同耕,有饭同食,有衣同穿,有钱同使,无处不均匀,无人不饱暖"的"太平天国"这场最大规模的"反清"运动,两千多年间无数次的"揭竿而起"说明了中国人的忍耐其实并不是无底线的。

当然,所有的"揭竿而起",几乎都是"逼上梁山",是"官逼民反,民不得不反"。几千年的朝代变换,周而复始的盛衰兴亡,中国历史给了中国人凡事忍耐的智慧和勇气。"忍一时风平浪静""小不忍则乱大谋""大丈夫能屈能伸""好汉不吃眼前亏"等,都是教人忍耐的。一代名将韩信少时能忍"胯下之辱"方成西汉开国功臣,越王勾践"卧薪尝胆"励精图治十多年最终灭吴雪耻,他们都是"百忍成金"的典范。所以,明恩溥在"能忍且韧"这一章结尾写道:

中国人这种无法匹敌的忍肯定有其更崇高的目的,而不仅仅是使他们去忍受生活的苦难和被活活饿死。如果适者生存是历史给予的忠告,那么,一个具有忍这种天赋的民族,加上强大的生命力,肯定会有一个光明的未来。②

明恩溥的判断是非常有道理的。这篇文章完稿的2020年4月8日,恰是武汉解封"重启"的日子。一座户籍人口超900万

---
① 林语堂:《中国人》,郝志东、沈益洪译,学林出版社,1994年,第59页。
② 〔美〕亚瑟·亨·史密斯:《中国人的性格》,乐爱国、张华玉译,学苑出版社,1998年,第141页。

的大城市,在新冠肺炎疫情中封城 76 天。武汉人民的"忍耐"与中国人的"稳健"理应再一次刷新世界对中华民族的认知。虽然我们看到的这个世界的真实反应未必如此,但我们相信,以中国人的稳健与忍耐,"光明的未来"已经开启。

悠闲生活乐趣

有一年国庆长假,应做生态研究的老友之邀,我随他去位于小兴安岭一处自然保护区野外考察,得以走入大树参天的原生态森林深处。因为有他的导览,我了解到红松等树木大概的生长习性,分辨出几种鸟鸣,观察到剥松子的松鼠。而且,还有暇有心在林泉边喝了一壶陈年老茶,在山顶听了一个下午的隐隐松涛,山谷里间或传来啄木鸟的啄木声,然后躺在铺满厚厚落叶的地上仰望了一晚上的浩瀚星空。这份与自然全然相通的忘我的生命体验,使我想到中国古代诗画中大量松下抚琴、品茗、对弈的场景,想到中国传统生活中的悠闲乐趣。

工业革命以来,人类的生活模式着眼于物质极大丰富所带来的舒适和科技飞速发展带来的便捷,这当然是巨大的进步。但是,随之而来的却是人们对自然的无限索取、对物质的无度消费,以及对"时间就是效率""时间就是金钱"的信奉与追求。当人类意识到全球气候变暖、地球能源有限之时,中国传统的简朴生活与悠闲乐趣或许可以成为人类未来社会一种值得倡导的生活理念。

林语堂在《中国人》中专门有一节讨论"人生的乐趣",其中列举了65件中国人闲暇时间做的事,不过很多并不能算是有"乐趣"的,比如"典当衣物""请教算命先生""感到纳闷儿"等。从小生活优渥的林语堂,大概真不明白为什么有人要去"典当衣物"或"请教算命先生",所以连"浇花""种菜""嫁接果树"

这类劳动都被他罗列其中，这里面固然有乐趣，但对很多人来说多半是生计所迫。文中他还大段引用了清代李渔《闲情偶寄》中关于"柳树""妇女服饰"和"午睡"的片段，并且认为"只有当人类了解并实行了李笠翁所描写的那种睡眠的艺术，人类才可以说自己是真正的开化的、文明的人类"。林语堂推崇的李渔所描写的"睡眠的艺术"，主要是指李渔文中引用的"手倦抛书午梦长"之类，这的确是深得夏日午睡之乐的。这句诗出自宋代蔡确的《夏日登车盖亭》：

纸屏石枕竹方床，手倦抛书午梦长。
睡起莞然成独笑，数声渔笛在沧浪。

所以，要论悠闲生活之乐趣，得先数历代文人。赋诗、绘画、抚琴、焚香、品茗、对弈，这些雅事本都需得悠闲当能为之，所以，除绘画以外在古典诗词中也能见悠闲生活乐趣。比如"北轩凉吹开疏竹，卧看青天行白云"（苏舜钦《暑中闲咏》）和"闲梦远，南国正清秋"（李煜《望江南·闲梦远》）这样的闲逸清凉之境。但最令人回味隽永之句当属"山静似太古，日长如小年"（唐庚《醉眠》），仅仅十个字便写透闲适的悠悠万古之意。还有北宋理学奠基者之一程颢的《秋日偶成》亦深得悠闲之味：

闲来无事不从容，睡觉东窗日已红。
万物静观皆自得，四时佳兴与人同。

可见，悠闲生活之乐趣重点在"悠然之意"而非"闲暇"之时。古往今来，无论贫富贵贱而能得闲者众矣，但能得闲时悠然之乐却非人人可为。清代张潮写道：

人莫乐于闲，非无所事事之谓也。闲则能读书，闲则能游名胜，闲则能交益友，闲则能饮酒，闲则能著书。天下之乐，孰大于是？①

但是，读书、游名胜、交益友、饮酒、著书这件件桩桩，都还是文人雅士之所为，其中悠然之趣必得有一定学养与品位方能得之。对于大多数普通人来说，日常生活中的悠闲生活乐趣恐怕还在泡茶馆、打麻将、嗑瓜子、听戏、斗蛐蛐儿这类人间烟火中。李渔所著《闲情偶寄》就是按照词曲、演习、声容、居室、器玩、饮馔、种植、颐养这八部来分门别类加以论述的，可谓雅俗咸宜、闲情喜人。像在"器玩部"就讲到几案、椅杌、暖椅式、床帐、橱柜、箱笼箧笥、古董、炉瓶、屏轴、茶具、酒具、碗碟、灯烛、笺简等，这已经是一部"中式生活美学指南"了。比如其中最后一项"笺简"，今天已不需要书信往来的人们可能很少知道此为何物了。

按照李渔这样的"闲情"人生大抵不会有空虚无聊的"五脊六兽"之感了。所以，中国人传统的悠闲生活乐趣用来疗愈现代人的"无意义感"应该是比较有效的。辜鸿铭说在某种程度上中国人"不需要宗教"，蔡元培则倡导"以美育代宗教"，由此可得一答案；1922年8月，梁启超在上海美专作的题为"美术与生活"的演讲中讲得更明白：

但我确信"美"是人类生活一要素——或者还是各种要素中之最要者，倘若在生活全内容中把"美"的成分抽出，恐怕便活得不自在，甚至活不成。②

---

① （清）张潮：《幽梦影》，于童蒙编译，中国纺织出版社，2007年，第102页。
② 梁启超：《梁启超论教育》，商务印书馆，2017年，第231页。

美国老鹰乐队（Eagles）有首歌曲名为《爱让我们活下来》（*Love Will Keep Us Alive*）。梁启超在这里阐释的是"美让我们活下来"。实际上也就是对美的热爱与追求赋予了我们人生的情趣和生命的欢喜，让我们可以接纳不完美的世界和不尽如人意的生活。从这个意义而言，美育的确具有宗教功能，蔡元培的命题是可以成立的。1923年，梁启超在《东南大学课毕告别辞》中还讲道：

> 现在多数美国的青年，而且是好的青年，所作何事？不过是一生到死，急急忙忙的，不任一件事放过：忙进学校，忙上课，忙考试，忙升学，忙毕业，忙得文凭，忙谋事，忙花钱，忙快乐，忙恋爱，忙结婚，忙养儿女，还有最后一忙——忙死。①

这对今天的中国青年应该是有警醒意义的。重新认识中国传统文化中悠闲生活乐趣的意义，也正在于使自己摆脱"忙碌"的状态和"焦虑"的心态，从"偷得浮生半日闲"（李涉《题鹤林寺僧舍》）的时光里发现美、感受美，体味"悠然乐趣"之真谛。所以，中国传统文化中的词曲也好，器玩也罢，并非令人"玩物丧志"。比如陆羽的《茶经》、文震亨的《长物志》、袁枚的《随园食单》等，都是让人感受"长物"之美、享受生活乐趣的。像《长物志》中室庐、花木、水石、禽鱼、书画、几榻、器具、位置、衣饰、舟车、蔬果、香茗这12类旨在"凡闲适玩好之事，纤悉毕具"的阐述，实际上就是教人们美化、诗化、艺术化生活的。所以，罗素在《中国问题》一书中由衷赞美道：

> 至于人生的乐趣，是我们生活在工业文明的时代，受生活环境重压而失去的最重要、最普通的东西。但在中国，生活的乐趣

---

① 梁启超：《梁启超论教育》，商务印书馆，2017年，第260页。

无处不在，这也是我要赞美中国文化的一大原因。

……

重视智慧或者美、或者重视人生的快乐的人，肯定会认为在这些方面中国比喧嚣的西方更富有，并视之为乐土。[1]

今天的中国，人民日益增长的美好生活需要和不平衡不充分的发展之间的矛盾尽管日益凸显，但毕竟我们已经总体上进入了几千年来中国人梦寐以求的"小康社会"，我们有条件、有底气开始好好珍惜这份"富有"，这份在简朴生活中发现美、创造美的人生乐趣。这是中国传统文化给予我们的生活智慧，或许也是可以疗愈所有罹患"物化""异化"和"无意义感"等现代"病症"者的"中国方案"。

---

[1] 〔英〕罗素：《中国问题》，秦悦译，学林出版社，1996年，第3、156页。

第三辑

重新发现汉语之美

英语汉语孰难孰易

在汉语中,"救火"就是"灭火","果然"等同于"果不其然"。"中国队大胜美国队"和"中国队大败美国队"都是说中国队赢了!想想真是有点不可思议。有位朋友讲他上大学时的一天早晨,起床后对室友们说:我昨晚差点没掉下来。下铺的同学纠正他说:你那是差点掉下来!这位朋友很不高兴:这睡在下铺的兄弟怎么这种心态呢?但说实在的,"差点没掉下来"和"差点掉下来"在语义和感情色彩上的不同还真是很难分辨。汉语之难由此可见一斑。

但要比较一下英语与汉语的难易,似乎是劳而无功。首先,二者是否可以被比较?其次,谁来比较?再细究起来,何为难易?如此说来,要论英语与汉语孰难孰易似乎毫无意义了。但是,二者比较的过程和结果,会使人们深化对这两种语言的认识。况且,当我们谈论汉语之美的时候,如果不是有意识或潜意识地以其他语言作为参照,那岂不是自说自话式的夜郎自大?

当然,对于母语是汉语的人来说,相信绝大多数朋友都会坚信英语比汉语更难,尤其是为了这种考试那种考试而又因学不得法饱受折磨的人,会觉得英语这种字母文字简直就是天书。但是,对于英语国家的人们而言,汉语这种最古老的符号文字却恰恰是天书。是啊,若一种语言在母腹中就开始听,从咿呀学语就开始说,自然谈不上难不难的问题了。

所以,二者的比较需要尽可能站在客观的立场上审视。我们不妨从这样一个事实来出发。

早在1915年的时候,民国大儒辜鸿铭的英语演讲就结集出版为 The Spirit of Chinese People,体现了被孙中山誉为"民国英语第一人"的辜鸿铭的英语造诣。20世纪30年代,林语堂则在美国纽约出版了英文专著 My Country and My People,这本书在欧美引起的关注和产生的影响更甚于 The Spirit of Chinese People。但当我们检索英语国家的人们用汉语撰写的著述时,却发现仍寥若晨星。由这个事实可以约略了解汉语的难度特别是汉字书写的不易。1945年12月,钱钟书在《谈中国诗》中说得更为明确:

不幸得很,在一切死的,活的,还没生出来的语言里,中国文怕是最难的。这也许可以解释为什么中国从事文化工作的人里,文理不通者还那样多。至少中文是难到拒人于千里之外的程度。[1]

"难到拒人于千里之外的程度"究竟是怎样的难?近年来流行的一些"难倒"外国人的"段子"可以形象有趣地说明这一点。比如说有一外国人苦学汉语10年后到中国参加汉语等级考试。一道阅读理解题是这样的:

春节前,小王拎了两瓶酒到老王家。
老王说:你这是什么意思?
小王说:没啥意思。您平时对我特别够意思!这不是马上过年了嘛,一点小意思,意思意思而已。
老王说:你这样让我不好意思了。
小王:我也没别的意思,就是来给您拜个早年嘛!
——请依次写出文中"意思"的意思。
这位老外泪流满面地交了白卷。回国后逢人便说:"汉语真

---

[1]《钱钟书散文》,浙江文艺出版社,1997年,第530页。

是太有意思了。"

读到这里,可能会有人觉得这个段子不过是饱受英语学习和考试之苦的人编出来的笑话聊以自慰而已,挺"没意思"的。但这个段子可以说明汉语"意会"之难,应该还是"有点意思"的。一方面,汉语的确存在这样的模糊性,但另一方面,恰恰是这种模糊性,使其充满更多的可能性。

前两天还看到一个令人忍俊不禁的段子。

说有一外国人参加中国朋友的聚会,聊天间有人和他说:"我去方便一下。"那人走后他问旁边的朋友:"'方便'是什么意思?"那人告诉他:"'方便'就是上厕所。"然后过了一会儿,来了一位女士,聊了几句后,女士对他说:"哪天你方便咱们一起坐坐?"他大吃一惊:"那怎么可以?"这位女士自然也有些吃惊,说:"那等我方便的时候约你?"这位外国朋友愈发觉得尴尬,不知如何作答。女士讪讪然地自我解嘲说:"好吧,等咱俩都方便的时候再说。"

实际上,这样的多义词误解,连我们中国人自己也经常闹笑话。我还记得上中学时,最怕的就是多音多义字词的辨析,因为我们胶东方言的四声音调与普通话差异很大,正常注音都感觉吃力。后来看到一组教人记住多音多义字的句子,心想这样的窍门上中学时咋没见到呢!比如:"他每次出差(chāi)差(chà)不多都要出点差(chā)错。"从中我们不难发现,汉语的读音及字义变化都不涉及字形,而英文恰恰相反,音义的变化是随着字形的变化而变化,所以相对而言容易一些,比如 go 与 went、gone,但很多中国人反而觉得这样增加了英文学习的难度。在汉语中,时态的变化可以通过语言本身来判断,不需要改变动词。

我要去北京。
我去过北京。
我正去北京。

你看，将来时、过去时和正在进行时是不是一目了然？

但汉语的确存在太多"双关语"和容易有歧义的表达。比如"你会改密码吗？"一个意思是说，你能不能（can do or can't do）？另一个意义是，你可能（would or would not）不可能？有一次在车站候车，一人盯着横条式的电子显示屏说："怎么没有我们这次车的信息呢？"另一人随口说："在后面。"然后问话的人就起身溜达去了，他转了一圈回来说："后面没有啊！"原来，他转到显示屏的背面去看了看，那自然什么都没有。答话的老兄的意思显然是我们所乘火车的信息是在 next page 而不是 behind the screen，但在汉语中都说成"后面"是没问题的啊！

从这个角度来看，英语的表达更为精准。有个英语短语 then and there，按照字面意思是"那时那地"，但实际上却是我们汉语的"此时此地""当场"。仔细体会一下，当我们说"此时"时，此时已过；当我们描述一个场景时，那个场景也是在别处。英语的严谨由此可见一斑。

英语汉语的难易问题实际上是两种语言背后的思维差异问题。被誉为"中西方文化的摆渡者"的当代学者张隆溪在《中西文化研究十论》一书中讲道，中西文化的差异归根到底便是中西语言上的差异。张隆溪的依据是"思维模式"是由语言表现出来的，但"思维模式"更重要的还是体现在行为方面。当然，语言作为文化的重要载体，自然能够表现思维模式的差异性。

比如面对河流，古希腊哲学家赫拉克里特（Heraclitus）说："人不能两次踏进同一条河流。"（No man ever steps in the same river twice.）这是讲物质的存在方式和根本属性——运动——再次踏进的河流处已经不是先前的水，而再次踏进河流的人也已经发生微观意义上的改变。如此深刻的哲学观点在我们的先哲孔子那里，一声"逝者如斯夫，不舍昼夜"的喟叹也表达得十分到位，而且是不是还蕴含着一种诗意的警醒与感奋？

再比如说，吹口琴、拉小提琴、弹钢琴、踢足球、打篮球等活动中的"吹""拉""弹""踢""打"这些动词，在英语里统统是一个play（玩）。"玩"揭示的是本质，而"吹""拉""弹""踢""打"描绘的是动作状态，理性和感性的区别由此可见一斑。

与英语中一个句子只有一个作为谓语的动词不同，汉语的一个句子可以有多个动词，比如"我坐在窗前看到外面树上飞来一群鸟儿"。甚至还可以根本不用动词，比如元代诗人白朴的小令《天净沙·秋》中"孤村落日残霞，轻烟老树寒鸦"。张隆溪曾引用法国著名汉学家谢和耐的观点说：

> 全世界所有语言里，中国语言格外特别，既没有按照词法来加以系统区分的语法范畴，也没有任何东西来把动词区别于形容词，把副词区别于补语，把主语区别于定语。[①]

谢和耐是法国当代著名的汉学家、历史学家和社会学家。他对中国语言的特别之处揭示得很准确，但他难以像中国人这样意会到动词和形容词的区分。比如，汉语的"与众不同"，早期来

---

① 张隆溪：《中西文化研究十论》，复旦大学出版社，2005年，第142页。

华传教士也很早就注意到了。约翰·倪维思曾感慨道:"汉语与我们所熟悉的各种语言之间都毫无相似之处,而这一事实恰恰充分证明了为什么中国人完全孤立于世界其他各民族之外。"①

今天,从世界边缘走向世界舞台中央的中国,再不会"孤立于世界其他各民族之外"的中国人,更是特别需要真正懂得我们的母语,需要在人类文化的整体视野中,特别是在与西方文化比较的视域中来认识我们的语言文字、哲学艺术、生活习俗和民族性格等。如此,语言难易的讨论,即可作为我们重新发现汉语之美的序章。

---

① 〔美〕倪维思:《中国和中国人》,崔丽芳译,中华书局,2011年,第152页。

汉字中的文化密码

1940年4月24日,中国现代语言学家罗常培在昆明广播电台发表了题为《中国人与中国文》的演讲,开头便讲道:

> 语言文字是一个民族文化的结晶,这个民族过去的文化靠着它来流传,未来的文化也仗着它来推进。凡属一国的国民,对于他本国固有的语言文字必须有最低限度的修养,否则就不配做这一国的国民。[①]

罗常培将对语言文字的最低限度修养作为国民资格来认识,应该是不为过的。因为文化是决定一个民族之所以是这样一个民族的首要因素,而语言文字既是文化的结晶,也是其载体。对中国文化和中国人来说,汉字不仅是"文化的结晶"和"精神上的富有",而且是"中华民族"这一命运共同体的心灵密码和文化基因。所以,对于普通中国人来说,"有文化"的标志就是能"识文断字"。也就是说,汉字不仅是掌握文化的一种手段,而且是文化本身。比如最简单的称呼问题,英语里的 wife 在汉语中除了"妻子"之外,还有夫人、太太、爱人、老婆、内人、媳妇儿、老伴儿、家里的、孩儿他娘等称呼,比 wife 带有更多感情色彩和身份地位意义。

汉字的历史实在是太古老了。文字学家唐兰在《古文字学导论》一书中写道:

---

① 罗常培:《中国人与中国文 语言与文化》,新星出版社,2015年,第4页。

我们在文字学的立场上，假定中国的象形文字，至少已有一万年以上的历史，象形象意文字的完备，至迟也在五六千年以前，而形声文字的发轫，至迟在三千五百年前。这种假定，绝不是夸饰。①

作为世界上唯一未曾中断使用了三千多年的文字，古老的汉字里无疑蕴含着太多的中国文化密码，值得我们不断深入研究传习。

何以"天雨粟，鬼夜哭"

汉字中之所以深藏着中国文化密码，是因为它独一无二的造字方法，完全不同于英语和其他文字的字母拼写方法。成书于西汉时期的《淮南子》写道："昔者仓颉作书而天雨粟，鬼夜哭。"仓颉何人？东汉王充的《论衡》中记载："仓颉四目，为黄帝史。"许慎的《说文解字》更为明确地讲道："黄帝之史仓颉，见鸟兽蹄迒之迹，知分理之可相别异也，初造书契。"所以，通常我们认为仓颉是黄帝时期的造字史官，他受鸟兽足迹启发，先是根据事物形状创造了象形文字，如日月山川等。《万姓统谱》中记载："上古仓颉，南乐吴村人，生而齐圣，有四目，观鸟迹虫文始制文字以代结绳之政，乃轩辕黄帝之史官也。"现在河南省的南乐县、虞城县、鲁山县等地有始建于汉代的仓颉陵、仓颉庙、仓颉祠、仓颉冢、造字台等。而陕西省渭南市白水县史官乡阳武村也被认为是仓颉故里，那里也有一处始建于汉代的仓颉庙，庙内有"黄帝制衣""黄帝赐衣"的壁画，现在的规模尤为宏大。这充分说明中国人对这位"造字圣人"的认可与尊重。

---

① 唐兰：《古文字学导论》，上海古籍出版社，2016年，第81—82页。

虽然另有一种说法是仓颉整理加工了先民中流传下来的结绳记事、陶纹和甲骨契刻符号等,是整理汉字的集大成者,但可以确信的是,仓颉作为黄帝的史官,不仅确有其人,而且在结绳记事的古老岁月里,确实是为汉字的发明创造作出巨大贡献的。鲁迅在《门外文谈》中提出:

> 但在社会里,仓颉也不止一个,有的在刀柄上刻一点图,有的在门户上画一些画,心心相印,口口相传,文字就多起来,史官一采集,便可以敷衍记事了。中国文字的由来,恐怕也逃不出这例子的。①

这似乎也有一定道理,因为汉字的形成显然不可能是一蹴而就的,而是一个历史过程。仓颉所处的远古时代,人们生产生活的范围还十分有限,凭一己之力要创造出数千常用汉字的确有些不现实。但仓颉造字所展现的深邃智慧,的确让人觉得这是窥见了天地宇宙和人生岁月的深邃奥秘方能为之事,所以才有"天雨粟、鬼夜哭"之说。

天为何雨粟?鬼为何夜哭?唐代书画家李嗣真在《书后品》中写道:"昔仓颉造书,天雨粟,鬼夜哭,亦有感矣。"意思是汉字之成是天地鬼神都有所感应的大事,即后来所说的"惊天地泣鬼神"。唐代画家张彦远在《历代名画记·叙画之源流》中进一步分析道,有了汉字之后,"造化不能藏其秘,故天雨粟;灵怪不能遁其形,故鬼夜哭"。听起来也有道理。

但朱自清引用《淮南子·本经训》之说认为,有了文字人会变机灵,便都争着去做容易赚钱的商人而不再种地,"天怕人不够吃的,所以降下米来让他们存着救急。鬼也怕这些机灵人用文

---
① 《鲁迅全集》第6卷,人民文学出版社,2005年,第90页。

字来制他们,所以夜里嚎哭;文字原是有巫术的作用的"[1]。朱自清也认为,"仓颉造字"不是凭空而来的,但文字不断演变,一人独创是不可能的。

今天,我们可以理解"天雨粟,鬼夜哭"为汉字揭示了造化的玄机,掌握汉字的人得以开启天地鸿蒙宇宙洪荒,不再是混沌蒙昧中无意识的生物性存在,认识自然、利用自然和改造自然的能力大大增强,对天气的把握能够提高农作物产量,对自然的改造利用使鬼无处可遁——在先民的认知世界里存在的超越人的当时认知范围的"鬼"。因而掌握了汉字的中国人很早就走出蒙昧的愚暗天地,进入一个祥瑞的文明世界。所以,旧时私塾中的识字,被称为具有启蒙意义的"蒙学"或"开蒙"。

"蒙学"的启蒙价值与文化意义

旧时私塾,是指从春秋时期开始出现的私家学塾,包括大户人家中的家塾、宗族内部的族塾和塾师个人的学馆等,是两千多年来中国社会最为重要的基础教育与文化传承机构。私塾的"先生"大多是落第的秀才,其中不乏蒲松龄、郑板桥这样的文化名人。

旧时私塾的儿童启蒙读物,最常见的是被称为"三百千"的《三字经》《百家姓》和《千字文》,它们分别成书于南宋、北宋和南朝,在流传过程中逐渐成为经典。《三字经》有1145字,《百家姓》568字,《千字文》恰好是1000字,基本常用汉字都包括其中了。除此之外,《弟子规》《千家诗》《古文观止》《唐诗三百首》《声律启蒙》《增广贤文》等也被广泛采用。

---

[1] 朱自清:《经典常谈》,商务印书馆,2017年,第1页。

一个民族的语言往往凝结了这个民族独特的生存方式与思维模式，并且承载着这个民族的历史传统。而认识汉字之所以具有"启蒙"价值，在于汉字中蕴含着为人处世的人生道理和生活哲学，比如双木为"林"，三木成"森"；两人相"从"，三人成"众"等。"蒙学"读物中蕴含着引导儿童理解人性、认知世界、唤起个体生命觉醒的丰富内涵。比如《千字文》开篇四句"天地玄黄，宇宙洪荒。日月盈昃，辰宿列张"，在抑扬顿挫韵味十足的优美音律中，一下子就将人带入天地岁月的宏大气象之中。值得一提的是，《千字文》的千字均不重复，是南北朝时期梁朝周兴嗣受命于梁武帝编纂，共250句对仗工整的四言韵文，其中不乏经史子集之典与文韬武略之治。但就涵括中国传统文化的范围来看，还是《三字经》取材更为广泛，围绕"仁义礼智信"的文史掌故、天文地理、忠孝节义等，可谓无所不有。

清末民初废除读经以后，有两种识字读物为后世称道并于近年得以再版，这就是《澄衷蒙学堂字课图说》和《国民字课图说》。随便翻一翻就不难发现，它们共同的特点是其说文解字的内容涵括了人类生活以及人与世界关系的方方面面，而且每一汉字的注解中都蕴含着文化的意义，使儿童在识字中开悟，体现出"蒙学"一以贯之的启蒙价值与文化意义。

人生识字何以忧患始

既然"蒙学"具有启蒙价值与文化意义，"识字断句"是令人进入"澄明之境"的愉快之事，那为什么宋代大文豪苏轼偏偏说"人生识字忧患始，姓名粗记可以休"呢？

这句诗是苏轼《石苍舒醉墨堂》的开篇之句。石苍舒是当时以草书见长的大书法家，与苏轼交好。1068年，苏轼在陕西凤翔任"签书判官"期满回开封路过长安时，在石苍舒家过的春节，回开封后苏轼写了这首诗寄给他。"签书判官"一职相当于今天的"秘书长"，这是不到30岁的苏轼第一次出任"地方官"，他在五年的任期中做了不少好事，今天的凤翔还有苏文忠公祠等纪念场馆。但由于在凤翔后期，新任知府陈希亮对下属苛刻，苏轼心中难免有郁愤之气。所以，后人推断"人生识字忧患始"不过是大文豪宣泄郁愤之语。

但细想一下这句牢骚话，却是道出了汉语远非一种人类表达与交流思想情感的工具这样一个基本事实，也即是说，一个稚气欢脱的儿童在"识文断字"之后，便会有天地岁月人生的思考，有家国天下责任的担当，便会有"忧患"。由此，是不是也可以将"忧患"理解为人的生命觉醒。比如，如果一个八九岁的孩子读到《古诗十九首》中的诗句"人生天地间，忽如远行客"和"人生寄一世，奄忽若飘尘"的时候，他可能会想或者问，他会不会也是"若飘尘"的"远行客"呢？当他有了这样的问题时，那些令人无忧无虑的童真稚趣便可能渐渐远去。

十多年后，苏轼经历了"乌台诗案"的磨难被贬至黄州，也就是今天的黄冈，他的侍妾朝云生下一男孩起名为"遁儿"，苏轼为他作了一首《洗儿诗》：

　　人皆养子望聪明，我被聪明误一生。
　　唯愿孩儿愚且鲁，无灾无难到公卿。

林语堂在《苏东坡传》中认为这首诗是苏轼自嘲。从因作诗而被构陷的文字狱"乌台诗案"看,这的确是有自嘲之意。"文字狱"这个词本身,似乎也暗含着"人生识字忧患始"的意思。约七百年后,江苏东台文人徐骏著《一柱楼诗》中"清风不识字,何故乱翻书"和"举杯忽见明天子,且把壶儿抛半边"之句,被乾隆认定诽谤朝廷,剖棺戮尸,满门抄斩。汉字本有一语双关"指桑骂槐"之功能,所以也不排除徐骏讥讽满族统治者没什么文化的可能,但一个真正有文化的政权是不会害怕讥讽的。

  由此也可见,汉字中的文化密码不仅能使人进入"澄明之境",也会导致"无妄之灾"。这就警醒我们更进一步敬重我们的文字,敬仰其中伟大的智慧,敬畏其中绵厚的力量;同时也警惕汉语的庸俗化与粗鄙化,让一代一代的中国人永远能够从中感受到美好,体会到美妙。

第三辑 重新发现汉语之美 /

天雨流芳与大启文明

20年前的千禧年春天，我第一次到云南丽江古城。走到木府前那座高大的牌坊下面，听到导游介绍牌匾上"天雨流芳"（见图3-1）四个字的时候，着实有一点惊讶。这四个充满诗意的汉字，竟是纳西语"读书去吧"的音译。读书去吧！在西南边陲红土高原之上，一个古老的民族何来如此远见卓识并将其译为"天雨流芳"这样诗意的汉字镌刻在这高大的牌坊之上呢？

地处川藏滇交通要道的丽江，自古以来就是商贾云集、兵家必争之地。在这片始建于宋元之交的巷陌深深、流水依依的古城中，纳西族人不仅仍保留着象形表意的文字、唐风唐韵的细乐和披星戴月的服饰等，而且在民族文学、音乐、绘画、舞蹈、木雕等方面都有瑰丽的成就。从整个人类文明史来看，不能不说东巴文化是少数民族文化发展传承的一个奇迹。而与这一奇迹互为表里的是，纳西族历史上的翰林、进士、举人数以百计，近现代的革命家、政治家、科学家、作家、音乐家、大学者等英才辈出。而这一切，是不是都可以主要归因为"天雨流芳"的滋养呢？

纳西族这块"天雨流芳"的牌匾，应该是与中原地区无数汉族老宅里的"耕读传家"匾额遥相呼应的。但与中原地区汉族人"晴耕雨读"有所不同的是，传统中的纳西族女性承担了更多"耕种"劳动，而男性因此获得更多"读书"的时间和精力。

"天雨流芳"也让我们深深体会到汉字本身所具有的诗情画意。当然，英语词汇也能够唤起母语是英语的人们特定的意象，比如乐曲 Short Trip Home 和 Take Me Home, Country Roads, 这样的题目也会给人以特定的情绪。但汉字如"天雨流芳"这样的四字短语,却还是一幅内涵隽永、意境优美的诗意图画。

在辽阔的中国大地上,类似"天雨流芳"的牌匾并不少见。2017年到海南省海口市的涌潭村时,我惊讶地发现那里竟然有八座高大的牌坊,其中一座明代正德年间的牌坊上刻有"青云万里"四个大字。原来这个涌潭村始建于南宋初年,至今已经有八百多年的历史了。自宋代至清代,涌潭村民一直重教兴学,崇尚读书,村中先后走出18位进士举人,30多位名士官员,可谓人杰地灵。这座"青云万里"牌坊就是明正德五年琼州府为17岁就中举、后任教府城石南书院的蔡士储而立,表彰他为海南人才培养所作出的贡献。这些涌潭才子们一定是深得古村深厚的文化底蕴浸润而踏上"青云万里"之路的。

在台湾高雄的美浓镇东门楼上,则有一块"大启文明"的匾额。三百多年前,"靖海侯"施琅大将军平定台湾后不久,他从广东嘉应州即今天的梅州一带招募的士兵解甲散居于高雄和屏东一带,成为南台湾首批客家人。美浓的东门楼建于1757年。1829年,当地一位叫黄云的书生高中进士,便在东门楼上挥笔题写了"大启文明"四字,以兹感念。摄影家阮义忠在《大启文明》的短文中写道:"美浓居民虽大多务农,却极重视教育,就是做牛做马、卖祖产,也要栽培子弟读书。"[①]因此在阮义忠造访时美浓即有"博士村"之美誉。与"耕读传家"和"天雨流芳"一脉相承的"大启文明"匾额,同样彰显了中国文化强大的生命力。只要有中国人足迹所到之处,便有重视教育的中国传统文化理念落地生根。

[①] 阮义忠:《大启文明》,《南方周末》,2014年5月15日。

而"客家人"这个自称本身也充满了对故土故园的眷恋。2012到5月我到台湾学术交流时,恰逢客家人"桐花祭",即以桐花为主题的文化艺术节。身为客家人的元智大学教授洪泉湖介绍说,5月的春风里,岛上漫山遍野的白色桐花随风飘落,最能触动客家人飘零天涯的浓浓乡愁,所以设"桐花祭",其实也是对传统文化艺术的一种追念与传承。

实际上,无论是纳西族的"天雨流芳",还是客家人的"大启文明",或者是海南岛上的"青云万里",都体现了中国人对文化的敬重,对读书的追求。如此题写在高大的牌坊和门楼上的美好文字,对所有路过的人来说,都是一种文明的仰望和心灵的洗礼,一种文化的传承与精神的传递!而这种传承与传递的内容与方式是如此之美,如此潜移默化于山河城郭之间,则是中国文化特别是汉字所独有的魅力。也许正因汉字的魅力如此深入人心并且历岁月之久与山川之远而弥新,才使一代又一代中国人始终以"读书人"为荣,以"识文断字"为文明的标尺;但也正因如此,中国历史上既有秦始皇"焚书坑儒",更有历代程度不一的"文字狱",其中尤以清代所谓"康乾盛世"为甚。其中雍正年间的查嗣庭案尤令人啼笑皆非。担任江西考官的查嗣庭出了一道"维民所止"的试题,出自《诗经·玄鸟》"邦畿千里,维民所止,肇域彼四海",意思是国土疆域千里,百姓居处平安。但是,就有人上奏说,"维止"二字意在去掉"雍正"的"头"!查嗣庭迅即被捕下狱,儿子斩决,家人流放东北宁古塔。

但就是这位雍正,亲手笔录的其父康熙所撰述的《庭训格言》中有这样一段话:

字乃天地间之至宝，大而传古圣欲传之心法，小而记人心难记之琐事。能令古人今人隔千百年觌面共语；能使天下士隔千万里携手谈心；成人功名，佐人事业，开人识见，为人凭据，不思而得，不言而喻，岂非天地间之至宝与？①

康熙年间已有《明史》案冤死七十余人，《南山集》案牵连者多达三百余人，发配者不计其数。那么，康熙如此"谆谆教导"出来的雍正，包括再后来的乾隆，一代比一代变本加厉地大兴"文字狱"的动机，是对这"天地间之至宝"的敬重还是恐惧呢？或许兼而有之吧！因为他们深深懂得这"至宝"宏大而久远的力量，他们自己设有"南书房"，为儿孙设有"尚书房"，但对天下读书人则严加设防。

然而，饱沐"天雨流芳"的"识字先生"们，虽历尽无数朝代盛衰兴亡和家族荣辱浮沉，却终究作为"大启文明"的群体，与前古圣贤"隔千百年觌面共语"，与普天下人"隔千万里携手谈心"，真正在庙堂之高与江湖之远间织就了一条顽韧的家国天下的文化纽带，一头是桑梓炊烟，四海风尘；一头是宫阙华舆，天下苍生。他们始终满怀"青云万里"之志，或立言或立功或立德，为往圣继绝学，为瓜瓞绵延的中华文脉续写经典，启迪与温暖着无穷的来者。

---

① （清）康熙：《庭训格言》，陈生玺、贾乃谦注译，中州古籍出版社，2010年，第115页。

妙处难与君说

很多年前一个溽热的夏夜,我到北京大学东门外成府路上的"醒客咖啡"看书。因为汗湿衣衫,便买了一件醒客的文化衫换上。坐在桌前,低头看去,发现白衫上的繁体"讀"字,原来是"士买言",便哑然失笑了。读书人买书,可不就是"读"嘛!再仔细看去,还有 Thinker Coffee 字样,"醒客"原来是英文 thinker(思想者)的音译!一间书店中的咖啡馆,以"醒客"为名又是何等妙不可言啊!对于许多自许"众人皆醉我独醒"的读书人来说,于此间翻阅一本好书,啜饮一杯咖啡,想必不时会有一种"妙处难与君说"的感受吧!

实际上,汉字本身有限的"形"中已经蕴含着无限的"意"了。比如有一次一位朋友和我说起他乘坐电梯时发生故障的情形,我不由得想到一个字谜"既有上又有下,却不上也不下",讲给他听,他毫不费力地说出了答案"卡",然后大为慨叹汉字的神奇精彩。英文中也有个"有上有下"的短语 up and down,却是"七上八下"的意思,但汉语另有一更为形象的词汇"忐忑"来表达。

稍微留意一下就会发现,与字母文字不同的是,很多汉语从字形中就能悟出其义。南京航空航天大学教授丁秋林在《人生是艺术》一文中写道:

我食五谷,是谓"俗";心有欲求(需要),乃为"儒";回顾往夕的人生经历,可称"僧";从现在的工作岗位退下来以后,我希望过怡情于山水,忘情于文化的生活,如能遁入山林岂不快哉,盼为"仙";最后必然九九归一,终为"佛"。①

这段文字虽有一定的戏说成分,但也很能说明汉字这种需君"意会"的"妙处",这是字母文字所不具有的趣味。比如网上流行的难倒外国人的汉语句子:

冬天到了,能穿多少穿多少;
夏天到了,能穿多少穿多少。

前一句"能穿多少穿多少"是指尽量多穿,后一句则是尽量少穿。可见,汉语的语境特别重要。与此有异曲同工之妙的句子还有:

以前一个人,因为喜欢一个人;
现在一个人,因为喜欢一个人。

前一句"喜欢一个人"显然是指别人,后一句则是指自己了。以前的"喜欢",是带有暗恋意味的;现在的"喜欢",则是内心的意愿,或者还带有不得已的习惯。

但最能见汉语之"妙"的当属字谜了。字谜是汉语特有的一种文字游戏,既有知识的内涵,又有智慧与趣味。比如谜底是两个汉字的"他俩都差点当兵"(乒、乓),谜底是一个汉字的"没有一日得安生"(宴)。这类字谜往往让人在百思不得其解后豁然开朗,其中妙处也唯有猜字谜的人才能会心会意了。

汉语的"妙不可言",更体现在表意的精微传神方面。比如王实甫的《西厢记》中,崔莺莺三次见张生,便是三种"看"法。第一次是"回顾觑","觑"是窥视之意。我们在戏曲舞台上常

---

① 丁秋林:《技术与人生》,清华大学出版社,2003年,第113页。

见到花旦和小生在舞台两侧以水袖遮面觑视对方的情景,说明彼此已有爱意。崔莺莺第二次见张生是"回顾下"。在舞台上这一刻通常是有锣声定格表示"确认了眼神儿"的。第三次崔莺莺见张生则是"好生顾盼"的。"顾盼"便已是满满的眷顾爱慕之意了。中央戏剧学院教授陈敏认为,王实甫笔下崔莺莺这"三看",表现了特定时代青年男女对爱的憧憬和向往,带有特定的中国文化印记。崔莺莺第一次"觑"张生,就表现出人物形象既受到封建礼教的约束,同时也有作为感性生命的青春激情的掩饰不住。是啊,中国文化中这一"看"的词汇、内涵和意味可是丰富之极。比如望、瞧、瞅、瞟、瞥、瞄和看望、观望、探望、漠视、鄙视、浏览、赏览以及斜睨、瞧见等,在不同语境中的意味及其妙处都需心领神会。

汉字这种"妙处",从根本上说是由汉字象形、指事、会意、形声、转注、假借这传统"六书"即六种不同的造字法所决定的。所以,汉字不仅内涵丰富,而且具有特别的诗情画意与哲理禅思。比如著名的拆字对联"此木为柴山山出,因火成烟夕夕多",便是将柴、出、烟、多四个汉字拆分成联,饶有趣味间,亦见汉语之精妙。

汉语的语音双关、语义双关等用法也使其妙趣横生。比如刘禹锡的《竹枝词之一》中"东边日出西边雨,道是无晴却有晴","晴"与"情"谐音,道出少女在"杨柳青青江水平"的美景中"闻郎江上唱歌声"时的微妙感情。

汉语如此之美妙意趣,恐怕还真不是一篇文章所能言及周全与说得明白的,但如果从此在你日常阅读或写作的时候,意识到我们的母语之"妙处",那便是其真正意义之所在了。

汉语韵律之美

前几天听到一位湖南朋友用家乡话朗诵毛泽东的《沁园春·长沙》，因为他的家乡距离韶山冲只有70公里，那抑扬顿挫的语调，铿锵有力的韵律，不仅别有一种韵味，而且还有一种对中国人来说特别的亲切之感。

汉语的普通话和方言，之所以具有如此强烈的艺术感染力，在于汉语发音的独特性，特别是四声之间的丰富变化，赋予汉语极大的艺术表现力。

> 平声平道莫低昂，上声高呼猛烈强。
> 去声分明哀远道，入声短促急收藏。

这首关于四声发音技巧的小诗，让我想到世间万物春天的萌发、夏天的生长、秋天的成熟、冬天的内敛。那么，仓颉造字之时，是如何规定这每一个字词的音节？四声之中，果真蕴含了四季的规律吗？这份猜想，让我对中华文明的源头再次充满无限的敬意！

法国学者阿兰·勒·比松在《识得春江夜雨声》一文中写道："我以为，中国文化比任何一种文化都更强调韵律、和谐。这是他们自身相应的生存状态、社会组成方式决定的。"[1] 稍加注意中国各地的方言，就会觉得阿兰的观点极其正确。每一地区人们说话的声调和语气都有其特色，比如江南吴侬软语的柔和，东北

---

[1] 乐黛云、〔法〕勒·比雄主编：《独角兽与龙——在寻找中西文化普遍性中的误读》，北京大学出版社，1995年，第60页。

话必带上扬调门的倔硬。但总体上,都有一种独特的韵律和味道,与其山水地貌、生产生活大抵和谐相宜。比如西北汉子的"大嗓门"宜于峁梁上唱"信天游",姑苏城里的才子佳人自然还是在小桥流水边的厅堂中唱评弹最动人。阿兰由此还认为:"我们应该努力去了解他们特有的价值观,而不能武断地将我们的价值观强加于他们。"能够从一种文化的特质中看到其背后一个民族独特的价值观,无疑是值得称道的。而文章的标题《不识春江夜雨声》同样值得点赞。这淅沥着韵律之美,体现着天地和谐之意象的优美诗句,出自宋代诗人杨万里的一首小诗《光口夜雨》:"一生听雨今头白,不识春江夜雨声。"

汉语传统五音"宫、商、角、徵、羽"的主要发音特点是字正腔圆,使其在吟诵朗读时别具一种独特的美感和韵味。普通话中那种"大珠小珠落玉盘"的清脆悦耳,还有南腔北调神韵十足的各种方言,既具有特别的表达旨意,又承载着古老的文化。

说到汉语的音律之美,有一本蒙学读物不得不说,就是《声律启蒙》。因为中国古典诗词和楹联对声调、音律、格律等都有严格的要求,所以训练儿童"对对子"可以说是蒙学的基础课。从单字对到双字对、三字对、五字对、七字对等,读起来如唱歌般声韵优美,不仅使儿童在愉悦的韵律美感中得到声韵格律方面的训练,还从中获得天文、地理、花木、鸟兽、人物、器物等知识的启蒙。比如现在比较通用的康熙年间车万育所作的《声律启蒙》,开篇"东"韵的对子是:

云对雨,雪对风,晚照对晴空。来鸿对去燕,宿鸟对鸣虫。三尺剑,六钧弓,岭北对江东。人间清暑殿,天上广寒宫。两岸晓烟杨柳绿,一园春雨杏花红。两鬓风霜,途次早行之客;一蓑烟雨,溪边晚钓之翁。①

而明末清初李渔的《笠翁对韵》开篇的"东"韵则是:

天对地,雨对风,大陆对长空。山花对海树,赤日对苍穹。雷隐隐,雾蒙蒙,日下对天中。风高秋月白,雨霁晚霞红。牛女二星河左右,参商两曜斗西东。十月塞边,飒飒寒霜惊戍旅;三冬江上,漫漫朔雪冷渔翁。②

应该说李渔之句气象更为宏大、诗意更为磅礴。如此优美动人且朗朗上口的"对子",对于儿童的审美趣味、文学素养、人生启蒙等都是大有裨益的。即使我们成年人闲来诵读一番,也会感受到汉语的音律之美,并从这些充满诗情画意的骈句中体会到汉语所表达的优美意象与诗意境界。骈句是诗词中常用格式,讲究文字内容与声韵的对偶和对仗,诵读起来也有一种相互对照与对应的音律美感。如王维的"大漠孤烟直,长河落日圆"(《使至塞上》)和"明月松间照,清泉石上流"(《山居秋暝》)等。

当然,最宜于诵读且最能从中感受到汉语的音律之美的莫过于这样的中国古典诗词。因为在平仄、对仗和韵脚等方面的严格规定,使其在吟诵时能够产生一种抑扬顿挫、委婉跌宕的音乐性的韵律美感和节奏美感。闻一多曾点评骆宾王的"梅花如雪柳如丝,年去年来不自持。初言别在寒偏在,何悟春来春更思"这首诗,说"那一气到底而又缠绵往复的旋律之中,有着欣欣向荣的情绪"③。

闻一多所论这种"旋律"和"情绪"使人在吟诵古典诗词时,

---

① (清)车万育:《声律启蒙》,徐哲兮校注,岳麓书社,2012年,第1页。
② 冯国超译注:《笠翁对韵》,商务印书馆,2015年,第274页。
③ 闻一多撰,傅璇琮导读:《唐诗杂论》,上海古籍出版社,2011年,第14页。

即使不甚其解也可以有美妙愉悦的体验。比如一个三五岁的孩子摇头晃脑地吟诵"大漠沙如雪,燕山月似钩"(李贺《马诗·其五》)时,他可能只是感受到那朗朗上口的音律之美,特别是其中"大""沙"和"山"这几个"a"和"an"韵的字会使人在口型全然打开中产生潜意识的快乐感受。因为以"a""an"和"ang"为韵脚的字读来总是铿锵有力,比如王昌龄的《出塞》:"秦时明月汉时关,万里长征人未还。但使龙城飞将在,不教胡马度阴山。"三句均以"an"为韵脚,其中还有"汉""长""但""将""马"等以"a""an"和"ang"为韵脚的字,读来自有一种开阔雄健和慷慨激昂之气势。而且,对三五岁时将"大漠沙如雪,燕山月似钩"熟记于心的人来说,日后当他果真见到大漠长天或者山高月小那一刻,心中是会涌起似曾相识的诗意情感体验的。

相对于诗而言,词的句式长短不一,更适宜抑扬顿挫的吟诵。尤其像柳永、周邦彦等通晓音律的词人之作可直接歌唱,因而文字本身也更具音乐美感。比如柳永这首《八声甘州·对潇潇暮雨洒江天》的上阕:

对潇潇暮雨洒江天,一番洗清秋。渐霜风凄紧,关河冷落,残照当楼。是处红衰翠减,苒苒物华休。唯有长江水,无语东流。

四字、五字、六字和八字共九句错落有致,开篇即为八字句,且是唯一一句,一下子将人带入登临纵目暮雨江天的阔大境界。九句词最后一字的韵律依次是平、平、仄、仄、平、中、平、仄、平,诵读起来开阖承转,跌宕起伏,别有一番韵味。这种音律美感,加深了人们对诗词中所蕴含的意象之美、情感之美和境界之美的体味,拓展了诗词的审美境界。

诗人北岛说过:"我喜欢中文的音调,它有种孤悬于另一种语境的感觉。""孤悬"一词真是妙不可言,我们听过世界绝大多数语言之后,会发现汉语有一种从容不迫的力量贯穿在其语调之中,它"孤悬"得四平八稳。

由古典诗词体会汉语之美

在中外所有文学形式中,中国古典诗词可以说是最美的。其形式上的词语之美、韵律之美、句式之美,内容上的风物之美、意境之美、情感之美,综合而言当无愧"最美"之誉。这里,我们单以其"词语之美"和"句式之美"来体会一下汉语所独有的美感与魅力。

古典诗词中的词语非常精炼典雅,句式工整对仗,因而特别有助于美的风物描摹、美的意境营造、美的情感表达。而且,由象形、指事、会意、形声等造字法所决定的汉字本身所具有的丰富内涵,使其可谓"自有诗意"。比如宋代诗人吴文英的《唐多令·惜别》中"何处合成愁?离人心上秋"之句,就极为巧妙地拆分了"愁"字,后面的"都道晚凉天气好,有明月、怕登楼"进一步道离愁况味。由此也可见古典诗词所讲究的遣词造句之"推敲"工夫。

"推敲"的典故源自唐代诗人贾岛。一日,他不太满意《题李凝幽居》诗中"鸟宿池边树,僧推月下门"的"推"字,欲改为"敲"字,行路之时在驴背上旁若无人地边比划手势边苦思冥想。当时的礼部侍郎权京兆尹即临时代理京城长官韩愈的车马经过,贾岛却浑然不觉,被侍卫带到韩愈面前说明原委后,韩愈沉吟一会儿敲定了"敲"字,两人自此结为诗友。贾岛被后世称之为"苦吟派"诗人。"苦吟"一词出自唐代诗人卢延让的《苦吟》诗"吟安一个字,捻断数茎须"。这种斟字酌句的工夫往往使古典诗词文字美妙，句式雅致，意境高远，情感动人。所以贾岛的《题诗后》写道："两句三年得，一吟双泪流。"

王国维在《人间词话》中说，"红杏枝头春意闹"（宋祁《玉楼春·春景》）和"春风又绿江南岸"（王安石《泊船瓜洲》）中的"闹"字与"绿"字，都是著一字"而境界全出"。而诗人们所"推敲"之字，往往就是这类被称为"诗眼""词眼"的关键词，这些关键词的美感因此也是最值得品味的。比如张九龄《望月怀远》中"海上生明月"之句中的"生"字，精妙传神，耐人寻味。如果换成"升"字，便索然无味。

要比较古典诗词中词语的精练典雅之美，也可将其译为现代白话文和英文，比较其所不同。比如李白这首几乎妇孺皆知的《静夜思》：

床前明月光，疑是地上霜。举头望明月，低头思故乡。

如果用现代白话文来表达——

有一片明亮的月光照在床前，很像是地上的寒霜。
抬起头来望见一轮明月，低下头来思念故乡。

这当然也还可以称之为诗歌，但诗仙笔下那 20 字所表现的诗情画意神韵却大大逊色了。那么，如果翻译成英文呢？

Thoughts on a Tranquil Night

Before my bed a pool of light;
Oh, can it be frost on the ground?
Looking up, I find the moon bright;

> Bowing, in homesickness I'm drowned.①

这是著名翻译家许渊冲所译的经典版本，可以说是既传达了原诗的情感也最大限度地表现了其美感。而且，对母语是英语的人来说，这应不失为一首好诗，毕竟乡愁是人类共通的情感，尤其 a pool of light 等译法非常有新意，也有诗意。但是，对中国人来说，《静夜思》的典雅美感显然大为逊色了。闻一多在《英译李太白诗》一文中感叹道：

> 这到底是怎么一回事？怎么中文的"浑金璞玉"，移到英文里来，就变成这样的浅薄，这样的庸琐？我说这毛病不在译者的手腕，是在他的眼光，就像这一类浑然天成的名句，它的好处太玄妙了，太精微了，是禁不起翻译的。你定要翻译它，只有把它毁了完事！②

实际上，古典诗词的词语美感之消失与译者的关系不大，应该是其本身就是"禁不起翻译"的。这也让我们进一步意识到"推敲"出来的汉语的强大功能与精妙之美。这种字词的凝练雅致之美再与语句的工整对仗之美相结合，就更显现出古典诗词的优美和古代汉语的魅力了。

由中国古典诗词英译可以如此明确地感受到汉语之美，反过来，我们从英诗汉译也会有此体会。比如网上流传的一首英文诗的翻译：

> You say that you love rain,
> but you open your umbrella when it rains.
> You say that you love the sun,
> but you find a shadow spot when the sun shines.

---

① 许渊冲编译：《唐诗》（下），海豚出版社，2015年，第58页。
② 闻一多撰，傅璇琮导读：《唐诗杂论》，上海古籍出版社，2011年，第149—150页。

> You say that you love the wind,
> but you close your windows when wind blows.
> This is why I am afraid, you say that you love me too.

这是一首很有意味的诗歌，直译为汉语也是很有诗意的。但网上不仅有直译的普通版，还有文艺版、诗经版、离骚版和七律版的体例，最后是有点恶搞的女汉子版。各种版本各有韵味，其中诗经版是这样的：

> 子言慕雨，启伞避之。子言好阳，寻荫拒之。
> 子言喜风，阖户离之。子言偕老，吾所畏之。

这确实有点《诗经》的味道，而且基本没有背离原文之意。再比如说，爱尔兰诗人叶芝那首经典爱情诗《当你老了》（When You Are Old）感动了世界上千千万万的人，其中最为深情之句是"只有一个人爱你那朝圣者的灵魂，爱你衰老了的脸上痛苦的皱纹"（But one man loved the pilgrim soul in you, and loved the sorrows of your changing face），而《诗经·击鼓》这样写道："执子之手，与子偕老。"这不仅体现出汉语在诗意营造和美感表达方面的韵味，也印证了季羡林所说的"汉语是世界语言里最简练的一个语种。同样表达一个意思，如果英文需要60秒，汉语5秒就够了"[1]。

《诗经》虽然以四字为主，但其体例并没有严格规定，而绝句和律诗等则均有字数、行数、平仄、韵律和对仗等固定格式的要求。由对仗、韵律等所体现出的美感是非常典雅而隽永的，比如"白日依山尽，黄河入海流"（王之涣《登鹳雀楼》），如果用白话文来说就是"太阳快要落山了，黄河朝着大海流去"。这

---

[1] 张梦新、张卫中主编：《中华古文精萃》，浙江大学出版社，2007年，前言，第2页。

也具有诗意,而且比太多的"现代诗"更"像诗",但其文字美感却大为逊色。再比如杜甫这首《绝句》的工整对仗可谓完美天成:

> 两个黄鹂鸣翠柳,一行白鹭上青天。
> 窗含西岭千秋雪,门泊东吴万里船。

诗的上联和下联均采用了极其工整的对仗形式,形成非常鲜明的对比与反衬关系。上联两句之间是动与静、远与近、纵与横的关系,而且黄、翠与白、青四种颜色衬托出春天的生机;下联两句之间除了动静关系,还有"千秋"与"万里"这样广大的时间与空间的对应关系。四句词语精练、句式工整的七言绝句,四幅充满意境之美的胜景,可书可画,可吟可唱,令人视野开阔,襟怀舒展。

词是成于唐而盛于宋的新型格律诗,其体式、调式、段式和句式都有明确规定。不同词牌的长短句均有平仄、对仗、押韵、叠字、叠句等的具体要求,所以词的创作也称之为"填词"。因为要合于词牌之曲,词的参差变化之形式美感更为明显。比如朱敦儒这首《相见欢·金陵城上西楼》:

金陵城上西楼,倚清秋。万里夕阳垂地大江流。
中原乱,簪缨散,几时收?试倩悲风吹泪过扬州。

"相见欢"是唐教坊曲,又名乌夜啼等。词中三字、六字和九字之句错落有致,富有节奏,尤其是下阕连续三个三字"层深句"后,一个九字长句,把南宋时期南渡之后士大夫们北望中原那种沉郁悲凉之情表达得淋漓尽致,尤其是诵读之时更能体会到这种节奏与音律所透出的韵味与情绪。

说到句式，汉语和英语有一个很大的不同是，英语的一个句子必须有一个而且只能有一个动词，但汉语可以有两个及以上，甚至可以没有，尤其在古典诗词中。这就使得汉语不仅在表达思想情感上更为深沉细腻，在意境的营造和美感的表现上也更加灵活丰富。最为典型的是元代马致远的小令《天净沙·秋思》：

枯藤老树昏鸦，小桥流水人家，古道西风瘦马。夕阳西下，断肠人在天涯。

前三句十八字九组名词无一动词，但却营造出一幅意境深远、情感凄凉的天涯羁旅的图画，但这凄凉中仍见"孤村"与"人家"之意象，带着世间的暖色，使逆旅之人并无天地无凭的全然愁苦，也使我们对天地间的风尘逆旅多了一分诗意的想象。汉语的诗意与美感由此可见一斑。但要论诗意与美感的表达，恐怕要首推唐代诗人王维，这位精通诗歌、绘画、书法和音律的"诗佛"，擅长以"白描"手法营造诗情画意之美，比如这几句五言诗，每句都是一幅意境清远的山水画：

人闲桂花落，夜静春山空。（《鸟鸣涧》）
雨中山果落，灯下草虫鸣。（《秋夜独坐》）

苏轼评价王维的诗说："味摩诘之诗，诗中有画；观摩诘之画，画中有诗。"[1]这也正体现出汉语所具有的诗、书、画一体的强大功能和独特美感。

---

[1] 周积寅编著：《中国画论辑要》，江苏美术出版社，2005年，第510页。

藏修息游之中国书法

世界上所有文字都有其书写的法度，但汉字的复杂构成使其更具书写的形式美感。正如弗朗索瓦·于连在《为什么我们西方人研究哲学不能绕过中国》中写道："中国的语言外在于庞大的印欧语言体系，这种语言开拓的是书写的另一种可能性。"尤其还有笔墨纸砚这"文房四宝"的端衬，使汉字书法远远超越书写交流的功能，而成为一门既可修身养性又能娱己悦人流芳千古的高雅艺术。宗白华在《中国书法里的美学思想》中讲道：

中国人写的字，能够成为艺术品，有两个主要因素：一是由于中国字的起始是象形的，二是中国人用的笔。[1]

在《中国书法艺术的性质》中，他进一步阐释说：

中国的书法，是节奏化了的自然，表达着深一层的对生命形象的构思，成为反映生命的艺术。因此，中国的书法，不像其他民族的文字，停留在作为符号的阶段，而是走上艺术美的方向，而成为表达民族美感的工具。[2]

这是对中国书法艺术的深层揭橥和充分肯定。中国现代新儒家代表人物之一唐君毅则这样评价书法：

中国书法，用笔能回环运转，游意自如，又有立体美深度美，故可开出一纯粹之形式美韵味美之书法世界，为人之精神所藏修

---

[1]《宗白华全集》第3卷，安徽教育出版社，2008年，第402页。
[2] 同上书，第611—612页。

息游之所矣。①

"藏修息游"出自《礼记·学记》："君子之于学也，藏焉，修焉，息焉，游焉。"这种潜心修习的悠游为学之道，用来形容书法境界真是再贴切不过。

于书法之中获得的"藏修息游"之感是一种整体的心灵体验和精神享受，但是这种体验和享受是可以分层来说的。"藏"是沉潜其中的感觉，一种全神贯注浑然忘我的状态。中国传统文化的"藏"意，首先强调的是一种私密的自在的生命感觉，所谓"万人如海一身藏"，是"大隐隐于市"的修为之道。其次，"藏"意还体现在庭院文化中，在有限之处营造无限山水自然之意境而"藏"于其间，听风过疏竹，望月上柳梢。因此，书法之为"藏"所，也比较讲究环境氛围之静雅，比如陈设、光线、音乐、香氛等，以使人在礼敬文明的仪式感中"藏"入内外兼修的境界，即"修"之道。

中国传统文化特别强调个人的修养、修为。《论语·宪问》中子路问孔子何谓君子，孔子答以"修己以敬"。《礼记·大学》中写道："古之欲明明德于天下者，先治其国；欲治其国者，先齐其家；欲齐其家者，先修其身。"可见，"修己""修身"之重要。而书法之所以能提供"修"之道，首先在于书法的书写过程需要坐姿端正、执中守一，握笔规范自如、悠游有道，运笔凝神聚气、心无旁骛；其次就是汉字的独特字形为书写者提供了一种创造的愉悦。唐代张彦远的《历代名画记》说"书画同体而未分"，这不仅是说书法绘画都强调线条之美与笔墨关系，也有二者都以"布局""营造"为法而以"气势"取胜之意。唐君毅

---

① 唐君毅：《中国文化之精神价值·中国文化与世界》，《唐君毅全集》第9卷，九州出版社，2016年，第206页。

也说:"中国之画与书法同源,故亦重用线条。用线条则有书法美。有虚白处,而能有疏朗空灵之美。"①另外,在临帖或书写诗词佳句之时,包括鉴赏历代经典名作之际,自然会潜移默化地获得文明的滋养和心灵的陶冶。

第三层的"息"意,当然不能只理解为"休息",而更可看作一种纷纷世事与营营心事全然平息下的"闲情逸致",一种澄明宁静的心境,也就是白居易所言"内外及中间,了然无一碍"的境界。人生在世,其实总会有躲不掉的纷纷世事与忘不掉的营营心事,但沉潜书法之中进入修身养性之境,便可获得鲁迅"躲进小楼成一统,管他春夏与秋冬"的一时之"息"。虽为一时,但有此一时之"息"的超然自在,当能更从容地面对世事纷纷,更豁达地想开营营心事。然后,便可以进入"游"之境界了。

"游"之境界在书写方面可以与"游龙走凤"的悠悠条畅而论,在鉴赏方面则可与"卧游"之意相通。"卧游"是中国传统绘画的重要理论,即山水画所达到的意境和欣赏山水画所获得的体验。南朝宗炳的《画山水序》中即有"披图幽对,坐究四荒"的卧游之意。《宋书·宗炳传》中记载宗炳"好山水,爱远游",后来因病还江陵,感叹道:"老疾俱至,名山恐难遍睹,唯当澄怀观道,卧以游之。"元代诗人倪瓒有"满壁江山入卧游"之句,明代中期文人画"吴派"的开创者沈周有《卧游图册》传世。书画同源,从书法修习与鉴赏中获得"游"意者,便进入最高境界。要进一步理解"游"意,也可继续从宗炳《画山水序》中提出的"畅神"之说体会。中国书法既有遒劲丰润的隶书,也有端庄稳健的楷书;既有游龙走凤的行书,也有行云流水的草书;既有庄

---

① 唐君毅:《中国文化之精神价值·中国文化与世界》,《唐君毅全集》第9卷,九州出版社,2016年,第206页。

重大气的"欧(阳询)体",也有柔美秀气的"柳(公权)体"。无论是从书写的心手合一、意在笔先之感,还是从鉴赏的心与神会、悠然自得之意,都属令人"畅神"之"游",一种澄怀味象、欣悦自在之境界。

如此,我们可以把"藏修息游"理解为一种拾级而上的递进过程,藏而能修,修而得息,息而可游。对于书法修习与鉴赏的入门者来说,首先要能够沉潜于横竖撇捺提点转承的雅静美好之中,才能在庄敬从容中修身养性悠游自在。比如被誉为"天下第一行书"的"书圣"王羲之这幅《兰亭集序》,著有《诗品》《书品》《画品》的唐代书画家李嗣真称赞其如"清风出袖,明月入怀"。全文324字,字字"飘若浮云,矫若游龙,波谲云诡,变化无穷",笔法与章法臻于完美,气度与襟怀尽显其中,对书法艺术稍有感觉的人应该都可以体会到其"为人之精神所藏修息游之所"的妙意。

书法是中国艺术精神的重要体现,用笔之美、结构之美、章法之美都具有中国美学的独特韵味,从《兰亭集序》中我们可以有所品味。当代艺术家邱志杰提出,所有美术专业都应该加考书法,因为书法是让人文史哲通修的"法"与"道",是一种修行,对写作、对绘画的美感,对造型、对设计的微妙感觉,都充满了最基础的意义。

总括书法之所以"为人之精神所藏修息游之所",究其根本意义,仍在于汉字本身所具有的形、音、义的综合特点,尤其是其繁复而和谐的笔画,笔墨枯润与笔锋运转的完美统一,得以"开出一纯粹之形式美韵味美之书法世界"。从如此"形式美韵味美"的书法世界里,我们不由得再次为汉语之美而赞叹。

方言的妙趣与魅力

作为中国人,有故乡是一种幸福,说方言则是附加的快乐,尤其是既能讲好普通话又不忘地道的方言,那就相当于多了一种母语,体味起来充满妙趣与魅力。

我的故乡在山东乳山,早年为烟台行署下辖县,现在隶属威海市。那里南临黄海,北上是烟台,东去是威海,往西则是青岛。我在那里出生长大,上大学之前一直都说胶东方言。

胶东方言,是一个比较笼统的说法。实际上,威海、烟台和青岛三地市的方言有很大差异,而且一个地市内的方言也不完全一样。记得上初中时,一位荣成转学来的女生用"墨子盖"表示"一会儿",而我们乳山,是说"墨几写"的。我揣摩这应是"没及歇"的意思,因为"没"的胶东发音是"墨"。

20世纪80年代到东北求学开始讲普通话以后,有将近一年的时间,我最苦恼的是很多四声的音发成三声的,这是我们胶东话一大特点。印象最深的是,一个春天的黄昏里我在校园广播站对着话筒激情澎湃地朗读"千年孤独的黄河终于见到了蔚蓝色的大海"时,我从敞开的窗户听到了楼下的笑声。后来同学告诉我,我读成了"伟蓝色的大海"——把"蔚"的四声又发成了三声。而且,胶东方言中的三声与普通话的三声还略有不同,是拐了一个弯儿的,听起来自然有点可笑。还好我没有把"色"读成乳山方言的 shai。后来知道"套色"木刻读为 tao shai 时,内心也很有点得意之感。

从那时到现在三十多年过去了，所幸我依然可以说地道的胶东方言。每当回到故乡重说方言时，觉得有一种久违的亲切，一种岁月穿越之感。后来每到一地，便爱听当地人讲话，体会其中的语气与感觉。这些年揣摩下来，慢慢体会到方言虽然"土"，但土得有味道，并且与当地的地理环境、气候物产、生产生活方式、文化艺术等，都有着内在的关联。像江南水乡吴侬软语与苏州评弹，西北高原关中方言与华阴老腔，可以说是相得益彰的。所以，方言作为乡土语言，不仅可以传情，还十分传神，并且具有传史的价值。

方言传情是最容易理解的，因为作为农耕文明的传统，中国人至今也是十分"认老乡"的，所谓"老乡见老乡，两眼泪汪汪"。而乡情最重要的载体之一就是乡音，也就是方言。唐代诗人贺知章在《回乡偶书》中写道："少小离家老大回，乡音无改鬓毛衰。"今天也有很多中国人，离家多年但乡音无改。尤其是广东、湖南、四川等南方地区出生长大的人们，即使后来多年讲普通话也难免带有乡音味道。

这种味道，也是一种地域文化的密码。即是说，方言往往带有特定地域性的神情和意味，不仅是发音的独特，语速、语调、语气的不同也有其特别的内涵。同样的一句话，在不同场合不同语境之中，用不同的语速、语调、语气说出来，其意味相差甚远。尽管包括普通话在内的所有语言都有此特点，但汉语方言更为明显。比如在东北，人们有句口头禅"你干哈呀"，就是"你要干什么"的意思，但通常情况下会省略主语"你"。在表示疑问时，重音一般在"哈"字，语气比较平缓；而表示"讨厌"时，重音则在"干"字，语速很快，"哈呀"一带而过；表示带有极度不满的"挑衅"之意,则将"干哈"的语气都加重。而这种不同的意味必须要有当地生活经验才能够感受出来。记得近二十年前,一位北京朋友到呼伦贝尔,酒桌上一位当地朋友站起来敬酒时他坚持不喝,这位已经酒过三巡的当地朋友很激动地说"干哈呀",重音就在"干哈"。北京朋友一脸无辜地说,我啥也不干啊,就是喝不了酒。

而在胶东方言中,"你要干什么"的说法则是"你干么儿呢",但不同语速、语调和语气也是不同的意思。问话是带有一点疑问语气的平缓语调,而且通常也会省略掉前后两字直接说"干么儿";但如果"么儿"拖长并再拐一个弯儿,语速快一点就是"讨厌"之意了,而语速平缓就带有嗔怪语气了;如果把重音放在"干么儿"上而且语速很快,那就是有一点怒意了。

有意思的是,有的词汇在不同的方言中是完全不同的意思。比如"埋汰"一词,本是满语音译词,在东北是指不讲卫生;但在胶东方言中,却是"窝囊、没本事"的意思。

在抑扬顿挫"南腔北调"的乡音里,不仅蕴含着乡情乡愁,传递着生活中最细微的情绪,还蕴藏着故国故园。比如在我的故乡乳山,小时候我们去学校上学叫作"上书房",学习称为"念书"。在遥远的从前,求知可不就是"上书房念书"嘛!而如果有人说你"曰曰么呢",可不是没有听清你的话要请教你的意思,而是表示对你喋喋不休的反感,相当于"你还叨叨什么呢""嘟囔个什么劲啊"之类;如果有人说你"真能曰曰",同样是带有贬义色彩的。可见"曰曰"和东北话中的"白话"的意思及感情色彩基本上是一致的。胶东话中还有音同"蹀躞"一词,意思是过于勤快有点轻浮了,与其"小步走路的样子"之意很接近的,但与其本义作为隋唐时期的功能型腰带就无关了。

鲁迅的小说《社戏》中,"我"和小伙伴们夜里三更后从赵庄看戏回来,母亲邀大家吃炒米时,"大家都说已经吃了点心,又渴睡,不如及早睡的好,各自回去了"。当年读到这句话时,很惊讶在江浙话中还有"渴睡"这种和我们胶东方言完全一样的说法,只不过"渴"字的胶东发音是"ka"。现在小学生如果用这个词,老师大概会认为这是"瞌睡"的"瞌",是写了错别字。

对于北方人来说,所有的"南方"方言几乎都是听不懂的。而这个"南方",包括的范围就太大了,江浙、两湖、两广和云贵川等,几乎都在其中。当然,不用说省份,就是南方的同一个地区,他们的方言也是千差万别的。比如北方人几乎听不懂也搞不清广东话和潮汕话的区别,而一位来自潮州的学生告诉我,别说潮汕话和广东话之间了,就是潮州、汕头和揭阳的人在一起,用 0.5 倍速的节奏聊天,彼此之间大概也就能听懂一半左右的内容吧!虽然是同一方言体系,但不仅口音大相径庭,连很多事物的称呼都不一样。

语言学家告诉我们,很多方言都是古汉语语音的遗存。比如陕西关中方言,是唐代的"官话",也就是说,朗读唐诗,应该是关中方言的感觉。这是我们今天所难以想象的。所以,从传情、传神到传承历史,方言的妙趣与魅力体现着汉语在辽阔的国土和悠久的岁月里使用与演化的历程,自然也体现着汉语之大美。

诗人北岛在二十多年海外生活之后定居香港时,谈及"到处游历、搬家"的过程中,"唯一不能丢的行李"是"中文"。对于所有离开故乡的人,古老的"乡音"何尝不是如此!所以,在我们大力提倡普通话的同时,不妨也为方言的存续留一些空间,让我们的后代还能用祖辈的"口音"讲述那辽阔的田野上源远流长的古老故事。

熟语的文化承载与生活趣味

傅斯年在《历史语言研究所工作之旨趣》中写道:"本来语言即是思想,一个民族的语言即是这一个民族精神上的富有。"[①]这是非常有道理的,语言是一个民族的文化载体和精神体现。尤其对于中国人来说,人们之所以把"识文断字"看作是"有文化",其中一个重要原因就是文字中有大量体现着我们民族生活智慧和价值取向的"熟语",包括成语、谚语、惯用语和歇后语等。当然,英语和其他语言中也会有类似的固定习惯用语,但无论从熟语的数量还是就其丰富性而言,其他语言恐怕很难与汉语比肩。因为汉语在数千年的使用过程中,首先是吸收了无数的历史典故与民间传说,比如"三顾茅庐""精卫填海"等,在成语中居多,歇后语中也有,比如"司马昭之心——路人皆知";其次还有人们在日常生活中感悟和创造的生动形象的所谓"俗语",就是我们常听的"俗话说得好"之类,以谚语和惯用语为主,歇后语中也很多,比如对长者或"老手"最常用的评价:"姜是老的辣。"

  成语,顾名思义,即千百年流传下来的、比较普遍使用的、固定的词语。当然,其中一些词语的使用也未必是普遍使用的,比如"唾面自干"。最初看到这个成语的时候,甚至有一点难过,这么恶心的行为怎么能作为成语流传千年呢?!故事出自《新唐书·娄师德传》,讲的是初唐官至宰相的娄师德在弟弟赴京外为官前"教之耐事",说有人在你脸上吐了一口,你如果擦去,"是

[①] 傅斯年:《历史语言研究所工作之旨趣》,《中央研究院历史语言研究所集刊》,1928 年第 1 期。

违其怒，正使自干耳"。娄师德以一介进士官至监察御史，后来被调为兵部侍郎，拜为宰相，再后来又有被贬被召之遇，但他始终宽厚朴实，恭敬勤勉。如此我们再来看"唾面自干"，似乎不觉得那么"恶心"，反倒有一点"走心"的感慨。中国文化所给予我们的人格理想就是这样既有文韬武略又忠厚善良的"仁人君子"啊！如此贤良忠臣教诲为官之弟"唾面自干"，虽不排除有息事宁人、明哲保身之念，但也应有一种忍辱负重、为国效力的期许。细想起来，汉语对"本领"与"能力"的口语表达往往是"能耐"，还真是有几分道理的。

汉语成语有多少？上海辞书出版社 2008 年出版的《中国成语大辞典》收释的古今成语一万八千余条。这个数量恐怕是其他任何语言难以企及的。而关于成语语源的研究最早见于宋代的《释常谈》，该书收词语两百多条，包括今天仍经常使用的"鹬蚌相争"等。所以，对于掌握成语比较多并且运用得比较熟练的人，张口"马首是瞻"，闭口"完璧归赵"，往往给人以充满智慧和趣味的满腹经纶之感。

人们在"识文断字"的同时，理解掌握了大量熟语从而能够"引经据典"、逐渐"知书达理"。汉语中大量的谚语、惯用语和歇后语，更是千百年来人们在生活中的观察、感悟和概括总结的智慧结晶。这一点在谚语中体现得尤为明显，因为谚语就是指在民间口头相传的言简意赅、通俗易懂的短句或韵语，体现了劳动人民的生产生活实践经验。比如"饭后百步走，活到九十九""冬吃萝卜夏吃姜，不用医生开药方"这类养生保健的"土方子"；也有"笑一笑，十年少；愁一愁，白了头"和"车到山前必有路，船到桥头自然直"这类乐观人生的劝勉；当然也不乏"害人之心不可有,防人之心不可无"和"瓜田不纳履,李下不整冠"的人生警句。有趣的是,有的谚语在不同的方言中有不同的表达,比如人们常用"瘦死的骆驼比马大"表示非常有实力,《红楼梦》中刘姥姥得了凤姐20两赏银后就来了这么一句。但在潮汕话中,这句谚语就变成了"苍蝇剁半比蚊大"。

惯用语也是一种大众化的口语,更为精炼,也更为形象有趣,比如"钻空子""吃小灶""背黑锅",如果换成雅一点的词语,就可以是"投机取巧""照顾有加""李代桃僵",但这就远没有惯用语的生活气息了。惯用语中还有很多充满朴素的生活道理,比如"东方不亮西方亮""天底下没有不散的宴席""萝卜青菜,各有所爱"等。

至于歇后语,则在趣味上更胜一筹。比如"小葱拌豆腐——一清(青)二白""肉包子打狗——有去无回""秃头打伞——无法(发)无天"等,简洁精炼的一句话中既充满生活气息又充满朴素道理,生动形象,风趣幽默,可看作中国文学中的"比兴"手法在民间日常生活中的鲜活运用。当然,一些成语故事也带有"歇后"的意思,比如"亡羊补牢,犹未晚矣""塞翁失马,焉知非福""八仙过海,各显神通""周瑜打黄盖——一个愿打,一个愿挨"等,前一句是典故,后一句则蕴含丰富的道理。

由此可见,成语、谚语、惯用语和歇后语这类熟语,承载着中国传统文化,充满了生活经验与情趣,是博大精深的中华文明最深厚的土壤,在某种意义上也可以说是中华文明最坚固的城墙。何天爵在《本色中国人》一书中感慨说:"谁要是想真正吃透中国人,不掌握汉语恐怕是不行的。"但是,"在外国学者当中,几乎没有一个人能够成为研究汉语的专家",他进而分析道:

学习汉语,有一个困难是始终存在的,那就是日常的运用,尤其是生活中的对话。正是由于这一点,汉语成为了解中国人几乎无法克服的障碍。要想会说汉语,必须从别人的谈话这种最为鲜活的教材中学习。如果只限于书本上的那些知识,你研究得再透,也是不会说汉语的。①

也因此,与何天爵基本同期在华但时间更长的明恩溥,相当智慧并且比较专业地编纂出《汉语谚语熟语集》,早在1888年就由American Presbyterian Mission Press(上海)出版,1902年又有修订版问世。其中收录了1969条所谓"谚语"和"熟语",但实际上除了成语、谚语、惯用语、歇后语外,还包括了字谜、对联、名言警句等,可见明恩溥对中国文化的理解程度和研究水准。其中的名言警句很多来自传统经典,而并非生活中的"俗语"。比如"非礼勿视,非礼勿听,非礼勿言,非礼勿动"(《论语·颜渊》),"风声雨声读书声,声声入耳;家事国事天下事,事事关心"(顾宪成《名联谈趣》)。而其中的对联也很有趣,像"此木为柴山山出,因火成烟夕夕多"这样的拆字联也收录其中。有意思的是,其中还有绕口令,包括最为经典的"不吃葡萄不吐葡萄皮,吃葡萄才吐葡萄皮"。虽然只有三条,但反映了明恩溥对中国谚语熟语"雅俗共赏"的特点及其广泛性的认识。

在书中,明恩溥还论述了汉语口语的诸多鲜明特点。比如中国人喜爱用"俗话"来表达观点和情感,同时他也指出因其包含内容"过于广泛"而"很难成功定义"这些"俗话";而且汉语内在的"风格"差异极大,"囊括从最艰深的文言文到最粗野的乡村土话的各种风格"。所以,"中国谚语使用极广,上至皇帝

---

① 〔美〕何天爵:《本色中国人》,冯岩译,译林出版社,2016年,第44页。

下至平民无人不用"。书中第一章，明恩溥这样写道：

> The Chinese language is a wide field—far too wide for any one man—and there is much of which any one person must be forever ignorant. The same considerations, however, which lead to the study of the Classics, with a view to a comprehension of their effect on the Chinese mind, must inevitably conduct us by a similar process to an examination of the Chinese proverbial philosophy.[①]

中国语言博大精深，对任何人来说都是如此，即使穷尽一生也无法领悟透彻。比如表达"谨慎"之意，既可以说"大意失荆州"之用典谚语，也可以说"小心驶得万年船"这样的俗语。

还有一个耐人寻味的问题就是，往往有两种意义正好相反的熟语供我们根据所处情境来选择使用，比如说"士可杀不可辱"讲的是气节，但韩信能忍"胯下之辱"，勾践能"卧薪尝胆"，又都是"宰相肚里能撑船"而成就大业的典范。再比如春秋时期法家代表人物管仲说"仓廪实而知礼节，衣食足而知荣辱"，但民谚却认为"饱暖思淫欲"。这听起来似乎是很矛盾的，但实际上可以理解为后者是一种警示而不是作为规律的总结，前者则是"物质决定意识"的一种客观认识。

总之，经史子集和熟语俗话不仅是雅俗共赏、相得益彰的，而且需要我们不断来感悟品味与研习，才能够运用自如，从而加深我们对中国文化的理解。

[①] 〔美〕Arthur H. Smith（明恩溥）: *Proverbs and Common Sayings from the Chinese*, together with much related and unrelated matter, interspersed with observations on Chinese things-in-general, Shanghai: The American Presbyterian Mission Press, 1902, p1。

第四辑

中国哲学与艺术精神

中国人的天空之上

　　中国传统文化中儒、道、释三教并存,虽然儒家文化并不能以严格的宗教而论,但其思想精髓的确深深参与到中国人的信仰体系的建构之中。在三千多年的历史长河中,虽然时有"焚书坑儒",时有"罢黜百家,独尊儒术",还间或有"三武灭佛",但也有"百家争鸣",有佛教传入后逐渐中国化的过程,也就是儒、道、释的融合消长过程。所以,尽管孔子"不语怪、力、乱、神",但庄子的鲲鹏仍遨游在北冥与苍穹间,七仙女爱董永和白蛇爱许仙的故事还是代代相传,志怪小说自魏晋南北朝至清代蒲松龄的《聊斋志异》,几乎从未间断。这就是中国文化胸怀天下、和而不同的生命力之所在,是儒、道、释三教并存"互不加害"的中华文明特质。

　　由此,我们不难理解为什么在中国人的天空之上,不仅有牛郎织女相会的银河,有嫦娥、吴刚居住的月亮,有玉皇大帝、王母娘娘和太上老君等各路神仙的天宫,而且还有"列祖列宗在上"。所以,我们在表示惊讶或赞叹时脱口而出的常常是"我的天"或"我的老天爷",和英语国家人们的口头禅 Oh My God 表达的是相似的情感。

　　中华文明之所以源远流长传承至今,很重要的一个原因在于中国人这种共同的文化信仰。而这种共同性,正如天空之上的众神和祖先一样,既复杂多元又有共通的终极源头,比如"玉皇大帝",比如"龙的传人"和"炎黄子孙",但最具普遍意义的至高无上的神明就是"天"本身。人们相信,"天"不仅代表着宇宙秩序,也是洞察人世间所有善恶的。比如说"离地三尺有神明""人在做,天在看""天理昭昭""天网恢恢"等,可见对"天"的敬畏是人生在世的最高法则,所以还有"伤天害理""遭天谴""挨雷劈"这样的说法,因而人们也相信"天命有定端"(李白《空城雀》)和"命不可忽,天不可违"(邵雍《四不可吟》)。

汤一介在《中国传统文化的特质》一书中论"天人合一"时讲道,中国历史上的"天"至少有三种含义:有人格神义的主宰之天,有自然界义的自然之天,有超越性义和道德义的义理之天。但这三种"天",并不是明确分开的。比如,中国古人认为人和世间万物都是天地化育所生。这里的"天",肯定是"自然之天",但也有"主宰"之意。

《诗经·烝民》写道:"天生烝民,有物有则。"意思是说天生万民,有其法则。《诗经·荡》中也有"天生烝民,其命匪谌"之句。《论语·阳货》写道:"天何言哉?四时行焉,百物生焉。"宋代哲学家邵雍《偶书》诗中有"天生万物,各遂其一。唯人最灵,万物能并"之句。这既体现了人们对"天"的敬畏与礼赞,也反映了先贤对万物普遍联系的一种朴素认知。清代思想家戴震更为明确地阐释了人和万物与天地之间"生死相依"的联系:

> 与天地通者生,与天地隔者死。以植物言,叶受风日雨露以通天气,根接土壤肥沃以通地气。以动物言,呼吸通天气,饮食通地气。人物于天地,犹然合如一体也。①

无论是从现代生态学角度还是传统哲学观来看,这种人与天

---

① 《戴震全书》(六),张岱年主编,黄山书社,1995年,第358页。

地万物一体的"整体观"都是非常科学的。所以,中国人强调要顺应天时,不忤天意,自然也是非常有道理的。如《礼记·礼器》中写道:"故作大事必顺天时。"正因"天"之至高无上,也才会有"天人合一"的哲学思想与艺术精神的形成,并诞生中国人独特的"天下观"。

当然,从地理环境、气候条件和生产方式的角度来看,作为农耕文明古国,传统中国人也的确是要实实在在靠"天"吃饭的。所以早在公元前两千多年前的夏朝,中国就有正式祭祀天地祈祷风调雨顺的典礼。而且,中国古代帝王也自称"天子",祭天也就又有一种从"皇天"那里获得和巩固"合法性"的意味。明代永乐年间建成的北京天坛,就是明清两代皇帝每年冬至日祭天和祈祷五谷丰登的地方。一百多年后的嘉靖年间,每年夏至日祭祀"皇地祇神"的地坛建成,因为嘉靖皇帝认为天与地应该分开祭祀,并且还在东西城分别修建了日坛和月坛。春分之日在天坛祭大明之神即太阳神,秋分之日在月坛祭夜明神月亮和天上诸星宿神祇。皇家的盛大祭典还不止于此,每年频繁的祭祖仪式同样极为隆重。明清两代祭祖之处是与天坛同时修建的太庙,祭祖有享祭、告祭和祫祭之分。享祭是四季首月的阴历初一的祭祀,告祭是重大事宜的"汇报",祫祭则是古代天子诸侯举行的大合祭。

但在中国大地上,最重要的祭祖仪式恐怕还要属源于春秋时期即有记载的黄帝陵公祭活动。公元前110年,汉武帝曾率军18万人祭黄帝陵,创规模之最。之后的魏晋南北朝及隋、唐、宋历朝都举行过盛大的祭祀活动。1371年,明太祖朱元璋不仅修缮了黄帝陵庙,还亲自撰写祭文。1937年林伯渠代表中国共产党赴黄帝陵祭祀,并宣读了毛泽东亲自撰写的祭文。这种"万物本乎天,人本乎祖"(《礼记·郊特牲》)的思想可以说从上而下深植于中国人心中。在民间,"敬天法祖"的礼仪更是绵延不绝。

传统中国大多村落都有土地庙和宗庙,虽然"文化大革命"中这些建筑绝大多数都荡然无存,但对天地众神的敬畏和列祖列宗的崇拜却难以消除。尤其在清明节、中元节、寒衣节和春节等中国传统节日期间,人们总会以各种形式追思缅怀先人。已经不为年轻人所熟知的"寒衣节",是每年的阴历十月初一,也就是冬季首月第一天,通过到宗庙或先人坟墓前摆供品、磕头、上香、烧纸钱等祭祀仪式为先人"送寒衣"。人去世后还会感到寒冷吗?当年辜鸿铭游学德国时,就有人问他为什么中国人在先人去世后要带上馒头之类摆到坟墓前痛哭?人去世后还能吃馒头吗?辜鸿铭说,你们带着鲜花到墓地,是因为去世的人能闻到花香么?是啊,不同民族有其表达哀思的不同方式,中国人更愿意把人间的烟火气息和温暖心意带给祖先罢了。

早在1500年前的南北朝时期,为官四朝的颜之推就在中国第一本家训书中写道:"言及先人,理当感慕。"一百多年前,麦高温就观察到中国人对祖先的这种敬仰:

如果要寻求一个对中国各社会阶层均具有巨大影响和统治作用的宗教力量,我们会发现:那就是祖先崇拜。在信仰领域中,没有谁可以替代它们的位置,哪怕只是一瞬间的。[①]

麦高温的观察和判断无疑是切合实际的。丁韪良曾写道:"对于祖先的尊敬,是中国人内心最深层的宗教情感。"[②] 丁韪良和麦高温的结论虽然都很有道理,但他们恐怕还很难认识到中国人

[①]〔英〕麦高温:《中国人生活的明与暗》,朱涛、倪静译,中华书局,2006年,第74页。
[②]〔美〕丁韪良:《汉学菁华:中国人的精神世界及其影响力》,沈弘等译,世界图书出版公司北京公司,2010年,第182页。

心目中"天地人鬼神"这一整体观念。只有把"祖先崇拜"置于这一整体体系中才能真正理解"列祖列宗在上"的意义。这一点,曾担任第 62 届美国人类学会主席的人类学家许烺光(Francis L. K. Hsu)认为中国人在个人成长和人格形成的过程中,祖先崇拜和家族组织扮演着至关重要的角色:

> 据我所知,在中国除了少数基督徒或穆斯林之外,人人崇拜祖先。它既是中国人最普遍的信仰,也是人的世界与神的世界的核心联系。祖先崇拜不仅具备宗教的一切基本特征,对中国人而言,它还可以验证和加持其他宗教信仰。从家庭到政府,从地方贸易到国民经济,祖先崇拜在中国社会的各个领域都发挥了积极的作用。①

这一观点是基于 1941—1943 年他在云南省大理市喜洲镇的田野调查得出的。他在书中所列当时喜洲镇一年的祭祀活动多达三十余次,从财神爷、观音娘娘、玉皇大帝、释迦牟尼、阎王爷、山神、火神、水神到黄帝、孔子和祖先等,都在祭祀之列。一年之中祭祀如此众多之神灵和列祖列宗,恐怕在其他人类文明中很难有出其右者。书中还引用了一位当地人的话:"我们有数不清的佛主。每个月,我们至少要祭典十至十五次。就是当地人也数不清有多少种。"由此可见在中国人的天空之上,有着何等令人敬畏的宏大存在。

而美国加州大学洛杉矶分校文化人类学教授阎云翔则通过对自己生活了 7 年并"养成了自己的世界观和人生观"的黑龙江省双城市下岬村持续 15 年的调查研究,进一步阐释了中国人在"祖荫下"出生成长"并通过延续祖荫的努力而赋予短暂的肉体生命

---

① 〔美〕许烺光:《美国人与中国人》,沈彩艺译,浙江人民出版社,2017 年,第 219 页。

以永恒的意义"这一独特的生命价值取向,使我们更为深刻地理解中国人对天地人生的敬畏和为"衣锦还乡""光宗耀祖"的打拼。而且,他还阐释了自己的新发现:后来走出"祖荫下"的个人似乎并没有获得真正独立、自立、自主的个性。①

许烺光和阎云翔分别是 20 世纪初和 20 世纪 50 年代在中国出生长大而后在欧美治学的学者,他们"跨文化"的学术背景给了我们较为客观的学术判断。显然,走出"祖荫下"的中国人依然生活在"家国天下"的更宏大的"庇护"之下。人们对"苍天在上"的比较普遍的敬畏、对"天命"的最终信服,已经成为一种类似集体无意识的民族文化心理,比如在日常生活中,不能把刀刃冲上放,平时不能把筷子插在饭碗里等老规矩,都是"敬天法祖"的体现。

18 世纪英国思想家柏克(Edmund Burke)曾经说过:"尊敬你们的前人,你们也就学会了尊敬你们自己。"②

2017 年春节,我在海口市美兰区的大陈村过了一个富有传统文化特色的大年,从初一到祖屋祭祖,初二到村头宗庙祭神,到初七大公进村,强烈感受到原来人们生活的根底如此牢固地扎在大地的深处。我所见的仪式不是表演性的,而是人们虔诚地与头顶的神明和心中的祖先的精神链接,这不应简单地看作是所谓"封建迷信"活动,而是中华民族在长期农耕文明的生产生活方式和传统宗法社会中形成的文化心理的表现,是中国人"敬天法祖"的传统延续,是中华文化时而汹涌澎湃、时而滴水穿石的生命力的体现。

---

① 〔美〕阎云翔:《私人生活的变革——一个中国村庄里的爱情、家庭与亲密关系(1949—1999)》,龚小夏译,上海人民出版社,2017 年,第 3 页。
② 〔英〕柏克:《法国革命论》,何兆武等译,商务印书馆,2017 年,第 47 页。

故乡故土与故园故人

　　世界上没有哪一个民族像中国人这样对土地和从前怀有如此深厚的依恋之情，也许是因为它们不像中国这样拥有持续数千年之久的农耕文明历史。尽管早在三千多年前，中国大地上就有了城市，比如洛阳偃师境内被考古学家确认为夏代中晚期都城遗址的"二里头文化"。但时至今日，放眼辽阔山河间仍然有更多星罗棋布的乡镇村落。而最重要的是，我们的社会伦理、文化意蕴、价值观念、审美趣味等，依然深深笼罩在传统农耕文明的袅袅炊烟之中。

　　所以，对于多数中国人来说，心底的家之眷恋往往还是故乡故土那山峦起伏、河流婉转、阡陌纵横的地方，有园子中的青菜果蔬，有院子里的瓜棚豆架。生命的根底如此深植于这样一个"乡土中国"，祖祖辈辈的中国人才能活得那么有定力、不慌张，纵然朝代变换，流离播迁，依然能够在祖先耕过、战火烧过的土地上默默扶起锈迹斑斑的耙犁，重建家园。如《十五从军征》中那"十五从军征，八十始得归"的老者还要在"松柏冢累累"的故园采井上旅葵作羹，烹中庭旅谷作饭，尽管新熟的羹饭已无人可贻。

　　探究这种对土地和从前的信仰一般的情感，首先是农耕文明古国的生产生活方式决定的。土地不仅生长着五谷桑麻，也安睡着祖祖辈辈的先人，承载着所有的生活。所以，《汉书·元帝纪》中就写道："安土重迁，黎民之性；骨肉相附，人情所愿也。"

所谓"故土难离",并不只是对桑梓之地的依恋,与亲人的"骨肉相附",还有与祖宗神灵同在的心灵安顿。因此,离开生养自己的家乡对中国人来说,总会有"背井离乡"的悲伤与怀念。这种悲伤与怀念经由"暖暖远人村,依依墟里烟"的田园诗意描绘,愈发成为一个无以化解的情结。

作为田园诗最早的抒写者,陶渊明的《桃花源记》为中国人营造了退隐山水间的"桃花源"。这位"归去来兮"的彭泽县令笔下那"有良田、美池、桑竹之属。阡陌交通,鸡犬相闻"的桃花源,已经成为一种文化基因流淌在我们的生命中。几乎可以说,陶渊明、苏东坡和历代文人笔下晴耕雨读、渔樵问答的田园生活,不仅为中国人营造了一个诗意的家园,也给了我们一种简朴的生活观、一种安顿生命的精神原乡。

所以,"簌簌衣巾落枣花,村南村北响缫车。牛衣古柳卖黄瓜"(苏轼《浣溪沙·簌簌衣巾落枣花》)和"七八个星天外,两三点雨山前"(辛弃疾《西江月·夜行黄沙道中》)这样的场景如此容易打动我们。今天遍布在中国城镇郊外的"农家乐",或许可以理解为现代人对"绿树村边合,青山郭外斜。开轩面场圃,把酒话桑麻"(孟浩然《过故人庄》)这样一种生活场景的念想与追求。

这种念想与追求不单是要在"美丽乡村"获得一种身心放松,还有一份潜意识中"梦回故园"的乡愁慰藉,因为故乡有亲人故交,有前尘旧梦。所以,在中国古典诗词中,思念故乡、故园、故国、故人可以说已经成为一个"母题",几乎所有大诗人都有此类名作佳句。比如李白的"仍怜故乡水,万里送行舟"(《渡荆门送别》)、"此夜曲中闻折柳,何人不起故园情"(《春夜洛城闻笛》）等；杜甫有"露从今夜白，月是故乡明"（《月夜忆舍弟》）、"丛菊两开他日泪，孤舟一系故园心"（《秋兴八首·其一》）；崔颢有"日暮乡关何处是？烟波江上使人愁"（《黄鹤楼》）；苏东坡有"天涯倦客，山中归路，望断故园心眼"（《永遇乐·彭城夜宿燕子楼》）；陆游说"衣杵相望深巷月，井桐摇落故园秋"（《秋思》）；纳兰性德写出"风一更，雪一更，聒碎乡心梦不成，故园无此声"（《长相思》），等等。

其中，"土地"和"从前"是一体的。也就是说，人们所思所怀的不仅仅是物理空间上那一处或有过自己的房舍和家人的土地，还有时间意义上的以往的生活，也就是"从前"。而中国文化的"从前"实在是太古老了，古老到我们所有的生命情感都可以溯源而上找到安顿与慰藉。

这种"溯源而上"的精神链条，主要却不是古典诗词和经史子集的诵记，而是源于一代又一代人对"从前的时候"的日常碎碎之念。这既是现在与从前的一种外在比较和内在续接，也是从前对现在的一种参照和规定。正如费孝通所言："从土里长出过光荣的历史，自然也会受到土的束缚。"[①]

也即是说，作为民族文化的深层情感，这种整体上对土地和故旧的依依眷念之情，似乎难以避免地带有一种"顽固守旧"的意味。因为农耕文明更多需要经验的传承，所以说"不听老人言，吃亏在眼前"。当确信老一代人过的桥果真比我们走的路多的时候，我们当然需要向前辈虚心"问路"。事实上，在从前的岁月里当我们在现实中遇到苦难与烦忧之时，的确总能从长者的"故事"和"老话"中寻找到解决问题的智慧和破除忧烦的良方。

[①] 费孝通：《乡土中国》，长江文艺出版社，2019年，第5页。

但是，1840年至今这一百八十多年来，近现代中国的政治秩序、社会结构、生活方式和思想观念发生的巨变，不仅是中国数千年历史上所未曾有过的，也是整个人类文明史上空前的。早在100年前的20世纪初，中国知识分子已经清楚地意识到中国文化在"古今中外"这一坐标点上所遭遇的空前激荡。尽管有"古为今用"和"中体西用""洋为中用"等可贵探索，但"今胜于古，西胜于中"的思想观念深刻影响着一代一代人。尤其是20世纪60年代的"文化大革命"中，在"破四旧，立四新"的响亮口号中。很多"旧思想、旧文化、旧风俗、旧习惯"的确被革了命，至少在物质层面上，今天我们认为价值连城的无数珍贵文物连同诸多庙宇古建在当时都被毁于一旦。但是，"新思想、新文化、新风俗、新习惯"并没有真正"立"起来。而就在这几近是中国传统思想文化的"废墟"之上，改革开放的号角吹响了，西方思想文化再一次潮涌而来，大量欧美哲学、美学、社会学、文艺学、心理学等著述译介过来，80年代的"新一辈"如五四"新青年"那样，如饥似渴地沉浸在所谓人道主义、自由主义等思潮之中，但却由于"四旧"之破，我们很难带着一种应有的本土文化立场的主体性与批判性，真正消化吸收这些文明成果。

所幸在经历四十多年的改革开放之后，我们再次意识到了传统文化的"根脉"价值，再次开始"回望"我们的精神原乡，故乡故土与故园故人带着一种故旧的温暖，熨帖着我们在"现代化"的惊涛拍岸中一度浮躁慌乱的心灵。

我们不能忘记，当年中国共产党在土地革命时期，发动农民的口号"打土豪，分田地"为当时苏区的生产力发展和革命的最后胜利发挥了重要作用；我们也不能忘记，1978年安徽省小岗村

18位农民以"托孤"的方式立下生死状，在土地承包责任书上按下了红手印，拉开了改革开放的序幕。今天，美丽乡村的建设再次唤起我们的文化记忆，这实在是得益于新时代中国人的文化自觉与文化自信。

但今天的问题在于，老一代的生活经验已经不足以给"面向未来"的年轻一代更多的智慧借鉴，而"从前的时候"也很难唤起"忙碌无暇"的年轻人对家国旧梦的情感寄托。日本女演员树木希林在回答"对年轻人有什么忠告"的问题时说："如果我是年轻人，老年人说什么我都不会听的。"这位著名的"老戏骨"道出快速变化的社会中具有普遍性的代际问题：不仅不会听老年人的话，也几乎是没时间听老年人的话。

但是，细想起来，这又有什么关系呢？每一代人都有其"出发"与"归来"的不同生命状态，但总会有千丝万缕的牵挂把中国人和故土故园联系在一起。费孝通在《乡土中国》中写道：

> 我初次出国时，我的奶妈偷偷地把一包用红纸裹着的东西，塞在我箱子底下。后来，她又避了人和我说，假如水土不服，老是想家时，可以把红纸包裹的东西煮一点汤吃。这是一包灶上的泥土。[①]

这带有一点迷信色彩的民间传统，反映的是中国人对故乡故土那种接近宗教情感的虔诚之情。土灶上的泥土，带着家的烟火气息，带着家的灯光笑语，至少对乡愁有疗愈之效。

当然，对旧日故乡的怀恋应该是人类共通的情感。像英国作家托马斯·哈代《还乡》中主人公克林·姚伯从巴黎"还乡"回到爱敦荒原；像俄罗斯作家蒲宁的《苏霍多尔》中主人公娜达莉

[①] 费孝通：《乡土中国》，长江文艺出版社，2019年，第5页。

娅对"静谧、贫困、偏僻的"庄园无限眷恋。1938年诺贝尔文学奖授予美国女作家赛珍珠（Pearl S. Buck）描写中国农民与土地生死相依的小说《大地》（*The Good Earth*），尽管对该书的评价褒贬不一，但赛珍珠书中关于中国人对土地的依赖和依恋之情的准确把握与生动描绘，无疑是值得称道的。

诗人艾青在《我爱这土地》一诗中写道：

> 为什么我的眼里常含泪水？
> 因为我对这土地爱得深沉。

是的，中国人对脚下埋藏着秦砖汉瓦、也埋葬着祖辈先人的土地的确有着无限深沉的热爱。故乡故土和故园故人远不止物理意义上的旧乡僻壤，更是精神意义上的心灵家园，是血脉传承、叶落归根的"桑梓之地"。那些"网红"短视频中淳朴而美好的乡村生活场景之所以能打动千百万人，就因为那是无数人"虽不能至，然心向往之"的一种理想田园生活。我们有理由相信，任所谓现代化和城市化的浪潮汹涌，也淹没不了这广大山河间的村村寨寨，荒芜不了故土乡间的稻菽麦浪、桑麻五谷。

中国文化中的人生哲学

中国传统文化虽然充满礼乐教化、家国天下的宏大叙事,但也极为关注人的现实生存,不乏人生天地间的感怀与为人处世之道的感悟。这些感怀与感悟缀连成的人生哲学体系,不仅包含着欧洲文艺复兴时代"人的觉醒"与"人的发现"的思想萌芽,也不乏工业革命之后启蒙思想家们对"感性的人""完整的人"的价值追求。

在文艺复兴时代,如尼采所言"上帝死了",人发现了自己,建立起个人的主体性。而早在三千多年前的中国文化元典《易经》中,便有了"天行健,君子以自强不息;地势坤,君子以厚德载物"这样的论述。如果没有个人生命的觉醒,显然很难形成"刚健"与"厚德"的"君子"的人生理想。如后来的明代大儒王阳明所言:"天没有我的灵明,谁去仰他高?地没有我的灵明,谁去俯他深?"

而同样距今三千多年的《诗经》中,也不乏作为个体生命的"我"对天地人生的审视与思考。"知我者,谓我心忧,不知我者,谓我何求。"这句经常被现代人挂在嘴边的感慨,便是出自《诗经·黍离》。而"执子之手,与子偕老"(《诗经·击鼓》)同样是那久远岁月里体悟到"死生契阔"的先人对生命、友谊与爱情的感念与渴望。

而在一千多年前的《古诗十九首》中,则更多直击人心乃至痛彻肺腑之语,充满人生如寄的忧伤:

人生天地间,忽如远行客。(《青青陵上柏》)

人生寄一世，奄忽若飙尘。（《今日良宴会》）

人生非金石，岂能长寿考。（《回车驾言迈》）

这些看似只是人生短暂的感怀之作，当然也包含着对生命意义与价值的思考。如《驱车上东门》开篇先写所见"驱车上东门，遥望郭北墓。白杨何萧萧，松柏夹广路。下有陈死人，杳杳即长暮。潜寐黄泉下，千载永不寤"，然后由此感叹"人生忽如寄，寿无金石固"。既然是"寄"身于此，那么"我"来自何方去向何处，我为何"寄"此而又当何为？这些随之浮上心头的问题，也就是西方哲学所谓人生终极三问：你是谁？你从哪里来？你往何处去？但与西方哲学这种"追问"感觉不同的是，中国古典诗词如此诗意的感慨，让每一个现实的"我"与这些无名的古人同构为"我们"，而"人生如寄"则是"我们"共同的处境与命运，这就更能引人"共情"、发人深思。

深思作为"远行客"如何在此天地间过此一生，从"归去来兮"的陶渊明到"仰天大笑出门去"的李白，从"念天地之悠悠，独怆然而涕下"的陈子昂到"唤起一天明月，照我满怀冰雪"的辛弃疾，中国历代文人一直是在个人的时代际遇中思考这个问题。到明清之际，更有被誉为中国人修身养性的"三大奇书"出现，分别是明代洪应明的《菜根谭》、陈继儒的《小窗幽记》和清代王永彬的《围炉夜话》。

但三本书之"奇"处未必见得，倒是其天地生命之悟、为人处世之道，可谓人生哲学之集萃。今天，我们从中仍可以体会到中国传统文化的人生理想、处世哲学、生活艺术和审美情趣。比如《菜根谭》中这段话：

> 天地有万古,此身不再得;
> 人生只百年,此日最易过。
> 幸生其间者,不可不知有生之乐,
> 亦不可不怀虚生之忧。

在这里,洪应明既将个人生命置于宏大的天地间比照,又进一步视山河大地如微尘;既将此日与人生百年比照,又将百年人生视若石火电光一瞬间。这种充满辩证思维的人生哲学,教人既欢喜与珍惜此身此时,不可蹉跎岁月虚度此生,又懂得与看开此生此世,不去争名夺利竞短论长。那人生天地间究竟应该怎样来过此一生呢?

> 宠辱不惊,闲看庭前花开花落;
> 去留无意,漫随天外云卷云舒。

从花开花落和云卷云舒的自然之美中,获得一种宠辱不惊的豁达胸怀,的确不失为一种超然物外的潇洒人生。

陈继儒的《小窗幽记》一千多条,虽然看似内容更为庞杂,但总不外乎教人宁静淡泊、悦心怡情之说,自然也不失为获得圆融通达人生的箴言:

> 大事难事看担当,逆境顺境看襟度;
> 临喜临怒看涵养,群行群止看识见。

清代王永彬的《围炉夜话》二百多条,书名即给人以亲切温暖、平实家常的感觉,其中的人生"金句"也比比皆是:

> 人品之不高,总为一利字看不破;
> 学业之不进,总为一懒字丢不开。

由此所谓"三大奇书"的这几段"金玉良言",我们可以一窥中国人的人生哲学。或许我们可以用《菜根谭》中的这一句来归纳概括:"人能看得破,认得真,才可任天下之负担,亦可脱世间之缰锁。"这是儒家的入世担当和道家的出世无为相结合的人生观,使中国人在"刚健"与"厚德"的基础上,既忧惕勤勉,又乐天知命。而且,这些"金句"并非枯燥"说教",而往往是字里行间都透着诗意美感,给人一种美的滋养,比如《菜根谭》中以"风来疏竹,风过而竹不留声"与"雁渡寒潭,雁去而潭不留影"来劝谕人们"事来而心应,事去而心止",既意境优美,又说理贴切。

而且,这些"金句"中也还不乏直接倡导审美人生的箴言,与德国席勒所提出的"美育"概念内涵可以说是相通的。如《菜根谭》中有"登高使人心旷,临流使人意远。读书于雨雪之夜,使人神清;舒啸于丘阜之巅,使人兴迈"之句,《小窗幽记》中"雨过生凉境闲情,适邻家笛韵,与晴云断雨逐听之,声声入肺肠"之句,《围炉夜话》中则这样写道:

> 观朱霞,悟其明丽;观白云,悟其卷舒;
> 观山岳,悟其灵奇;观河海,悟其浩瀚,
> 　　则俯仰间皆文章也。
> 对绿竹,得其虚心;对黄华,得其晚节;
> 对松柏,得其本性;对芝兰,得其幽芳,
> 　　则游览处皆师友也。

席勒在《美育书简》中提出:"我们应该把使人处于审美心

境的能力,看作是一切馈赠中最高贵的礼品,是人性的馈赠。"①而传统中国人生哲学中从来就不乏教人获得"审美心境"并充满诗情画意美感的"金句"。虽然,那时我们也没有经历西方工业革命以后的"人的异化"等问题,但传统人生哲学体系中对人的审美、至善、明理一以贯之的倡导所指向的,同样是"感性的人""审美的人"和"完整的人"。

　　费尔巴哈(Ludwig Andreas Feuerbach)以为:"人,完善的,真正的人,只是具有美学的或艺术的,宗教的或道德的,哲学的或科学的官能的人——一般的人只是那一点也不排除本质上属于人的东西的人。"② 从这个意义来说,中国文化中的人生哲学就是在指导人成为"完善的、真正的人"。

---

① 〔德〕席勒:《美育书简》,徐恒醇译,社会科学文献出版社,2016年,第148页。
② 〔德〕费尔巴哈:《未来哲学原理》,洪谦译,生活·读书·新知三联书店,1955年,第78页。

小我、大我与忘我

"认识自我"是中西文化共有的母题,虽然中西方在自我的认知上有很大的差异。古希腊德尔菲神庙中阿波罗神殿前的柱子上刻的"人啊,认识你自己"这句话,被苏格拉底引用后广为人知。苏格拉底进一步引申说,我唯一知道的就是我的无知。这也许并非谦虚之语,当一个人知识极为渊博时,可能的确会发现未知的领域更广阔。

中国文化同样强调对自我的认识。老子在《道德经》中就讲过"自知者明",也就是我们常说的"人贵有自知之明"。中央美术学院教授王少军为雕塑系硕士研究生开设了一门"人像雕塑"课程,首先就要求学生为自己塑头像。以中央美院的雕塑专业研究生的水准而言,这当是"小菜一碟"。但实际上很多学生在创作过程中却很"挠头",而且最后的雕塑作品"不像自己"。这门雕塑课也因此有了哲学的意义。

如果西方人的"自我"是"主客二分"的话,那中国人的"自我"就是"天人合一"的。"主客二分"的重要意义在于,人从天地万物、从上帝与人群中"觉醒"而独立出来,建立起个人的主体性,个人的人格尊严、生命价值、人生意义等问题随之基本得到解决。所以,西方政治学、社会学、哲学、伦理学和心理学等都多有对个人权利、个人与社会关系、自我实现等有关"人学"的研究,包括马克思主义哲学中也不乏"主体之于客体""客体性之于主体性"的关系研究与论断。

但"天人合一"的深刻意义在于,人虽然从天地万物、从神明与他人中"觉知"到"自我"的存在,但并没有把这个"自我"从整体的存在中分离出来,而是像一个"同心圆"一样不断地拓展着"自我"的体认直至"忘我"甚至"无我"。

一般来说,我们把最初直接觉知到的个体的"自我"认为是"小我",因其不过"沧海一粟"而小,不过"白驹过隙"而"小",所以,我们要不断展开这个"小我",展开的路径可以是格物致知、正心诚意、修身齐家、治国平天下。这是《大学》为我们提供的智慧:

古之欲明明德于天下者,先治其国;欲治其国者,先齐其家;欲齐其家者,先修其身;欲修其身者,先正其心;欲正其心者,先诚其意;欲诚其意者,先致其知;致知在格物。

物格而后知至,知至而后意诚,意诚而后心正,心正而后身修,身修而后家齐,家齐而后国治,国治而后天下平。[1]

这一成就"大我"的路径也为传统中国人提供了一种家国天下观,一种"成大人"的文化理想与人生意义之参照。在"格物致知、正心诚意、修身齐家"这一阶段,人基本上还处于"小我"的状态,尽管人们在读书与做事时,也充满了读"圣贤书"和建功立业的抱负,但念念在心的往往是一己之得失,因而汲汲营营于眼前名利,如清代陈忠平的《感事》诗中"虚名累小我"的感叹。

这个"小我"应当说并不含有贬义,毕竟绝大多数人穷其一生都生活于此间,并且由于有"大我"的文化理想指引,"小我"的人生也自有其旨趣与意义。清末来华的德国传教士、著名汉学家卫礼贤曾写道:

---

[1]《大学》,刘强编译,中国纺织出版社,2007年,第14、17页。

中国人并不首先看重自己的外在所为而只是视己为潜在的人。……人的视野不是囿于偶然个体的小我，而能渗透进人类广阔的视野中。①

也许正因如此，最普通的中国人的"小我"也往往不只是其个人，而是包含着特定成员在内的"我们"。如卫礼贤所言："中国农民的'自我'并不是他自己这个无关紧要的人，而要把整个家庭都包括在内。"②所以，在汉语写作和会话中，经常出现的"我们"的范围总是根据语境有所特指。

冯友兰提出的自然境界、功利境界、道德境界、天地境界之说，可以理解为从"小我"到"大我"的逐步扩展，也就是从"修身齐家"到"治国平天下"的生命活动渐次展开。当然，真正实现"治国平天下"之抱负者总是极少数，但这种"拾级而上"的文化理想，却给予人们一种深厚的家国情怀和卫礼贤所说的不囿于"个体的小我"的"人类广阔的视野"。

由此，我们就可以更好地理解中国传统文化艺术中那些"位卑未敢忘忧国"（陆游《病起书怀》）的情感。尤其是唐代"边塞诗"中令人感奋的精诚报国之壮志、磅礴雄健之豪气，像王昌龄的《出塞》：

> 秦时明月汉时关，万里长征人未还。
> 但使龙城飞将在，不教胡马度阴山。

如此铿锵激越的雄健力作，可以极大地激发人们从"笑我只知存饱暖，感君元不论阶级"（陈亮《满江红·怀韩子师尚书》）

---

① 〔德〕卫礼贤：《中国心灵》，王宇洁等译，国际文化出版公司，1998年，第290页。
② 同上书，第319页。

的"小我"进入心系社稷苍生的"大我"。这个"大我",即使华发归来,仍然是"僵卧孤村不自哀",因为有"铁马冰河入梦来"(陆游《十一月四日风雨大作二首》)。所以,中华民族从来不乏"苟利国家生死以,岂因祸福避趋之"(林则徐《赴戍登程口占示家人二首》)的仁人志士,他们往往在"山河破碎风飘絮"之际笃定"留取丹心照汗青"(文天祥《过零丁洋》)的舍生取义之志,成为以身许国的"大我"。

但这样的"大我"可能还不算是个体"小我"的最终"封顶",因为在这一境界,人毕竟还是"有我"。中国文化还进一步为人们提供了"成大人"的生命理想,也就是与冯友兰所言"天地境界"相似的"忘我"。

何谓"大人"?《易经·乾·文言》写道:

> 夫大人者,与天地合其德,与日月合其明,与四时合其序,与鬼神合其吉凶,先天而天弗违,后天而奉天时。

《易经》凝聚了中华民族古圣先贤对宇宙人生深刻洞察的深奥智慧。虽然纵览古今,真正达到"四合"之境界的"大人"并不多见,但"大人"却是千秋万代中国人心目中一种伟大的生命典范。《礼记·大学》中写道:"大学之道,在明明德,在亲民,在止于至善。""修齐治平"即是对"明明德"的要求。宋代朱熹解释"大学者"即"大人之学也"。《孟子·离娄下》对"大人"的定义是"大人者,不失其赤子之心者也"。如此看来,辜鸿铭讲到中国人的文化性格中有其"淳朴"一面,还是非常有道理的。现在人们认识到,教育特别是艺术教育要使人恢复生命的天真,即是让人永葆"赤子之心"。明代大儒王阳明认为:"大人者,以天地万物为一体者也。其视天下犹一家，中国犹一人焉。"[①] "以天地万物为一体"便是达到了自我实现的最高境界，那就是"忘我"乃至"无我"的"天人合一"。

如此"忘我"之境，究其实质来说是对"小我"的超越，是对个人功名利禄、荣辱成败的看开与放下，让生命在更为宏阔无垠的天地之间获得"大自在"。所以，如果说，西方人的"自我"是与世界不断分离而探寻出来的"独立"与"自由"的"本我"，那么，中国人的"自我"恰恰是与世界不断融合而"生成"的无限可能的"大我"。这种大相径庭的自我实现路径呈现出各异的生活方式和精神面貌，但其本质却均是对生命无限可能性的探索。

张世英在《中国文化与自我》一书中，讲到西方文字的"我"是大写的，而中国人则爱自称"鄙人"与"在下"。"鄙人"与"在下"自然都是谦词，但确实反映了中国人对处于群体之中乃至天地宇宙之中的个体"小我"的谦卑认知。但是，在人面对自然和社会已经很有些"自我膨胀"的时代里，如果把这份谦卑，理解为心存对天地的敬畏、对往圣先贤之"大我"的敬仰、对自我所处的整体的敬重以及对自我不断拓展生命境界的期许，那也是富有积极意义的。

[①]《王阳明全集》下卷，吴光等编校，上海古籍出版社，1992年，第968页。

乐感文化与乐观精神

很多年前第一次看到东汉击鼓说唱俑（见图4-1）时，内心惊讶极了！怎样高超的技艺才能塑造出如此欢脱喜乐、令人捧腹的民间说唱艺人形象啊！连姓名都没有的东汉匠人要秒杀掉多少现当代东西方雕塑家呢！而且，要怎样一颗天地间活泼泼的心，才能展现出如此盎然的欢喜和灿烂的活力？因此，后来看到"乐感文化"这个词的时候，击鼓说唱俑的形象一下子浮上心头。

这尊1957年出土于四川省成都市天回山东汉崖墓的陶俑，造型极为生动传神，其双肩高耸，表情夸张，左臂环抱一扁鼓，右手举一鼓槌，一眼瞥去便令人忍俊不禁。所以，我很认同"乐感文化"这个概念。"乐感"的特质，更侧重于日常生活中的滑稽与幽默，体现的是一种欢喜与乐观的人生态度。

罗素曾写道：

中国人，所有阶级的中国人，比我所知道的其他任何人种更爱逗乐，他们从世间万事中都找到欢乐，一句笑话就能化干戈为玉帛。[1]

尽管在20世纪初那风云激荡的时代，中华民族正处在水深火热之中，但罗素还是敏锐地捕捉到了中国人的幽默和对于快乐人生的追求。麦高温也观察到了这一点：

中国人是一个爱笑的民族，他们面部较宽，虽有悖美感，但

---

[1]〔英〕罗素：《中国问题》，秦悦译，学林出版社，1996年，第158页。

却能充分展现中国人与生俱来的幽默感。

无论中国人做什么,仿佛都带有喜剧元素,令人开心。①

中国人有着取之不尽、用之不竭的幽默储备。要是没有这种幽默感,他恐怕承受不了辛劳、饥饿、悲痛以及无穷无尽的烦恼。②

麦高温的前一个观点应当说不乏溢美之词,那个时代的中国那么多农夫、轿夫、纤夫等普通人的劳作,很难说其中有多少喜剧元素和令人开心之处,但无论多么艰苦的生活里,罗素所言的"逗乐"总是有的。麦高温的后一个观点似乎更有道理,并且提示我们,最有幽默感的还真是那些生活比较艰苦的地方的人们,比如东北小品明显比"海派清口"更受大众的欢迎。而这种幽默感正源自可以称之为"乐感"的文化,我们从"小品王"赵本山和他的弟子们的表演中可以确切感受到其中那种"自我贬损"式的"逗你玩儿",与击鼓说唱俑所代表的民间说唱杂耍艺人几乎有一脉相承的"乐感"。

不应当过于贬低这种"下里巴人"的文化,尽管今天我们比任何时候都更需要"阳春白雪"的文化艺术来提升全民族的文化品位、艺术格调与审美素养。但同时也应该看到,在中华民族文明演进的漫长岁月里,正是这些欢脱活泼的"下里巴人",在市井巷陌南来北往的熙攘人流中,在岁时节庆婚丧嫁娶的锣鼓声里,给忙于谋生、苦于生计的中国人带来欢声笑语。"雅俗共赏"中的"俗"应该就是这一类民间文化。当然,这里的"俗"并非媚俗、低俗和庸俗,而是一种"接地气儿"的"通俗",一种为最底层、最广泛的劳动大众所喜闻乐见的所谓"草根文化"。

不管冠之以何名称,中国人对世俗欢乐幸福的重视与追求应

---

① 〔英〕麦高恩:《近代中国人的生活掠影》,李征、吕琴译,南京出版社,2009年,第72页。
② 〔英〕麦嘉湖:《中国人的生活方式》,秦传安译,电子工业出版社,2015年,第287页。

该是一个基本事实。不用说我们各种民间礼俗上"吹拉弹唱"的热闹，也不用说日常生活中"煎炒烹炸"的热情，就看看我们闲来无事时比较热衷之事吧！打开各类短视频 APP，均不乏美景、美食、美人、萌宠和养生、保健之类小视频，这些充满乐感乃至喜感的短视频动辄百万点击量。

那么，在智能手机乃至电视还没普及之前呢？对于大多数普通的中国人来说，城里的庙会和乡下的集市自不必说，就是日常生活中还有麻将啊！1930 年，胡适在《麻将》一文中很是愤慨地写道：

> 只有咱们这种不长进的民族以"闲"为幸福，以"消闲"为急务，男人以打麻将为消闲，女人以打麻将为家常，老太婆以打麻将为下半生的大事业！①

然而，九十多年的岁月过去了，并没有因为这样愤慨的批判，甚至也没有因为革命、建设和改革开放的时代大潮而冲淡中国人对麻将的热情。

十几年前做学生时，有一次请到一位著名教授到北大做讲座，之后送他离开的路上我赞叹他的学识与口才时，老先生热情而爽朗地说，你知道我们东北人为什么口才好吗？因为东北冬天冷啊，只能在屋里"猫冬儿"；"猫冬儿"能干啥？就坐在热乎乎的大炕上嗑瓜子、唠闲嗑、天南地北"扯大皮"呗！哪有口才不好的道理！老先生的答案是不是也充满"乐感"？

从比较文化学的视域来看，世界上有哪个民族总是"哭丧着脸"呢？追求欢乐幸福应该是人类的共性吧！是的，但中国人对

---

① 胡适：《人生有什么意义》，江苏凤凰文艺出版社，2018 年，第 55 页。

世俗欢乐幸福的重视与追求，与基督教追求天堂的快乐是有所不同的。在基督教义里，人来到这个世界是带有"原罪"的，所以人们需要到教堂"忏悔"。而中国人到寺庙，是去"祈福"的，祈祷众神保佑平安健康，以及财运亨通、官运腾达之类，包括喜结良缘、早生贵子等，总之什么都是可以"求"的。但概括所"求"，总不外乎能带来"世俗欢乐幸福"的事情。而且，上过香走出庙门后，"庙会"上琳琅满目的好吃、好用、好看、好玩的，更是最直接的世俗欢乐。

当然，诚如张隆溪所言："文化的完全同一和文化的决然对立，都实在是骗人的假象。"[1]无论是基督教的所谓"罪感文化"，还是《菊与刀》中日本人的"耻感文化"，也都蕴含着对欢乐人生的肯定与追求。听听《拉德斯基进行曲》那华美欢悦的旋律，看看华尔兹那轻盈欢快的舞步，逛逛东京歌舞伎町一番街的灯红酒绿，也许会有更直观的体验。

但是，中国文化的"乐感"却几乎是一种信仰。比如在寺庙、店铺和百姓家中，经常会见到一位袒胸露腹、笑容可掬的弥勒佛，据说是以五代时期后梁高僧布袋和尚为原型的，这位大德幽默风趣、聪明智慧、与人为善、乐观包容，深受人们尊敬和爱戴。

眼前都是有缘人，相见相亲，怎不满腔欢喜；
世上尽多难耐事，自作自受，何妨大肚包容。
大肚包容，了却人间多少事；
满腔欢喜，笑开天下古今愁。

这两首诗偈，道出弥勒佛的包容欢喜之道，也可谓是我们乐感文化与乐观精神的注解。由此，你大概可以理解日常生活中很

---

[1] 张隆溪：《同工异曲：跨文化阅读的启示》，江苏教育出版社，2006年，序，第3页。

多人对很多事"一笑了之"这种"和事佬"态度的深层文化根源，理解中国人知足常乐、圆融自洽的人生观背后的生存智慧。这或许也还是明恩溥所说的"我们还必须注意到他们往往能在不幸的环境中保持心灵的安宁和长期的精神愉快"的根本原因。

所以，乐感文化中深蕴着一个饱经沧桑忧患的民族的豁达与乐观精神，如白居易的《对酒》诗中这四句：

> 蜗牛角上争何事，石火光中寄此身。
> 随贫随富且欢乐，不开口笑是痴人。

"蜗牛角上争何事"典出《庄子·则阳》："有国于蜗牛之左角者，曰触氏，有国于蜗牛之右角者，曰蛮氏。时相与争地而战，伏尸数万，逐北，旬有五日而后反。"杜牧的《九日齐山登高》中写到"尘世难逢开口笑，菊花须插满头归"；晏殊的《渔家傲·画鼓声中昏又晓》中有"浮生岂得长年少。莫惜醉来开口笑"之句，都是感悟到"天地不仁""人生不易"和"日月如梭"后，一种"看得开""放得下"的豁达乐观。

所以，我们需要击鼓说唱陶俑这样欢脱喜乐的民间文化艺术，为人们的生活带来欢声笑语。若在欢声笑语之后，还能给人以心灵的情感激荡和精神的力量鼓舞，那便也是可登"大雅之堂"的有持久生命力的时代经典。

儒道互补的文化特质与生命智慧

老子在《道德经》中提出"复归于朴"的观点,深刻影响了两千多年来中国人的思想观念和生活方式,极大增强了中国文化绵延瓜瓞的阴柔韧性。由老子和庄子所开辟的道家思想让中国人懂得"归来",与以孔子和孟子为代表的儒家"出发"学说相互补充,使人生进退有据,圆融自得。这种儒道互补的文化特质和生命智慧,为传统中国社会提供了纾解压力的有效策略与路径。

"沧浪之水清兮,可以濯我缨;沧浪之水浊兮,可以濯我足。"屈原《楚辞·渔父》中的这首民谣字面意思为沧浪水清时可以洗洗帽子上的缨穗,浑浊时可以洗洗脚。引申意思为天下清平之时可以入世为官做事,天下无道之时则当归隐田园。

最早也最有名的归隐之人当属严子陵,这位东汉开国皇帝刘秀的少年同学拒封"谏议大夫"之官位而隐居富春江畔。今天的浙江省桐庐县城南15公里处有严子陵钓台,据统计,两千多年间李白、范仲淹、孟浩然、苏轼、陆游、李清照、朱熹等一千多名文人墨客来过此地,并留下两千多首诗文。其中尤以范仲淹撰写的《严先生祠堂记》中"云山苍苍,江水泱泱,先生之风,山高水长"流传最广。

400年后的东晋末年,又一位影响后世的归隐之士"归去来兮",他就是陶渊明。陶渊明的曾祖父虽然曾任东晋大司马,但他自幼家境贫寒,直至29岁才出任江州祭酒这样一个小官职,但不久即因受不了官场琐碎而辞官,中间虽然又出任镇军、参军等职但都没干多久。41岁时出任彭泽县令,"仲秋至冬,在官八十余日",便因不愿"为五斗米折腰"而最终辞官,写下著名的《归去来兮辞》,后来还写下《桃花源记》以及《归园田居》、《饮酒》等充满诗情画意的系列田园诗。他被林语堂誉为"整个中国文学传统上最和谐最完美的人物"。林语堂认为"道家及儒家是中国人灵魂的两面",陶渊明任彭泽县令时勤奋吏治,但他对田园生活的热爱和对道家无为的崇尚亦如此分明。他那"采菊东篱下,悠然见南山"的心境,正是老子《道德经》中所说的"复归于朴"的状态。

进一步说,没有先前为彭泽县令等"入世"经历,也就难有后来归园田居的"出世"境界。比如说一位从来没有离开过他的村庄、土地和家人的农夫,通常不但不会种菊花,一般也不会没事望南山。所以,我们首先要感谢儒家为人们提供了一种开阔而崇高的文化理想,使一代又一代中国人在"修身齐家治国平天下"的感召下囊萤映雪读书或闻鸡起舞习剑,然后满腹"文韬武略"一步一步走向"庙堂之高"。他们一部分人成为吕蒙正那样的一代名相或祖逖那样的威武将军;但大多数人往往生逢乱世命运坎坷,即或所谓盛世也多有不善或不喜传统官场争权夺利者。对这些人来说,幸有儒道互补的中国文化特质,使他们"永忆江湖归白发,欲回天地入扁舟"(李商隐《安定城楼》),在挫折失意之时或看淡想开之际,一叶孤舟一蓑烟雨而逍遥"江湖之远"。

儒道互补的文化特质所给予人"复归于朴"的生命智慧,不仅使人有"归去"的一种状态,更有"归来"的一种心态,一种"归去来"山河大地间的精神家园的宁静超然。故而他们既能仍有"醉里挑灯看剑"的壮怀,又可获得"醉里吴音相媚好"的情致和"久在樊笼里,复得返自然"的自在。如清代康乾时期一位名叫李慎修的山东人,曾任杭州知府和刑部郎中,被削职还乡后写过一篇充满喜乐生活趣味的《归田赋》,开篇写道:

> 清闲二字最无价,隐向山林罢。邻舍四五家,种几亩禾稼,葫芦接芽檐,受用无冬夏,自在有谁家?出门去随处安插,松荫石畔,竹篱茅榻。枣杏盈山谷,桃李绕周匝。

这份自在快活恐怕也深得元代关汉卿的小令《四块玉·闲适》的精神接引:

> 适意行,安心坐,渴时饮,饥时餐,醉时歌,困来时就向莎茵卧。日月长,天地阔,闲快活!

关汉卿在这里描绘的"闲适"生活状态,实际上表达的是宋末元初动荡巨变时代,作者不愿同流合污而"归去"的精神境界。

儒道互补所成就个人的,还并不限于前半生和后半世之间"一进一出"的圆融状态,而是可以贯穿在全部生命活动中的自如心境。即是说,"归来""退隐"绝非"失败"的"下坡路",而是人生的策略和生命的自由选择。使个人获得进退有据的儒道互补文化特质,由此为传统中国提供了一种"上下通达"的社会运行机制。

所谓上下通达,是指普通人可以通过门客、幕僚或从军戍边等渠道向"庙堂之高"进阶,尤其是唐代以后的科举制度所提供的"朝为田舍郎,暮登天子堂"的梦想,使读书人深信"书中自有黄金屋",因而能以"头悬梁、锥刺股"的自残精神来苦读。但是,落榜、辞官、被贬和告老还乡等,使那些未能"功成名就"

者或不喜欢、不适合"从政"者以及功成身退者重返"江湖之远"。有"仰天大笑出门去"和"事了拂衣去,深藏身与名"的精神支撑,有"南亩耕""东山卧"的典范引领,这些人便能够选择在辽阔的山河岁月间,构筑起一个充满永恒魅力的精神家园。

这条"上下通达"的生命轨迹和文化路径,为知识分子在传统中国的"庙堂之高"与"江湖之远"间织就了一条顽韧的社会纽带,一方面使中国文化保持了"精英治国"和"礼失求诸野"的活力,另一方面则使乡土中国获得了文明的垂范和文化的滋养。即如美国学者吉尔伯特·罗兹曼(Gilbert Rozman)所提出的"中国社会充满了向下实行劝诱性质的典范以及向上进行模仿的渴望"[1]之说。从这个意义上来说,"五四"时期及其后中国知识分子"走向民间",不过是在新的历史条件下激活和续接了儒道互补的文化传统而已。无论是早期的白话文运动、平民教育讲演和工人夜校,还是后期的平民教育与乡村建设、新生活运动等,都在一定程度上启蒙了大众,激发了社会的活力。

今天,中华民族从站起来、富起来走向强起来,儒道互补的文化特质所能继续给予我们的生命智慧是:在物质生活无限丰富与科技发展日益迅猛的"乱花迷眼"中,学会"迷途知返""复归于朴",不必待人生不如意之时,不必等老弱病退之际,而是随时开启一种"知止"的澄明心灵状态和"归来"的简朴生活状态。如《礼记·大学》所言:"知止而后有定,定而后能静,静而后能安,安而后能虑,虑而后能得。"由此,不再有追逐功名利禄之"欲壑"的焦虑与浮躁而是守望精神家园的安顿与祥和。

当然,所谓"儒道互补",主要还是道家对儒家的补充,是"道

---

[1] 〔美〕吉尔伯特·罗兹曼主编:《中国的现代化》,陶骅等译,上海人民出版社,1989年,第124页。

法自然"的"无为"对建功立业的"有为"的纾解。因此,我们也需警醒的是,勿让儒道互补的文化特质消解了知识分子应有的道义担当和理想坚守,人生一时可以有一己之"闲快活",但人生一世则当记"独乐乐不如众乐乐"。

中国戏曲中的礼乐教化

戏剧是一种融合文学、音乐、舞蹈、绘画等多种艺术形式于一体的综合性舞台艺术。尤其是与古希腊悲喜剧、印度梵剧并称世界三大古典戏剧的中国戏曲,融诗、歌、舞、乐浑然一体,加之演员色彩艳丽、美轮美奂的扮相与服饰,使之具有独特的写意性、虚拟性、交互性等艺术特征。

但要论中国戏曲的独特性,恐怕首先要说其普遍性。麦高温曾写道:

> 中国人全民性的娱乐就是看戏。不管有多少消遣方法可以用来消磨人们的闲暇时光,至少暂时没有一种方法比得上看戏。看戏是最理想的娱乐形式;无论贫富贵贱,不管是饱读诗书的士子,还是大字不识的乡民,全都把戏台看作是极乐之地,人们的思想被转移到了那里,内心的悲伤至少是暂时被赶走了。[①]

麦高温既写出了中国人对戏曲的普遍热爱,也道出了人们之所以如此热爱戏曲的一部分原因。另一位早期来华的美国传教士倪维思在其《中国和中国人》一书中也写道:"戏曲演出在中国不仅异常盛行,而且还深入民心。"世界上没有哪个国家像中国这样拥有如此之多的我们称之为"地方戏"的戏曲种类。所谓"地方戏",就是流行于一定地区,并具有该地区鲜明的语言、音乐特色的戏曲剧种,比如除了"国戏"京剧、"百戏之祖"昆曲外,还有浙江越剧、安徽黄梅戏、河北评剧、河南豫剧、山东吕剧、

---

① 〔英〕麦嘉湖:《中国人的生活方式》,秦传安译,电子工业出版社,2015年,第179页。

四川川剧、海南琼剧、湖南花鼓戏等剧种，另外还有河北梆子、河南坠子、陕西秦腔、东北二人转等具有地方特色的曲艺形式。

2018年夏天，在广西梧州市藤县的古潭村，我看过一场当地的"牛歌戏"演出。尽管全程没有听懂一个字，但那大红大绿的服饰、咿咿呀呀的唱腔，以及演员投入的演出状态，还是让我十分着迷。那场戏是曾担任藤县牛歌戏队首任队长的林柱成邀请他的徒弟和朋友专为去拜访他的我和我的学生们组织演出的。

老先生的外孙女在我的课堂上完成过一篇作业《外公的牛歌戏》：

……外公的剧本中充满称颂国家和传统美德的故事内容，他说牛歌戏最主要的作用就是宣扬仁义礼智信给世人的。我不能理解外公外婆和老一辈的人们为什么那么热衷于听这些内容的牛歌戏……

那天晚上演出时，旁边不远处的台球案边和麻将桌上的年轻人们确实很少抬眼。和我一样投入看戏的是一些中老年人，还有一些不时跑来跑去的凑热闹的孩子们。已经70岁的林柱成写过一百多部剧本，其中的确不乏歌颂传统美德和英雄贤良的故事。比如《吕蒙正》就是描写北宋初年三度拜相的吕蒙正年轻时和刘员外之女刘翠屏的爱情故事，这位"对上遇礼而敢言，对下宽容有雅度"的宰相是百姓心目中的贤臣典范，在正史与民间都有着极高的评价。2019年到浙江省金华市木版年画博物馆时，我看到一幅版画《吕蒙正接彩毬》（见图4-2），描绘的也是戏曲人物形象，可见吕蒙正的故事在民间传播之广。

中国戏曲的普遍性首先是因为戏曲的锣鼓喧天、色彩斑斓、历史荣辱与人生悲喜,为人们单调贫乏的日常生活带来莫大乐趣;其次,传统的"戏班子"流动性强并且较少受地点限制的灵活演出形式,使穷乡僻壤的人们也可以享受到戏曲美妙唱腔和华丽服饰的悦耳悦目之美的滋养,还有善恶有报的心灵抚慰。这便是传统戏曲"高台教化"作用的体现。除了吕蒙正这样的历史贤臣,以春秋时期晋国的一段历史为题材的《赵氏孤儿》,便是对程婴等人"忠孝节义"的颂赞;北宋仁宗年间抗击西夏的《杨门女将》中的"满门忠烈"故事同样感发人心;而《铡美案》中"包青天"对忘恩负义的陈世美的惩戒则大快人心;《牡丹亭》中太守之女杜丽娘与书生柳梦梅生死相恋的爱情故事感天动地。这些唱腔优美、衣饰华丽、情节曲折、感人至深的戏曲,确实有一种那位同学所说的"宣扬仁义礼智信给世人"的价值。

麦高温在20世纪初也观察到中国戏曲的这种"高台教化"作用:

> 中国历史上有大量的场景都被戏剧化了。戏剧因此成了一种手段,不仅用历史大事教育了平民百姓(他们大多数目不识丁),而且还维持了全民对英雄的崇拜,正是这些崇拜,在他们早已消亡的时代发挥了一个如此有力的作用。[1]

倪维思在其《中国和中国人》中也写道:"对中国人而言,戏曲可以算是道德教育的一种手段,因为剧中的人物一般都善恶分明、因果有报。"所以中国戏曲"舞台上的角色和剧情内容与西方的戏剧截然不同"。纵览中国戏曲,不难发现大多经典曲目基本上是讴歌英雄贤良和赞颂传统美德的。

戏曲的"高台教化"作用,是寓于其写意性、虚拟性、交互

---

[1]〔英〕麦嘉湖:《中国人的生活方式》,秦传安译,电子工业出版社,2015年,第183—184页。

性的艺术特色之中的。这也是中国戏曲带给当代中国文艺的重要启示。"写意性"可谓是中国传统戏曲的核心美学特征,与西方传统戏剧追求模仿与再现的写实性倾向不同,中国戏曲更注重抒情言志、传神达意,这种写意性美学贯穿了中国戏曲的始终。例如,为了展现高度概括凝练的故事情节,舞台时空可以像中国画的散点透视法一样自由转换,方寸之间见其无穷,不似西方"三一律"焦点透视式的呆板,而更有一种"畅游"之意境;同时,舞台场景与演员动作的"虚拟性",更使一方舞台足以容纳下历史风云变幻与人生悲欢离合。比如高举马鞭绕舞台一周便是远征了关山万里,棍来棒去一番就是鏖战沙场。虽然这些"程式化"的一招一式都有其"一板一眼"的传承规范,但其抒情写意之神韵,仍然可以从演员的表演"功底"中感受出来。范迪安对此曾写道:

> 中国戏曲经过千锤百炼保留下来的高度"程式化"的表现方式和"虚拟性"的艺术特征,与中国绘画讲究的传神写意有着异曲同工之妙,都是中国式的精神意志、思维模式和语言方式,尤其体现了东方人感怀历史、体验现实、品味人生的态度,在表现心理感情活动和表达艺术创造冲动上达到了炉火纯青的境界。[①]

而与西方戏剧尤其不同的是中国戏曲的"交互性",也就是观众在演出过程中不仅可以喝茶水、嗑瓜子,还可以对演员精彩的表演"叫好儿"。这是习惯了在演出结束时才鼓掌的西方观众尤其难以理解的。这种台上与台下的"互动",使观众更容易随着生、旦、净、末、丑的唱腔和招式而"入戏",在剧情高潮之处或表演精彩之际,一声情不自禁的"好"是"拍案叫绝"的会

---

① 范迪安:《由"粉墨春秋"到"笔墨春秋"——"画妆"中国戏曲主题艺术大展》,《大美术》,2005年第10期。

心之意。关汉卿《单刀会》的剧本中有这样一段:

  水涌山叠,年少周郎何处也?不觉的灰飞烟灭,可怜黄盖转伤嗟。破曹的樯橹一时绝,鏖兵的江水犹然热,好教我情惨切!(云)这也不是江水,(唱)二十年流不尽的英雄血!

  这是剧中关羽面对旭日东升之际的长江的一段兴亡慨叹。我相信演员应是以饱满的慷慨激越之情来抒发"二十年流不尽的英雄血"的,也相信"此处应该有掌声"。

  2020年初冬我到浙江桐庐深澳古村时,正赶上当地过"时节",也就是庆丰收节。桐庐县越剧团在村口的文化礼堂演出《五女拜寿》等传统剧目,村民们随意地走进走出礼堂,虽然也不乏坐在里面看手机、吃零食的人,但那一派闲适安然的氛围与台上绚烂的色彩、悠扬的唱腔倒极为适宜。

  回望一百八十多年来的中国,在追求民族复兴的现代化之路上,中国传统戏曲这种写意性、虚拟性、交互性的艺术特色及其"高台教化"功能都已经颇有"式微"之意了。尽管20世纪上半叶有《放下你的鞭子》等"街头剧",下半叶还有《红灯记》等"样板戏",但中国古典戏曲的文化内涵和艺术精神仍有待我们重新认识与再度续接,使其在新时代中国强起来、新时代中国人美起来的历史进程中发挥出更重要的作用。

天人合一的中国艺术精神

　　艺术精神是一个民族在其艺术中所体现出来的独特的哲学意蕴和心理特质。对中国艺术精神的概括，非一家之言所能定论，这是由中国艺术本身的历史悠久、演变复杂、形式多样、内涵丰富等因素决定的，也是中国艺术的独特价值之所在。

　　目前有代表性的几种观点是：宗白华认为中国艺术精神体现了天地宇宙的人生境界；徐复观认为中国艺术精神即是人生的自由解放精神；李泽厚认为中国艺术精神是实用理性和乐感文化；朱立元认为中国艺术精神就是天人合一的精神；朱良志认为中国艺术精神体现了生生为艺的生命精神；叶舒宪、刘士林提出中国艺术精神是一种诗性文化精神。应当说，这些都是富有见地的归纳概括，都体现了中国艺术所具有的内涵与品格。

　　在这些观点中，与西方艺术相比，当以"天人合一"尤为鲜明。与西方的"主客二分"也就是人作为主体与主体以外的客体相对应或相对立的关系不同，中国人是通过"俯仰天地"而把感觉到"人生天地间，忽如远行客""人生忽如寄""奄忽若飙尘"的自我，不断融入永恒的天地宇宙之中，如《周易·系辞》中所言"仰以观于天文，俯以察于地理，是故知幽明之故"；因为已知"幽明之故"便要努力达到庄子《齐物论》中所说的"天地与我并生，而万物与我为一"。这个与我并生的、可以俯仰的天地是带有强烈主观感情色彩的"有情世界"，而"与我为一"的万物也是可以通感的，所以"我"可以"知鱼之乐"，可以成为"乘天地之正,而御六气之辩,以游无穷者"的"无己"之"至人"。如此"天人合一"的艺术精神,在中国古典诗词、古典音乐和传统绘画、戏曲、园林和建筑中都有明确的体现乃至直接的表达。如王羲之《兰亭集序》中所言"仰观宇宙之大,俯察品类之盛,所以游目骋怀,足以极视听之娱,信可乐也",即是中国艺术精神的形象描绘。

在中国古典诗词中,稍加注意就可以发现,黄昏和雨天场景特别多。有人认为这是中国文化"阴柔"一面的体现,但细细想来,苍茫暮色和淅沥雨声最容易让人"与天相合"。从"日之夕矣,羊牛下来。君子于役,如之何勿思"(《诗经·君子于役》)到"万壑有声含晚籁,数峰无语立斜阳"(王禹偁《村行》),从"寒雨连江夜入吴,平明送客楚山孤"(王昌龄《芙蓉楼送辛渐》)到"南朝四百八十寺,多少楼台烟雨中"(杜牧《江南春》),其中弥漫着的怀远、怀旧、怀古等意绪让人惆怅无言。甚至在淅沥的雨声里,一生华年与万里山河便不觉匆匆走过了:

少年听雨歌楼上,红烛昏罗帐。壮年听雨客舟中,江阔云低,断雁叫西风。而今听雨僧庐下,鬓已星星也。悲欢离合总无情,一任阶前,点滴到天明。

南宋蒋捷这首《虞美人·听雨》小令以"听雨"贯穿起一生遭逢,仿佛所有人生的悲欢离合都融在清泠阶前的细雨中,体现出与天地相合的深沉内敛。这种雨中人生的苍茫万绪,使诗人们无论是在柴门黄昏里,还是江楼秋雨中,有所感,有所怀,天人合一,物我两忘。

"诗者,天地之心"(《诗纬·含神雾》),"乐者,天地之和也"(《礼记·乐记》)。古典诗词中这种有所感、有所怀的苍茫意绪,在古典音乐中也谛听得出。《高山流水》《平沙落雁》《梅花三弄》《夕阳箫鼓》《渔樵问答》等,从这些曲名中都可以品味到一种悠远而深沉的感怀意蕴,尤其是经由古琴、古筝、竹笛、琵琶、胡琴、埙等中国传统乐器的演奏表现,更别有一种令人沉吟回味的忘我境界。如古琴在中国的书斋庭院中和山涧松荫下未曾间断地回响了三千年,虽然没有复调与和声的线性结构,不像西方交响乐那样宏大华丽,但却能让人在"目送归鸿,手挥五弦"中"俯仰自得,游心太玄"(嵇康《赠秀才入军·其十四》)。孔子听《韶》乐后"三月不知肉味",让"脍不厌精"的夫子竟能不知肉味的,是何等美妙的"大乐"呢!

在中国古典乐器中,埙是最古老的一种,早在新石器时代的红山文化时就已经出现,其音色带有陶土所特有的大地一样浑厚深沉的特质,仿佛远古的长风吹过肃穆辽远的旷野。如果说中国水墨最能诠释老子《道德经》中的"五色令人目盲",那埙曲就是"五音令人耳聋"的最好注解。这简单的黑白两色和单调的"土音",似乎最能表现出"与天相合"的画意与乐声。

在中国传统绘画中,山水画最能体现"天人合一"的艺术精神。因为个人的"小我"是融入天地万物的"大我"之中的,所以中国古代画家描绘山水,并不需要以主体的视角面对大自然"写生",而是通过"读万卷书,行万里路"和"外师造化,中得心源"这样的心灵体验方式,在与天地"并存"和与万物归一的"通感"中,感受和抒写自己的生命情感体验。明代书画大家文徵明提出"人品不高,用墨无法"的主张,便说明笔墨与境界之间的内在关系。也因此,中国传统绘画常带有一种凝神冥想的意味。比如宋代范宽的《溪山行旅图》，画面主体是一片气势撼人的巍然高山，山谷瀑布飞流直下，山下近景巨石古木间溪流奔腾，要仔细分辨才看得清画面右下方一行人马迤逦走来。如此天人相谐相合之高远立意与大胆布局，体现了长住终南山和太华山并且常常整日坐望群峰的范宽，对天人合一精神的独特感悟与非凡表达。

相比于西方古典艺术对自然的模仿写实及其所表现出的海洋文化的坦率热烈，以及对逻辑性与科学性的追求，中国传统艺术更注重抒情写意并体现出农耕文化所具有的含蓄内敛，以及对整体性和感性的偏重。这在中国传统戏曲中也表现得十分鲜明。

中国传统戏曲是融文学、绘画、舞蹈、音乐等于一体的综合性表演艺术，在有限的舞台上通过演员的"唱念做打"展开故事情节。不同戏曲品种各有其程式化的角色脸谱、唱腔调式和动作招式，但总体上都呈现出一种叙事性、抒情性与写意性完美统一的风格。比如小生与青衣之间以水袖掩面彼此望一眼就是"确认了眼神"。其舞台时空转换和角色唱念转化与中国画的"散点透视"一样，有峰回路转、开阖承启，因而也有"卧游"与"畅神"之感，有如漫步在曲径通幽、移步换景的中国古典园林之中。

中国古典园林和亭台楼阁的传统建筑是中国人"诗意栖居"的典型场域，充分体现着"虽由人作，宛自天开"的审美旨趣和"天人合一"的艺术精神。园林中的山石草木、水榭亭阁在布局营造上最讲究自然和谐，并随地赋形与周围景致浑然一体。尤其注重"轩楹高爽，窗户虚邻"，以"纳千顷之汪洋，收四时之烂漫"（《园冶》），故而有"窗含西岭千秋雪，门泊东吴万里船"（杜甫《绝句》）之旷然境界。湖山间的亭台楼阁，则更注重借山川之势而令"极目之处"有山河辽远，水天无际。如赣水之滨的滕王阁让王勃望见"落霞与孤鹜齐飞，秋水共长天一色"，并由此"觉宇宙之无穷""识盈虚之有数"（《滕王阁序》），使人的心灵与天地的精神往来；而洞庭湖边的岳阳楼则让未曾到过的范仲淹能想象出其"衔远山，吞长江，浩浩汤汤，横无际涯；朝晖夕阴，气象万千"的雄浑意境，进而抱定"先天下之忧而忧，后天下之乐而乐"（《岳阳楼记》）的襟怀与持守。

实际上，在几乎所有中国艺术形式中，都有"天人合一"的精神体现。像传统舞蹈多以"手舞"之"优美"表现一种天人和谐秩序，不像西方的华尔兹、探戈、芭蕾等"足蹈"，多以"力量"表达人的主体性和生命意志的张扬，所以有"东方看手，西方看脚"之说。20世纪90年代，朱立元、王振复就论述了从远古到宋明时期中国艺术中的"天人合一"源流、绘画与诗歌中的"写心""尚意"等思想以及天人合一与主客二分之间的关系等。

人与自然的"亲和"即哲学、美学上的"天人合一"，正是中华艺术精神的根本所在。中华艺术走过了一条漫长而灿烂的历史之路，可以说在哲学、美学上始终没有离开"天人合一"的思维框架与情感世界。[1]

"天人合一"作为一种哲学观和人生观的概念，最早是由北宋大儒张载明确提出的。他认为读书人"因明致诚，因诚致明，故天人合一，致学而可以成圣，得天而未始遗人"（《正蒙·乾称》）。"大其心，则能体天下之物……天大无外，故有外之心，不足以合天心。"（《正蒙·大心》）即是说，为学为人的最高境界是让自己的心大到与"天心"合而为一。张载更为著名的"为天地立心，为生民立命，为往圣继绝学，为万世开太平"，表达

---

[1] 朱立元、王振复编著：《魂系中华——天人合一的中华艺术精神》，沈阳出版社，1997年，第2页。

的也是一种"合于天心"的宏大生命理想。

  因为对"天人合一"精神的把握，中国传统艺术总体上是教人"心之广大，举六合而无所不包"（黄宗羲《明儒学案》）的，即宋代陆九渊所言"宇宙便是吾心，吾心即是宇宙"。由此把现实中充满规定性和局限性的个人"小我"连接到了浩瀚无垠的天地，从万物的自由与永恒之中获得个人心灵的自由与永恒，也就是"心有所归"的生命安顿意识。因此中国传统艺术也是给人以朴实温暖之感的，人世间所有悲欢离合仿佛都可以从这份朴实温暖中找到共鸣的情怀与安顿的熨帖，使人在家国变迁、风雨频仍的现实生活中获得泰然清宁的情感体验，以及不断突破个人小我的局限而进入天地大我的生命境界。

中国文化艺术中的辩证法

中国传统哲学一向崇尚隽永回味而又诗意盎然的哲理趣味点化,而不善枯燥的逻辑理论展开;一向关照人的现实生活,而较少去质疑、思考和追问与天地人生关系不是特别密切的抽象问题。所以,尽管中国哲学史上不乏如程朱理学与陆王心学的思辨哲学著述,但传统文化艺术中所蕴含的诗意哲学更饶有趣味、流传广泛,包括程颢的"万物静观皆自得"和王阳明的"山近月远觉月小"等诗句。再比如中国书法中的"计白当黑",绘画中的"知白守黑",诗文中的"虚实相间",建筑中的"卯榫相合",还有音乐中的"声断气不断",太极中的"形断意不断"等,都体现了中国哲学尤其是道家的"阴阳相生"与"刚柔相济"等思想。道家的这种阴阳观、刚柔观和虚实观等,反映的就是事物的对立统一关系,这是中国传统文化艺术中固有的辩证法。

"计白当黑"与"知白守黑"

中国传统书画中的黑白关系,可以说是书画艺术家们毕生研习的功课,因为黑白关系具有丰富的文化内涵和高度概括的艺术表现力。无论是点线造型还是布局谋篇,无论是追求气韵生动还是营造意境悠远,都离不开对黑白关系的把握与运用。

黑白关系之说,最早见于《老子》中的"知其白,守其黑,为天下式"。这里的黑与白并非笔墨关系,而是说虽然知道光明和荣耀所在,但却甘居黑暗与卑下,可为天下楷模。但也有人将其理解为虽然明白却还如无所见的"难得糊涂"。严复也认为其中有韬光养晦之意,"知其白是心底嘹亮,守其黑是外貌糊涂"。

在中国传统书画中,无论是"计白当黑"还是"知白守黑",实质上都是对黑白、有无和形意之间关系的理解运用,如欧阳修的《盘车图》:"古画画意不画形,梅诗咏物无隐情;忘形得意知者寡,不若见诗如见画。"这种辩证关系在书画中的运用主要体现在"留白"的艺术上。"计白当黑"见于清代包世臣撰《艺舟双楫》中所记邓石如之言:"字画疏处可以走马,密处不使透风,常计白当黑,奇趣乃出。"是说字划结构与字里行间都要讲疏密有致,相映成趣。这种趣味不仅使书画充满生机与气韵,也是书画之所以能够令人"卧游"与"畅神"的重要原因。清代华琳的《南宗抉秘》则充分论述了绘画中"留白"的运用之法:

白,即是纸素之白。凡山石之阳面处,石坡之平面处,及画外之水、天空阔处,云物空明处,山足之杳冥处,树头之虚灵处,以之作天、作水、作烟断、作云断、作道路、作日光,皆是此白。夫此白本笔墨所不及,能令为画中之白,并非纸素之白,乃为有情,否则画无生趣矣。①

这不仅对人们学习研究中国画大有裨益,对普通人鉴赏中国画和理解中国书画中的艺术精神,都非常有启发。留白之白,非纸素之白,而是有情天地与盎然生趣的体现。留白之处,不仅使绘画整体布局更为疏朗通透,也为品鉴者留有大量想象空间,以成"卧游"之境。清代画家戴熙还说过:"画在有笔墨处,画之妙在无笔墨处。"近现代画家黄宾虹提出:"看画,不但要看画

---

① 周积寅编著:《中国画论辑要》,江苏美术出版社,2005年,第411页。

之实处，还要看画之空白处。""古人作画，用心于无笔墨处，尤难学步，知白守黑，得其玄妙，未易言语形容。"

在中国传统绘画中，将"知白守黑"发挥到极致的"玄妙"之品，当属宋徽宗的《听琴图》。看似平常的松下抚琴与端坐听琴之场景，以其别出心裁的构图形式使画面疏朗空灵、诗意流淌，充分显示出高旷清雅的艺术境界。如英国的东方美术史学者劳伦斯·比尼恩（Laurence Binyon）所言：

> 很难想象在哪一幅西方绘画作品中空白的空间能像这里的空间具有如此深长的意味；人们所说的几乎要比人物本身的意义更有深长之味。这空白的空间似乎充满着一种谛听的寂静。①

比尼恩还对中国绘画中如此大量"留白"的空间美感作了进一步的分析：

> 在中国人那里，空间常常变成构图中的主角。空间不是归于死寂，它本身就是一种从画面流入我们心灵中的活力，并且把我们引入到一个奇异的氛围里。它是寂然无声的，但它更是心旷神怡的。②

我们还可以从南宋马远的这幅《寒江独钓图》（见图 4-3）中更为直观地感受到比尼恩这段诗意评述的精彩。柳宗元《江雪》中"千山鸟飞绝，万径人踪灭。孤舟蓑笠翁，独钓寒江雪"的诗意天地，在画家笔墨中呈现出更为"极简"的表达。你可以体会到，这一叶扁舟之外的大片空白之处，是水天空疏，是寂静悠远，是安详自在，是所有世间心事放下后的逍遥无我。如清初书画理

---

① 〔英〕劳伦斯·比尼恩：《亚洲艺术中人的精神》，孙乃修译，辽宁人民出版社，1988 年，第 50 页。
② 同上书，第 63—64 页。

论家笪重光在《画筌》中所言：

　　空本难图，实景清而空景现；神无可绘，真境逼而神境生。位置相戾，有画处多属赘疣；虚实相生，无画处皆成妙境。①

　　王翚、恽寿平进一步讲道："人但知有画处是画，不知无画处皆画，画之空处全局所关，即虚实相生。"如此"无画处"的留白妙境，体现出将黑白与有无的辩证关系运用到极致后的艺术魅力。

静故了群动，空故纳万境

　　对黑白和有无辩证关系的认识与概括，在传统诗词文赋中也有体现。最为后世称道的应是苏轼在《送参寥师》中的"静故了群动，空故纳万境"：因为虚静而能明了万物变化，因为空明即能接纳万般境界。其中静与动的辩证关系，与英文单词 reflection（沉思）很接近：一池湖水，只有在宁静无澜时才能倒映出水边的杨柳行人，reflection 的本义就是"倒映"，引申为"沉思"，与"静故了群动"可谓异曲同工。与苏轼同时代的程颢《秋日偶成》中的"万物静观皆自得"之句，也是此意。

　　"空故纳万境"中的"空"之内涵，应是南朝宗炳所言"澄怀味象"中的澄澈空明之意，而非"色不异空，空不异色"之虚妄。在《与子明兄书》一文中，苏轼说："胸中廓然无一物，即天壤之间，山川、草木、虫鱼之类，皆足供吾家乐事也。"这里他所表达的"廓然无一物"便是"空"意。这种"空"意对湮没在芜

---

① 周积寅编著：《中国画论辑要》，江苏美术出版社，2005年，第262页。

杂信息与琐碎兴趣中的当代人来说，太具有现实意义了。反过来想，当年苏轼如果可以用智能手机网购与电游、刷短视频 APP 的话，是不是就感受不到天地之间山川草木虫鱼之乐了呢？

在传统诗人中，对"空"境的领悟之深、运用之妙当属王维，这位参禅悟道的"诗佛"特别善于以有与无的对立统一法则营造清幽禅境。比如：

空山不见人，但闻人语响。（《鹿柴》）
人闲桂花落，夜静春山空。（《鸟鸣涧》）
江流天地外，山色有无中。（《汉江临泛》）
空山新雨后，天气晚来秋。（《山居秋暝》）

其中的"空"，同样不是一种空无寂灭，而是映衬"人语响""桂花落""天地外""新雨后"的生气贯注之意境，是如"鸟鸣山更幽"（王籍《入若耶溪》）这样"相反者相成"的辩证关系的体现。但在中国古典诗词中，直接阐释辩证法的作品，当属苏轼的《题西林壁》：

横看成岭侧成峰，远近高低各不同。
不识庐山真面目，只缘身在此山中。

诗中包含了远近高低与横侧内外多重维度的关系，揭示了人在不同角度、不同位置会对世界有不同认知这样一个道理，具有朴素的辩证法认识论意义。苏轼还有一首《琴诗》，更是以"四两拨千斤"的气势阐明了主客观之间的辩证关系：

若言琴上有琴声，放在匣中何不鸣？
若言声在指头上，何不于君指上听？

以如此生动形象而又有趣的问题，引人进入哲学思辨境界，感悟到优美的琴声源于琴师抚动琴弦，进而理解"美来自以实践为基础的主观与客观的统一"的道理，这正是马克思在八百多年后提出的"实践美学"的内涵。

不止是实践与认识的关系，就是恩格斯所言的近代哲学的基本问题即思维与存在的关系问题，在中国文化中也早有揭橥，明代思想家王阳明在16世纪就明确提出了关于思维与存在关系的"心外无物"之说，并且有"南镇观花"的典故传世。说有一天王阳明与友人游南镇，友人指着山间花树问他："天下无心外之物，如此花树，在深山中自开自落，于我心亦何相关？"王阳明说："你未看此花时，此花与汝心同归于寂；你来看此花时，则此花颜色一时明白起来，便知此花不在你的心外。"这段趣味、形象的诗意对话，不仅阐明了思维与存在的关系，也说明了人们对美的认识是借由实践而达成的合目的性与合规律性相统一的"明白"状态，这在黑格尔和马克思那里都有论述。其实早在9世纪，柳宗元在《邕州柳中丞作马退山茅亭记》一文中，即用了"夫美不自美，因人而彰"这九个字，就基本讲清楚审美的主客观统一性问题了。

声断气不断，形断意不断

中国传统艺术不仅在书法绘画中讲究"留白"，古典音乐也十分讲究音符之间的沉吟停顿，即所谓"声断气不断"和"形断意不断"。埙、笛子、二胡和古琴、古筝等乐器吹、拉、弹奏出的经典乐曲，都有这样一个特点。比如用埙吹奏的乐曲《苏武牧羊》，既有陶土独有的那种大地一样的深沉凝重，又有长风吹过荒野一般的悠远低回，仿佛使人置身那冻云低垂的北海之边，四顾天地苍茫。著名音乐指挥家谭盾就民族音乐传承问题接受访谈时曾说：

> 中国古代哲学里有两句话特别感动我，一句是"大音希声"，翻译成英文就是 The greatest song can be heard only in silence, 即最宏伟的声音只能在寂静中被感悟到，这也是我们为什么要听雪的原因；还有一句是"形断意不断"，形断掉了，其实意才刚开始。就如弹古琴的人，琴声后面那些五花八门、让人无限想象的斑斓颜色才是真正意义的开始，所以我们希望回到传统、追寻消失的根脉，是因为传统有着"大音希声"和"形断意不断"的魅力。①

"大音希声"出自老子的《道德经》："大白若辱，大方无隅，大器晚成。大音希声，大象无形，道隐无名。"此外，"形断意不断"和"声断气不断"的意蕴，在诗词文赋的诵读中也有分明的体现，这首先是由于汉语四声抑扬顿挫的发音，如果将其像英语那样连贯流畅地读下来往往索然无味；而在四声基础上"声断气不断"的诵读方式，不仅可以把诗文中的深沉情感富有韵味地表现出来，也使诵读本身成为一种富有韵律节奏美感的艺术形式。如王之涣的《凉州词》：

> 黄河—远上—白云间，一片—孤城—万仞山。

在间隔处停顿 0.5 秒，加之声音的轻重缓急，就可以很好地表现出诗中的旷凉出塞之情。和书画中的"留白"一样，这 0.5

---

① 《谭盾：民族文化的象牙塔里需要有人》，腾讯文化"腾讯思享会"，2014 年 5 月 23 日，https://cul.qq.com/a/20140529/004936.htm，2021 年 6 月访问。

秒的"断",具有一种"引人入胜"的"带入"功能,使人更好地感受到"此处无声胜有声"的艺术效果。

1932年,傅雷在《现代中国艺术之恐慌》中写道:"中国艺术是哲学的,文学的,伦理的,和现代西方艺术完全处于极端的地位。"[1]从中国文化艺术的辩证法中,我们可以确信这一点,而且进一步感受到中国传统文化艺术中这种独特的含蓄深沉、祥和通达之哲思禅意。

---

[1] 金梅编:《傅雷艺术随笔》,上海文艺出版社,2012年,第12页。

意象、意境与意趣

"意"是理解中国传统诗词书画的一个关键，比如由它构成的"意象""意境""意趣"，便是中国传统文化艺术中意味深长的三个词。无论书法、绘画还是诗文，其中的气象、境界、趣味都是由"意在笔先"而造就的。王维在《山水论》中就写道："凡画山水，意在笔先，丈山尺树，寸马分人。"

苏轼在《文与可画筼筜谷偃竹记》中写道："故画竹，必先得成竹于胸中。"这便是成语"胸有成竹"之由来。善于画竹的清代诗人郑板桥则进一步形象地阐释了"胸中之竹"与"眼中之竹""手中之竹"的关系：

> 江馆清秋，晨起看竹，烟光日影露气，皆浮动于疏枝密叶之间，胸中勃勃遂有画意。其实胸中之竹，并不是眼中之竹也。因而磨墨展纸，落笔倏作变相，手中之竹又不是胸中之竹也。①

"胸中之竹"，显然是带有画家审美素养和人格修为之"画意"的"意象"；而纸墨间呈现出来的"手中之竹"，则是由画家创造出来的艺术形象，是心中意象的对象化。"胸中之竹"的形成，靠的是画家对竹子的诗情画意有感的"诗心"；"手中之竹"的描绘，靠的是画家"心手合一"的高超"手法"。何谓"诗心"？晚清词话家况周颐在《蕙风词话》中写道：

> 吾听风雨，吾览江山，常觉风雨江山外有不得已者在。此万

---

① 吴泽顺编注：《郑板桥集》，岳麓书社，2002年，第340页。

不得已者，即词心也。①

此"万不得已"之"词心"，亦即"诗心"。由此"心"而生意象之"意"，有"意"之象才见得天地间入诗入画的风物。所以，"意象"是传统诗词书画之所以具有诗情画意美感的根本要素，是诗人画家抒情咏怀言志的基本载体。"意象"的建立，与汉字本身的丰富意蕴有直接关系。比如"时间"（time）概念在不同语境中，便有时光、光阴、时日、日子、日月、岁月和春秋等不同色彩和意味，而"时光如梭""光阴似箭""岁月不饶人"的内涵，基本上都指时间流逝得很快。这样一些具有特定色彩、意味的形象表达是非常宜于"意象"生成的。像王维《秋夜独坐》中"雨中山果落，灯下草虫鸣"这看似平淡无奇的十个汉字，组合起来就是两句意象清宁、意境幽悠、意趣净雅的千古佳句。

由此可见，"意象"不仅是理解古典诗词书画的重要基石，也是理解中国传统文化艺术的关键概念。像唐代司空图的《二十四诗品》，更多以"荒荒油云，寥寥长风""落花无言，人淡如菊""天风浪浪，海山苍苍"这样一些充满诗情画意的"意象"来描绘"雄浑""典雅""豪放"等概念内涵，而不是抽象枯涩的理论阐述。

应当说，这是中华先贤对生命与文化之关系的高妙见地。尼采在《查拉图斯特拉如是说》中曾写道，有一次黄昏散步时他有一个很好的想法，但回家写出来之后发现"词不达意"。作为哲学家，尼采想通了的道理是：一只小鸟在天上飞着你觉得很美，但抓到手里之后那种自由的美感就消失了。而中华先贤很早就深刻认识到这种"言不尽意"的问题。庄子阐释老子的"道可道，

---

① （清）况周颐：《蕙风词话》，孙克强导读，上海古籍出版社，2009年，第16页。

非常道"这句话时,就认为"意之所随者,不可以言传也"。而早在三千多年前的《周易·系辞》中便有"立象以尽意"之说。

三国时期的思想家王弼在《周易·略例》"明象"一节中这样诠释"立象以尽意":

> 夫象者,出意者也。言者,明象者也。尽意莫若象,尽象莫若言。言生于象,故可寻言以观象;象生于意,故可寻象以观意。意以象尽,象以言著。故言者所以明象,得象而忘言;象者,所以存意,得意而忘象。①

王弼在这里充分阐述了"言""意""象"三者之间的关系,特别强调了"象"作为语言和意义之间的"桥梁作用"。而正因有"象"之独特价值,中国古典诗词书画才在"意象"基础上获得了"意境"和"意趣"。还有一个原因就是,汉语恰恰是以其丰富、感性、形象化的词而见长,所以中国古典诗词可以达到白话文和英文难以企及的典雅隽永。如王之涣《登鹳雀楼》的前两句"白日依山尽,黄河入海流",也是朗朗上口的十个汉字,就把一千三百多年前那个黄昏时分夕阳在天边的群山之上、泱泱黄河东流向大海的景象描绘得如此真切,一种壮阔、明朗与豪迈的意境也由此而生,令人想望山外千山,想上楼上高楼。

以"意象"明志抒怀的典型艺术还有传统文人画,其名字往往就以"象"立意,比如江帆楼阁、溪山行旅、秋江渔隐、杏花茅屋、携琴访友等,从中已可感受到山水人文风雅之意。其中的"携琴访友"之题很是受历代画家青睐,画家们大多以山水、高士、古琴、茅舍等意象,营造文雅高古之意境,表现如苏轼所言"对一张琴,一壶酒,一溪云"(《行香子·述怀》)的悠然自在、

---

① 《王弼集校释》,楼宇烈校释,中华书局,1980年,第609页。

畅然自得之意趣，如明代戴进所绘《携琴访友图》（见图4-4）的场景，青山隐隐，云水苍苍，竹篱茅舍，简淡萧疏。由此我们也可以理解，为什么中国传统诗论画评等文艺理论中，有比兴、风骨、境界、神韵、气势等众多学说。但"意象"作为感性直觉的最初体验，无疑是理解这些学说的关键概念。比如"境界"之说，如果没有"意象"的建构，是难以想象的。

王国维在《人间词话》中提出："词以境界为最上。有境界则自成高格，自有名句。"岂止是词，古典诗歌、绘画、音乐等都是非常讲究"境界"的。但"有境界"之根本在于"意象"的"高格"，如"星垂平野阔，月涌大江流"（杜甫《旅夜书怀》）之句，如《携琴访友图》之画，如《高山流水》之乐。而王国维所推崇的"可谓千古壮观"之"明月照积雪""大江流日夜"等境界，也都是由日月江河经天纬地的壮阔"意象"而呈现。

"意趣"也是中国传统诗论画评中一个重要概念。北宋书画家米芾《论山水画》中即以"意趣高古"评点五代画家董源的画。宋末张炎《词论》中专有"意趣"一节，开篇即提出"词以意趣为主，要不蹈袭前人语意"的主张，然后例举苏轼、王安石等人的词称赞其"清空中有意趣"的笔力。而"意趣"之关键，也在于"意象"所呈现出的"趣味"，这也正是中国传统书画要求人文素养与人格修为的原因。当然，"趣味"本身也是一种品格、格调的体现，一种超越狭隘功利主义的愉悦的生命美感体验。林语堂在论述中国人"人生的乐趣"时讲道：

古代的中国人是有他们自己的情趣的。我们可以从漂亮的古籍装帧、精美的信笺、古老的瓷器、杰出的绘画和一切未受现代影响的古玩中看到这些情趣的痕迹。①

梁启超推崇的"趣味"与林语堂笔下的"情趣"都反映了中国人对美感文化与乐感文化的追求，而"美"与"乐"之"意"则是通过"有趣"的"象"来体现，像林语堂所言的古籍装帧、信笺、绘画和古玩等，像宋代花鸟小品画工写结合，形意并重，诗意、情趣与意象的完美统一，使其充满生机盎然之意趣，成为中国传统绘画史上一座难以逾越的高峰。如传为南宋林椿所作的《枇杷山鸟图》（见图 4-5），描绘的是果实圆润的枇杷枝头上，一只绣眼鸟定睛端详着枇杷果上的一只蚂蚁，花果虫鸟意象生动，意趣盎然。

清代书法家梁巘在《评书帖》中写道："晋人尚韵，唐人尚法，宋人尚意，元、明尚态。"即是说宋代书法追求意趣而不拘法度。我们从宋代花鸟画中也可感受到"宋人尚意"的意趣品位。那么，"意"又是什么？

细想起来，"意"不过就是人对天地万物的生命感觉而已。这种属于心灵体验的感觉往往"只能意会"，所以是"万不得已者"。也因此那些更为敏锐细腻的艺术心灵，便借助文字、形象和音乐这些媒介来表达传递他们的所感所怀。如此，我们就可以更好地理解艺术与生活的内在关系，理解中国文化艺术"写意性"之"意"，更好地把握艺术创造中"心意"与"手法"之两翼。

---

① 林语堂：《中国人》，郝志东、沈益洪译，学林出版社，1994年，第315页。

诗化中国与诗意人生

18世纪德国浪漫派诗人诺瓦利斯说:"哲学就是怀着一种乡愁的冲动到处去寻找精神家园。"对于中国人来说,中国古典诗词歌赋已经为我们营造了一个诗情画意美感兼具的精神家园。那些灿若星辰的伟大心灵,在家国兴亡的烽火狼烟里,在锄禾采桑的国风谷雨里,以"诗心"所感并且以"诗意"所呈现的天地万物之美,给予我们诗意的"观世界之道",从而形成审美的"世界观"。

审美的"世界观"使惯见的"物象"成为具有诗意与哲思的审美意象。一花一鸟,一器一物,都见其精神、格调或趣味。这种精神、格调和趣味,在千百年的诵读流传中潜移默化为中国人的深层文化记忆和审美经验。比如看到燕子飞过,我们便会想到春天来了,想到"几处早莺争暖树,谁家新燕啄春泥"(白居易《钱塘湖春行》),想到"细雨鱼儿出,微风燕子斜"(杜甫《水槛遣心二首》),想到"燕子来时新社,梨花落后清明"(晏殊《破阵子·春景》),想到"燕子飞时,绿水人家绕"(苏轼《蝶恋花·春景》);还会因"落花人独立,微雨燕双飞"(晏几道《临江仙·梦后楼台高锁》)而想到爱情的美好,想到古诗十九首中"思为双飞燕,衔泥巢君屋"(《东城高且长》)的相思之情,想到《诗经》中"燕燕于飞,差池其羽。之子于归,远送于野"(《诗经·燕燕》)的惜别之情。你看,在中国的屋檐下,就是这样一只燕子,便有如此丰富而美好的意蕴。所以,当我们"腹有诗书",所见天地岁月，便如此富有诗情画意与美感。

再比如说，本不过是夏秋之际草木间一种寻常黑色昆虫的蟋蟀，却从古老的《诗经》里跃入中国人的心中，由"在野""在宇"到"在户""入我床下"，在千百年来的无数吟咏中寄寓着中国人深厚的生命情感，成为秋凉故园的意象。如流沙河因余光中的"在海外，夜间听到蟋蟀叫，就会以为那是在四川乡下听到的那一只"这句话而有感，在《就是那一只蟋蟀》这首长诗中，道出中国人之所以对蟋蟀有如此独特的故园情怀和审美体验的原委：

> 就是那一只蟋蟀
> 在《豳风·七月》里唱过
> 在《唐风·蟋蟀》里唱过
> 在《古诗十九首》里唱过
> 在花木兰的织机旁唱过
> 在姜夔的词里唱过
> 劳人听过
> 思妇听过

所以，如流沙河诗中所写，听到蟋蟀在窗外唱歌的时候，"你该猜到我在吟些什么，我会猜到你在想些什么"。因为"中国人有中国人的心态，中国人有中国人的耳朵"。在这样的心态和耳朵里，就是那一只蟋蟀，还拥有了"蛐蛐儿""秋虫""促织""鸣蛩"等充满情趣和诗意的名字。

春看燕子飞，秋听蟋蟀鸣，便已是诗化中国的诗意人生。但在古典诗词歌赋营造的诗情画意美感兼具的家园中，还"春有百花秋有月，夏有凉风冬有雪"（释绍昙《颂古五十五首·其一》），使我们拥有数不胜数、美不胜收的美好生命体验。如南朝宋时放情丘壑以山水画见长的画家王微所言:"望秋云,神飞扬,临春风,思浩荡。"正是这样一些对天地万物有着敏锐而丰富的美的感受的艺术心灵,使我们也领略到"无边光景一时新"(《朱熹《春日》)的春光,"映日荷花别样红"(杨万里《晓出净慈寺送林子方》)的盛夏,"碧云天,黄叶地"(范仲淹《苏幕遮·怀旧》)的金秋,"日暮苍山远,天寒白屋贫"(刘长卿《逢雪宿芙蓉山主人》)的深冬,从而在快节奏的当代生活中时常获得一种历时性的宁静祥和。这种历时性,既体现出千年岁月的质感,又散发着千古传诵的光泽。

如此审美的"世界观",使我们在"艰难苦恨繁霜鬓"的生活中,也能看到一个深深浸润了先贤生命情感的诗意中国,并在这诗意中国里对诗意人生充满了执着的热爱与追求。数千年的岁月里,诚然有数不尽的战乱流离、饥馑灾荒等,但也不乏清平年景晴耕雨读的安好岁月。或许,也正因数千年周期性的朝政昏聩、吏治腐败和不确定的边关狼烟、旱涝瘟疫等天灾人祸,中国人骨子里充满了对"岁月静好"的渴望,因而这些充满诗情画意美感的吟咏,深深烙印在一代又一代人的心灵深处。尤其是富有农耕文明特色的烟火气息的生活之美,在诗人笔下美好得令人感动。比如"开轩面场圃,把酒话桑麻"(孟浩然《过故人庄》),"村南村北响缲车,牛衣古柳卖黄瓜"(苏轼《浣溪沙·簌簌衣巾落枣花》)。如果赶上婚嫁喜事,"东家娶妇,西家归女,灯火门前笑语"(辛弃疾《鹊桥仙·己酉山行书所见》)的场景就更感染人了。如果清闲无事,那就"倚杖柴门外,临风听暮蝉"(王维《辋川闲居赠裴秀才迪》)或者"松花酿酒,春水煎茶"(张可久《人月圆·山中书事》),又是一种令人神往的雅士生活了。

如此审美的"世界观",也让我们深深热爱着这个并不完美的世界,爱着千百年来实在不乏现实磨难的生活。或许正是在这个意义上,林语堂提出"诗歌在中国已经代替了宗教的作用",因为"诗歌教会了中国人一种生活观念",那就是"用一种艺术的眼光来看待人生":

> 诗歌通过对大自然的感情,医治人们心灵的创痛;诗歌通过享受简朴生活的教育,为中国文明保持了圣洁的理想。……我几乎认为,假如没有诗歌——生活习惯的诗和可见于文字的诗——中国人就无法幸存至今。①

在这里,林语堂将诗歌之于中国人的意义提升到一种美的信仰的高度,这是非常有道理的。虽然对任何人来说,在庸常或艰苦的生活中感受到美都是人生莫大的慰藉,但对中国人来说,古典诗词中无尽的诗情画意美感,就是无数永远享用不尽的美的盛宴安放在山河岁月间。"杨柳依依"是美的,"雨雪霏霏"也是美的;"举头望明月"是美的,"采菊东篱下"也是美的;"睡觉东窗日已红"是美的,"青灯剪韭话情亲"也是美的;"万里阴山万里沙"是美的,"一江明月一江秋"也是美的……行走在中国的大地城郭间,不经意间就会遇见一席无限丰富的美的盛宴:巴山夜雨、板桥晨霜,陌上春风、江楼明月,远山斜阳、烟雨归舟,等等。

或许正因如此,被贬黄州的苏轼能在"江山如画"中耳得"江上之清风"、目遇"山间之明月",并且垦荒"东坡"、泛舟赤壁。他不仅胸有诗书万卷而且满目青山妩媚江流浩荡,还能从往圣先贤中找到自己的人生楷模:

---

① 林语堂:《中国人》,郝志东、沈益洪译,学林出版社,1994年,第240—241页。

梦中了了醉中醒。只渊明,是前生。走遍人间,依旧却躬耕。昨夜东坡春雨足,乌鹊喜,报新晴。

在这首《江城子·梦中了了醉中醒》的序中,苏轼还写到作词缘起:

陶渊明以正月五日游斜川,临流班坐,顾瞻南阜,爱曾城之独秀,乃作斜川诗,至今使人想见其处。元丰壬戌之春,余躬耕于东坡,筑雪堂居之,南挹四望亭之后丘,西控北山之微泉,慨然而叹,此亦斜川之游也。乃作长短句,以《江城子》歌之。

既然前生是陶渊明,那今生躬耕陇亩便不再是磨难,而是"归去来兮"了,故而能发现和欢喜于东坡春雨、乌鹊报晴。林语堂在《苏东坡传》中写道,苏轼被贬黄州期间还把《归去来兮辞》的句子重组,照民歌唱出教给农夫,他放下犁耙,拿一根小棍在牛角上打拍子,和农夫一起唱。所以,在"黄州、惠州、儋州"这样不断被贬的艰苦岁月里,苏轼能将一己生命置于高旷辽远的天地间,一路播撒文明的种子,终至成为中国文化的闪亮星斗,照耀着千秋万代中国人的心灵。

当代学者李书磊曾写道,唐诗"使中国诗化了",《唐诗三百首》的"太不寻常"之处在于"它乃是我们精神的源泉和归宿,它是我们灵魂的一部分"。而诗化的中国大地上,还有诗经、楚辞、汉乐府、古诗、建安诗歌、南北朝民歌、宋词、元曲以及明清时期的诗词曲赋中咏叹过的风物与吟唱过的生活,在等待着我们去发现、去追寻,去于此间安顿乡愁的冲动。某个雨声淅沥的早晨,风雪之后的黄昏,明月如水的夜晚,当我们翻开《唐诗三百首》

或《宋词三百首》，便可以穿越那古老的中国——我可以是那长吟"帝力于我何有哉"的击壤老农，结庐南山，躬耕陇亩；我也可以是那身著金甲西出阳关的征人，薄凉萧寒天气，深沉静穆天地，旨酒千巡，忘怀关山悲辛；如果真的可以，我更愿意是那行游中国的一介书生，在东亚大陆这片暖温带的山河间经历最丰富的生命历程，去体会"鸡声茅店月"，去欣赏"星垂平野阔"；去感悟"落日五湖春"，去品味"大江流日夜"；去走"春风十里扬州路"，去望"千里江山寒色远"……这是无数朝代的书生们留给我们的心灵之旅，在穿越如此诗意中国的心路中，我们方能获得敏锐而丰富的情感，拥有诗意的人生。

中国文化的山水人文精神

《论语·子路、曾晳、冉有、公西华侍坐》里,孔子让弟子述志,子路道:"莫春者,春服既成,冠者五六人,童子六七人,浴乎沂,风乎舞雩,咏而归。"孔子"喟然"叹曰:"吾与点也。""知者乐水,仁者乐山。知者动,仁者静。知者乐,仁者寿"的夫子显然深怀山水人文之理想。南宋理学家朱熹对此的解释是:"知者达于事理而周流无滞,有似于水,故乐水;仁者安于义理而厚重不迁,有似于山,故乐山。"可见山水之乐对人心灵的滋养、情操的陶冶都是大有裨益的。王国维在《孔子之美育主义》中提出,孔子教人"始于美育,终于美育":

孔子之教人,于诗乐外,尤使人玩天然之美。故习礼于树下,言志于农山,游于舞雩,叹于川上,使门弟子言志,独与曾点。①

可见,这位"万世师表"堪称中国山水人文精神最早的倡导者和实践者。后世的"山水画""田园诗"与山河大地间那些亭台楼阁及其楹联诗赋,都体现了这种山水人文精神的文化传承。

山水画是中国画特有的一种,它与西方古典风景油画有很多不同,除了画法上的差异,"写意性"是其最大特点。传隋代展子虔的《游春图卷》为现存最早的绢本山水画作,具有"远近山水,咫尺千里"的"卧游"与"畅神"效果;之后唐代李思训的《江帆楼阁图》、王维的《江干雪霁图卷》等也都是早期山水画的经典之作;五代与北宋,山水画创作蔚然成风,荆浩、董源、范宽、

---

① 《王国维文学美学论著集》,周锡山评校,上海三联书店,2018年,第78—79页。

郭熙等一大批画家都留下了传世的山水画作。想想这些设色山水和水墨山水等经典名作，能够在朝代变迁中被收藏与流传，其本身也是中国山水人文精神传承的一种传奇了。单从山水画的名字中，就已经可以感受到这份高雅清远的精神力量：溪山行旅、临流抚琴、富春山居、秋江待渡、雪溪放舟、万壑松风、关山雪霁、松风斜照，等等。

"卧游"与"畅神"是宗炳在《画山水序》中提出的中国画论概念，其开篇以孔子的"仁智之乐"阐释山水人文之道：

圣人含道映物，贤者澄怀味象。至于山水，质有而趣灵，是以轩辕、尧、孔、广成、大隗、许由、孤竹之流，必有崆峒、具茨、藐姑、箕、首、大蒙之游焉。又称仁智之乐焉。夫圣人以神法道，而贤者通；山水以形媚道，而仁者乐。不亦几乎？①

出身士族的宗炳在东晋末年至南朝宋这段乱世间，屡次拒官，"每游山水，往辄忘归"。402年，27岁的宗炳远赴庐山东林寺拜慧远为师，晚年他在《明佛论》中回忆慧远在山水间为他开课的情景："骤与余言于崖树涧壑之间，暧然乎有自言表而肃人者。"但一个多月后，宗炳的哥哥、南平太守宗臧就把他带回了老家，并在江陵建造房屋给他闲居。但已深得山水人文之美妙的宗炳岂肯"闲居"在家！他先后沿长江东下去庐山，西去荆山、巫山，南往洞庭湖、衡山，北往嵩山、华山。36岁时，宗炳在拒任荆州主簿一职时便说自己"栖丘饮谷三十余年"。由此，我们或可体味到宗炳"老疾俱至，名山恐难遍睹，唯当澄怀观道，卧以游之"的心情。这位以中国第一部山水画论著称于世的画家，虽无一幅山水画传世，但却开辟了中国山水人文精神的新境界！

---

① 周积寅编著：《中国画论辑要》，江苏美术出版社，2005年，第50页。

在后世的山水画名家中，北宋的范宽和元代的黄公望也是值得一书的人物，作为"北派山水"和"南派山水"的代表性大家，他们两位的山水画让我们更强烈地感受到中国传统文化中的山水人文精神。

有《溪山行旅图》和《雪景寒林图》等名作传世的范宽，抱着"师诸造化"的想法，长住终南山和太华山，常常整日坐望群峰，深味秦陇山川层峦叠嶂、千岩竞秀的雄健伟岸；尤其是他善用的雨点皴画法和积墨画法，更宜于表现苍莽山峰那种险峻奇秀的厚重质感。故其画中崇山峻岭茂林，气势磅礴撼人。明代画家董其昌誉之为"宋画第一"，并评价道："范宽山川浑厚，有河朔气象。瑞雪满山，动有千里之远，寒林孤秀，挺然自立。"读范宽的画，让人在惊叹与敬畏"造化钟神秀"中倍感胸怀廓然。

以《富春山居图》闻名于世的黄公望，另有《快雪时晴图》等多幅作品传世。这位被誉为"元四家"之首的大画家一生极富传奇色彩，早年做过小吏，遭牵连入过狱，加入过全真教，在杭州、松江等地曾以占卜为生，直到50岁左右，他才专于山水画，常年居虞山富春山一带，曾历时7年走遍富春江两岸。作《富春山居图》时，黄公望已经近80岁了，而且他还只是在"兴之所至"时才动笔，以十日画一山、五日画一水的节奏断断续续画了数年之久。或许正因如此，画中富春江两岸的丘陵沙汀、云烟村舍、江上行舟等，才如此从容舒缓、如诗如歌地渐次展开，有如陆机《文赋》中"笼天地于形内，挫万物于笔端""观古今于须臾，抚四海于一瞬"，也有宗炳的"卧游"境界。

在宗炳的同时代人中，还有一位被钟嵘在《诗品》中誉为"古今隐逸诗人之宗"的大诗人陶渊明。陶渊明的家就在庐山东南麓，而当年宗炳去的东林寺则在庐山西麓,所以他们俩始终无缘相识。陶渊明"少无适俗韵,性本爱丘山",他笔下"缘溪行,忘路之远近。忽逢桃花林,夹岸数百步,中无杂树,芳草鲜美,落英缤纷,渔人甚异之"的桃花源,成为后世一代又一代中国人无比向往的"乌托邦",并引来无数追慕者。如唐代李白的《九日登山》写道:"渊明归去来,不与世相逐";宋人杨万里的《西溪先生和陶诗序》赞誉说:"渊明之诗,春之兰,秋之菊,松上之风,涧下之水也。"最有趣的当属苏东坡,他认定自己的前世就是陶渊明,先后作过《和陶连雨独饮二首》《和陶劝农六首》等109首应和陶渊明的诗歌,可见受其影响之深。

　　陶渊明开宗立派田园诗之后,南朝谢灵运、谢朓等诗人继而开创了山水诗派,到盛唐时王维、孟浩然等诗人逐渐形成了山水田园诗派。王维的"明月松间照,清泉石上流"(《山居秋暝》)、"行到水穷处,坐看云起时"(《终南别业》)和孟浩然的"开轩面场圃,把酒话桑麻"(《过故人庄》)、"愁因薄暮起,兴是清秋发"(《秋登兰山寄张五》),都是传诵千古的名句。

　　由"山水画""田园诗"所传承的山水人文精神落在山河大地间,便是那些建于山巅水畔的亭台楼阁,专供人极目山川悠远、怀古思今。

　　说到"亭",我们最先想起的可能就是"长亭外,古道边,芳草碧连天",这一常见的供人憩息或赏览的建筑,经常出现在诗词文赋之中。著名的有滁州琅琊山的醉翁亭、绍兴兰渚山的兰亭、杭州西湖的湖心亭等,它们均因诗书文赋而得名。如始建于1047年的醉翁亭,因当时的滁州太守欧阳修一篇《醉翁亭记》而闻名于世。文中"醉翁之意不在酒,在乎山水之间也"固然千古传诵，而开篇"环滁皆山也。其西南诸峰，林壑尤美，望之蔚然而深秀者，琅琊也"，也是意境优美、脍炙人口之句。

"台"为古时专供人们登高望远的露台式建筑，现已不多见。我们从诗文中所知最著名的当属唐代诗人陈子昂的《登幽州台歌》中的幽州台了，相传它是战国时燕国燕昭王为招纳贤才而修筑的黄金台。诗人以"幽州台"为喻，感叹怀才不遇：

前不见古人，后不见来者。
念天地之悠悠，独怆然而涕下。

孔子"登东山而小鲁，登泰山而小天下"，是以山河拓展胸怀；刘勰说"登山则情满于山，观海则意溢于海"，是以山海激荡情志。而陈子昂，登台不见古人与来者而唯念天地之悠悠，是以江山万古比照人生仓促，从而激发建功立业之壮怀、抒发壮怀难展的怆然，这也是中国山水人文精神的别样体现了。

"楼"在今天已经成为最寻常的居所了，但在古代的山水绝胜处，多有用以远眺览胜的名楼，如岳阳楼、黄鹤楼、北固楼等。2018年冬天，我曾有缘登临岳阳楼，虽然由于雾霾未能得揽"衔远山，吞长江，浩浩汤汤，横无际涯，朝晖夕阴，气象万千"的岳阳楼大观，但登临之意还是充满千古幽思。尤其是景区微缩复制了唐、宋、元、明、清五个朝代的岳阳楼，让人从中感受到自唐而今这千年来，中国文化中山水人文精神的传承力量。一篇满含知识分子家国情怀和使命担当的美文，与一座洞庭湖边并不雄伟壮观的阁楼，滋养着一代又一代中国人的心灵。

"重屋为楼，四敞为阁"，可见"阁"是四面有窗户的两层以上建筑，更宜于观景。最著名的当属位于南昌赣江东岸的滕王阁了。滕王阁始建于唐永徽四年即公元653年,因唐太宗李世民的弟弟滕王李元婴始建而得名,因初唐诗人王勃的《滕王阁序》一文而久负盛名。文中"落霞与孤鹜齐飞,秋水共长天一色"一句,传诵千古。最值得一提的是,滕王阁建成后的这近一千四百年间,屡毁屡建先后重建达29次之多,这在古今中外建筑史上应该是绝无仅有的一个奇迹了,也是中国文化中山水人文精神传承的最有力、最有趣的一个案例了。

亭台楼阁的山水人文精神之彰显在于,让人从有限的小空间纵目驰神于无限的山河间,如兰亭给王羲之的美感主要不在"茂林修竹""清流激湍",而在"仰观宇宙之大,俯察品类之盛";滕王阁给王勃的美感主要也不在"渔舟唱晚,响穷彭蠡之滨,雁阵惊寒,声断衡阳之浦",而在"觉宇宙之无穷,识盈虚之有数"。

罗素曾说:

> 典型的西方人希望自己成为尽可能多地改变所处环境的原因;典型的中国人则希望尽可能多地享受自然环境之美。这个差别就是中国人和英语国家的人大相径庭的深层原因。①

罗素所言固然有理,但中国人所享受的自然环境,相比于原生态的山川河流,更多是具有强烈人文色彩的亭台楼阁、诗情画意的山水胜地。而且,传统中国人在自己居住的环境中,也总是会尽可能地以几竿修竹、几块山石、几株菊花等,"借得山川秀,添来景物新"(《红楼梦》),这同样是一种山水人文精神的体现。

---

① 〔英〕罗素:《中国问题》,秦悦译,学林出版社,1996年,第159—160页。

第五辑

在庙堂与江湖之间

作为中国文化母体的"民间"

陈列在国家博物馆的那尊东汉击鼓说唱陶俑,把一位民间说唱艺人塑造得如此出神入化、妙趣横生,可见当时民间雕塑技艺的高超水平。

这里我用了两个"民间",以充分表明作为中国文化根基和母体的"民间"的重要意义。第一个"民间",不难理解,说唱艺术通常是艺人们游走于巷间肆坊之事,不登大雅之堂。但在汉代,说唱艺术则不仅盛行于民间,皇室贵族和官员富豪也多蓄养乐舞谐戏艺人,他们的表演以调谑、滑稽、讽刺为主。这种由"江湖"向"庙堂"的递进,也恰恰体现了中国文化"自下而上"的生长态势,体现了中国文化这种根植民间沃土的顽韧生命力之所在。

第二个"民间",意在特别强调中国传统雕塑的"民间性"。今天中国的雕塑艺术,"学院派"显然为主流,多宗奉意大利米开朗琪罗的《大卫》和法国罗丹的《思想者》。但是,放眼中国大地,从天水麦积山石窟、敦煌莫高窟到云冈石窟、龙门石窟,从被烧毁的圆明园残垣断壁及十二生肖铜首,到江南明清老宅屋檐下的雕花"牛腿"等,数不清的年代里数不清的石匠、画匠、铜匠、木匠等匠人们,创造了数不清的瑰丽的石雕、壁画、铜雕、木雕等艺术作品。但他们不仅没有像顾恺之、王羲之、文徵明等人那样在中国美术史上熠熠生辉,甚至连名字都没有留下。那些创造了数不清的瑰丽艺术的匠人们,是为了信仰、为了生活而兀兀穷年地在山洞里、屋檐下默默"创作"的。

实际上，传统生活是离不开民间工匠的，石匠开采石头，瓦匠盖房子，木匠做家具，铁匠打制生产和生活用具……在近代西方科技传入之前那些古老而漫长的岁月里，遍布山河城廓间无数具有地方特色的手工作坊和匠铺，是中国人的日子里不可或缺的物质支撑和精神联结。

所以，有必要从"民间"出发认识一下我们的中国，理解我们的中国文化。

虽然中国太大了，中国文化太复杂了，但认识中国、理解中国文化，从一件民间工艺品、一项民间礼俗、一片古村古镇等出发，无疑是具有见微知著意义的。这一点在史景迁（Jonathan D. Spence）、罗威廉（William T.Rowe）等汉学家那里，也是作为一种研究方法的，如《王氏之死：大历史背后的小人物命运》和《红雨———一个中国县域七个世纪的暴力史》等著述。近年来，国内学者的《一个村庄里的中国》《中国在梁庄》等著作也引发了人们极大的关注。

就中国文化而言，如果说以经史子集为代表的正统典籍、以琴棋书画为代表的高雅文化在"庙堂之高"的话，那么，确实还有以人生与四时的礼俗、口头文学、手艺人的"活儿"、艺人的"杂耍"等为代表的充满活力的、无限丰富的大众文化在草根"民间"。作为地理形态的"民间"，是散落山河大地间的无数村庄，是江南的水乡古镇，是塞北的风雪边城。而作为文化形态的"民间"，是婚礼上新娘的红盖头，是城隍庙前唱大戏的草台班子；是陕北窑洞中的"剪花娘子"，是磁州民窑里的"上釉师傅"；是夜晚的灯光下讲传说故事的母亲，是春天的山水间唱山歌小调的青年男女。

所以，我们通常所言的中国传统文化，显然是由中国境内所有民族共同创造的一个不断演变的、多元的、复杂的宏大体系。承载这一宏大体系的，是辽阔的山河间数不清的村落，是春播夏锄秋收冬藏的农耕生产方式和鸡鸣狗吠炊烟袅袅的乡村生活方式。尤其是那些绵延千百年的古老村落，更是以其丰富的历史故事和文化遗存，成为中国传统文化中不可再生与无法复制的珍贵资源。

2005年春天，我慕名到皖南走马观花了西递、宏村和卢村等几个明清古村落。作为一个北方人，我的确惊讶于那白墙青瓦、错落有致的古老建筑，以及深宅大院里的厅堂水榭。雨中春树人家，梦里故园旧事。那天晚上，我住在宏村院子里有一方水塘的人家里，主人好客地给我讲徽州旧俗。比如普通人家的男孩十五六岁起就要外出谋生，经商发达后总是要回家盖房子。中国传统社会对作为文化根脉的乡村的反哺，由此亦可见一斑。

2017年春节在海南期间，我又先后两次到一个距离海口市不足一公里的古村涌潭考察。这个宋代汉人南渡后蔡氏先人始居之地，从宋代到清代八百多年间先后走出18位秀才举人和30多位名士官员。现在村中不仅有蔡氏祖庙，还有几座明清时期的御赐牌坊，村口有清代修建的"官道"，村边还有一片完整的宋代古墓。这样的古村让我们得见"民间"的文化力量，也一窥中国文化强大生命力的深层原因。三山五岳间如斯古老的村落，勾连起中国文化细密而深沉的磅礴根系。正因有如此细密而深沉的磅礴根系，中国文化这棵大树才得以历经数千年风雨而愈发枝繁叶茂。

但是，数千年来作为"民间"的中国乡村的文化和宗法系统已经在一百多年来的革命、建设和改革浪潮中被反复荡涤，那些使中国人之所以成为中国人的深厚文化土壤也不可避免地受到了冲刷。但是今天，我们不断惊喜地看到，从民间传说、儿童歌谣、农民年画到人生礼俗、生活手艺、节日祭典，有数不清的文化遗产"春风吹又生"般地出现在中国的山河大地间，这是近代以来中国人在饱经所谓"落后挨打"的屈辱与痛苦之后，经过将近两百年的奋斗，再度对自己的传统文化根系充满敬意地加以梳理"活化"，这是我们重新认识"民间"这一文化母体的价值之后的一种返本开源的文化走向。

在这里，我们有必要回溯"五四"以来中国文化艺术自觉担当"救亡与启蒙"的历史使命时开启的"走向民间"的传统。那时，不仅有李大钊、邓中夏等早期马克思主义者开始关注农工，到长辛店开办劳动工人补习学校等，曾题写过"劳工神圣"并在就任北大校长的欢迎仪式上向校工鞠躬的蔡元培，也和沈尹默、刘复一道发起面向全国的歌谣征集活动。1922年12月17日，北京大学《歌谣》周刊发刊，周作人撰写了发刊词。从1922年到1937年，有61种民歌集出版，为中国民间文学、民俗学、文化人类学的研究留下宝贵资料。1950年3月，中国民间文艺家协会的前身中国民间文艺研究会成立。中国民间文艺家协会组织普查、编纂、出版了《中国民间故事集成》《中国谚语集成》《中国歌谣集成》，可谓中国民间传统文学之集大成。

一百多年来"走向民间"的传统，在最近数十年现代化、城镇化的改革开放大潮中似乎有所消解。所幸的是，在2004年中国加入联合国教科文组织《保护非物质文化遗产公约》后，"非物质文化遗产保护"以及"非物质文化遗产传承人"工作的展开，不仅使作为中国文化母体的"民间"与人类文明遗产相对接，也使丰富多彩的传统节日、岁时礼俗、民间文学、民间美术、手工技艺、传统医药等,焕发出无限的生机活力。从这个意义上说,今天的乡村振兴,绝不只是单纯摆脱物质的贫困,也不只是村落宅居的规划重建,而更要开掘和保护传统文化遗产,厚培民间文化的根基,重塑民间文化的形态。如中国民间文艺家协会名誉主席冯骥才所言:

> 过去,我们曾经片面地把一些传统村落归入物质文化遗产范畴,这样一来造成只注重保护乡土建筑和历史景观,忽略了村落灵魂性的精神文化内涵,最终导致村落魂飞魄散、徒具躯壳、形存实亡。因此,传统村落的遗产保护必须是整体性保护。……我们要用现代文明善待历史文明,把本色的中华文明留给后世子孙。①

这种根植民间的"本色的中华文明"可以说是中国文化生命力的不竭源泉。时下的短视频 APP 也可以看作是这种"本色的中华文明"在高科技新时代的一种创造性转化和创新性发展。那些无限丰富多彩的特色美味与美景、搞笑段子与逗乐情景、民间手工艺人与乡村生活故事,等等,大多充满烟火气息和率真情趣,成为亿万没有条件进入都市美术馆、音乐厅等"高雅文化"场所的人们的"休闲娱乐阵地"。显然,这一新兴的、新型的以"看见每一种生活"为号召力的民间文化场域值得我们关注。

---

① 冯骥才:《把本色的中华文明留给子孙,传统村落保护与发展功在当代利在千秋》,中国建设新闻网,2019年7月19日,http://www.chinajsb.cn/html/201907/19/4231.html,2021年6月访问。

第五辑　在庙堂与江湖之间 /

中国人的家和理想家庭生活

前段时间看到一则消息，说现在离婚率攀升，很多年轻人离婚不是因为彼此不相爱了，而是忍受不了对方的父母。由此想到十多年前在《北京周报》（*Beijing Review*）上读过的一篇外国人吐槽他的跨国婚姻的文章。大意是说千万不能娶中国姑娘为妻，因为娶了她一人相当于娶了她全家——先是她父母，然后是兄弟姐妹、七大姑八大姨都要隔三岔五到家里来。这对习惯独立自由的私人空间的外国人来说，恐怕真是有点受不了。其中还提到一个他特别难以接受的生活细节，就是丈母娘晚上到客厅给他掖被子。

这正如林语堂在《中国人》中所写："中国人的婚姻并不是个人的事儿。"传统中国人本来就是"一大家子人"生活在一起的，大家庭中的个体成员往往既没有多少物理意义上的"独立空间"，也没有多少现代意义上的"私人生活"。"五四"以后，在民主革命的洪流中，在思想解放的浪潮里，传统的大家庭及其家庭观念日渐式微，如巴金的小说《家》所描述的那样，青年一代开始觉醒走上反抗封建礼教的革命之路。但是，就中国人整体而言，那样的大家庭作为宗法社会的根基维系了数千年之久，"家"成为我们每个人根深蒂固的"心安"之处，成为我们生于斯长于斯并于斯出发走向更广大世界的生命原点。虽然很多大家庭，可能成为青年一代远走高飞的羁绊，但当他们果真远走高飞以后，尤其是经历多年雨雪风霜以后，心中念想的却常常还是那个"老家"。

从这个意义上说，中国人的家，是生命出发与归来之地，是儒道互补的人生落脚处。有这样一个点，如同风筝的线有了牵系之处，不会终至飘零。这里面包含着一种东方哲学和美学的意蕴，比如中国画中的湖山，不管多么遥迢苍茫，总有一带疏林在天际，或者一抹微云在远方，绝不会彻底的空寂荒寒。不如传统文人诗画中最常见的"寒江独钓"题材，画面中也总会有一安顿之处，就是那"孤舟蓑笠翁"了，想象一下如果没有他的存在，那鸟儿飞绝人踪寂灭的千山万径与寒江，该是多么苍茫无凭！就连那首著名的打油诗也有这样的安排落实——"天地一笼统，井上黑窟窿。黄狗身上白，白狗身上肿。"狗儿与天地一样的雪白中，仍有一"黑窟窿"在呢！其"诗情画意"当然远不能与"巴山夜雨"中的"剪烛西窗"相提并论。但这样一种视野有所及处的审美，把人置于万物之中的安排，也一定程度上体现了中国传统文化"心有所归"和"天人合一"的旨趣。

但是，20世纪以来，中国的社会结构与家庭关系发生了翻天覆地的变化，人们的思想观念也随之巨变。记得三十多年前就曾听母亲念叨，她做儿媳妇的时候，得看婆婆的脸色；她做婆婆的时代，婆婆就得看儿媳妇的脸色了。而现在有些婆婆，恐怕连儿媳妇的身影也看不到了！

别说婆婆与儿媳妇，就是夫妻之间、父母孩子之间也不乏各忙各的、以电话微信联系为主的情况。当然，由于传统家庭观念的根深蒂固，多数人再忙春节也要回家团圆，经济上即使不宽裕也要孝敬老人，而老人也十分愿意照顾隔代孩子，邻居街坊的口碑也有一定的道德约束意义，等等。这是长期农耕文明社会的礼乐教化和人情世故之浸润所使然，也是中国人对家的内涵理解——特别是对理想家庭生活追求的独特性的体现。

记得也是在三十多年前，有一则中美两国两位老太太的购房故事。说的是这两位老太太在天堂相遇，美国老太太感慨自己到天堂前终于还完了房贷，而中国老太太则欣慰自己一辈子省吃俭用临终前终于给儿子盖起了房子。我推想当时这则故事的本意是鼓励人们超前消费，因为听起来中国老太太的活法的确是比较辛苦的，毕竟儿子也可以自己挣钱建房嘛！虽然说今天"房贷"这个词早已是人们耳熟能详的日常用语了，但中国人独特的家庭观和价值观恐怕还不会迅速改变。比如老话儿说，一辈儿就管一辈儿的事儿。但事实上，一辈儿的事儿往往是被上一辈儿管着，甚至上两辈管着，这里的"管"虽然有"管束""干涉"之意，但更多是操心、牵挂等精神层面和支持、帮助等物质层面的内容。尤其体现在求学、就业、婚姻、购房等"人生大事"上，可以说很少有不"牵肠挂肚"和"倾囊相助"的父母。

虽然今天绝大多数青年人有独立与自立的要求，但在这些"人生大事"上也往往会在某种程度上听从父母之言，至少会感受到某种精神上的压力。一方面，这种家庭生活自由度的确弱了一点；但另一方面，这种家庭生活模式，也有一种家风的传承，也有一种代际的亲情蕴含其中。俗话说，人生最大的幸福是小时候有好父母，长大后有好伴侣，晚年有好子女。虽然其中似乎暗含着小时候依赖父母、结婚后依靠伴侣、老了后指望儿女的心态，但更说明了中国人的幸福观在很大程度上是寄托于家庭生活的。所以，托尔斯泰那句名言——幸福的家庭是相似的，不幸的家庭却各有各的不幸——似乎并不适合中国。因为在中国，不幸的家庭也是相似的，除了天灾人祸，主要就是儿女没有出息或不孝敬老人。

还有两句俗话很能说明家庭关系的深层问题，一句是"不孝有三，无后为大"，另一句是"养儿防老"。第一句是说要子孙满堂才不负祖先，其中包含着在祖先崇拜的潜意识中肩负起传宗接代的使命之意；第二句是说如果没有儿子那将会老无所依晚景凄凉。由这两句话可以理解，时至今日很多地区很多人对生儿育女的看重尤其是对生儿子的强烈渴望。这是传统农耕文明中再自然不过的心态，在传统社会中，男孩子不仅是劳动力，还是习文修武、博取功名、光宗耀祖的可堪造就之才。所以"多子多福"成为人们根深蒂固的一种信念。

在此基础上，传统中国人的理想家庭生活总有一条"妻贤子孝"。比如清代学者张潮在《幽梦影》中所述人生"全福"就包括"娶妇贤淑，生子聪慧"。可见，虽然女性在家庭中地位未必高，但作用可不小。尽管也有"子不教，父之过"的说法，但实际上，"贤淑"母亲的言传身教对孩子的成长成才尤其重要。所以，古来有"孟母三迁""岳母刺字"等教子故事。

如此说来，中国人的理想家庭生活中，其实包含着承担"相夫教子"之使命的女性所作出的牺牲和"为人儿女"于情于理都应当"尽孝"的种种规约。林语堂写道：

> 家庭制度是中国社会的根基，由此而生发出各种社会特点，这个家庭制度以及乡村制度——家庭制度的更高一级阶段——可以用来解释中国社会中的所有问题。①

在"妻贤子孝"的理想家庭生活中，孩子因为要服从父母特别是父亲的权威，可能会失去"事业心、胆量与独创精神"。所以，

---

① 林语堂：《中国人》，郝志东、沈益洪译，学林出版社，1994年，第180页。

林语堂认为"这是家庭制度在中国人性格形成上最具灾难性的影响"。这也是有一定道理的。生活在大家族的庇荫下，受着种种有形无形羁绊的年轻人自然很难施展自己的抱负。这可能也是"富不过三代"的一种原因吧！

也许正因为有"富不过三代"的提醒，很多功成名就者特别注重对子孙后代的"家教"，从而形成"家风"的传承，这也成为极富中国特色的文化传统。比如最为著名的《颜氏家训》和《曾国藩家书》等。《颜氏家训》被誉为"家训鼻祖"和"家教典范"，作者颜之推先后在南北朝时期的梁、北齐、北周和隋朝为官，自叹"三为亡国之人"。晚年写下20篇四万余字的家训，旁征博引地论述了教子、治家、风操、勉学、文章、养生、归心等20条"注意事项"，意在教化子孙后人，以使家风永传。其中不乏修身齐家与为人处世之箴言，如"父不慈则子不孝，兄不友则弟不恭，夫不义则妇不顺"和"兄弟不睦，则子侄不爱；子侄不爱，则群从疏薄"的治家之道，还有"夫所以读书学问，本欲开心明目，利于行耳"和"借人典籍，皆须爱护，先有缺坏，就为补治"的为学为人之说。

《颜氏家训》流传千年之后，晚清"中兴名臣"曾国藩的家书亦为后世所推崇，其原因首先在于他生逢末世但终生"拙诚""坚忍"而勤于国是的艰难修为；其次自然也是其家书中修身养性、持家教子、治军从政的智慧洞见。如"盖士人读书，第一要有志，第二要有识，第三要有恒"的读书之法；"凡一家之中，勤敬二字能守得几分，未有不兴；若全无一分，无有不败"的齐家之要。1842年底，在给弟弟们的信中，曾国藩列了主敬、静坐、早起、读史、写日记、谨言、养气等13条课程，最后一条是"夜不出门"。

第一条"主敬"的解释是"整齐严肃、无时不俱。无事时心在腔子里,应事时专一不杂"。今天看来,这些叮嘱也大多还是有益于修身齐家、为人立世的。

值得一提的是,曾国藩在1858年给"澄季两弟"的家书中提出的"养鱼、喂猪、种菜、种竹"这"家政四要"特别具有农耕文明特色:

家中种蔬一事,千万不可忽忽。屋门首塘养鱼,亦有一种生机。养猪亦内政之要者。下首台上新竹,过伏天后有枯者否?此四事者,可以觇人家兴衰气象,望时时与朱见四兄熟商。①

想象一下,一个家庭若有池水养鱼,有院落养猪,有园地种菜种竹,确实不失为幸福之家的兴旺之象。由此也可见,无论在外官至何阶,乡土故园的根基是不能动摇的。一方面有根基的兴旺之家才会世代人才辈出,门楣光耀;另一方面,宦海无情,荣辱浮沉多身不由己,总归是要留一方田园以便随时可以"归去来兮"。

从《颜氏家训》到《曾国藩家书》,传统中国人的理想家庭虽然某种程度上限制了个人的自由与创造力,但对个人修为与功名的期待,既激发了子孙奋发有为的志向,也在客观上"为国育才"了。即是说,家族的兴盛,是和走向庙堂之高的"栋梁之才"有着直接关系的。由此我们也可以进一步体会"修身""齐家"与"治国"这个"同心圆"的内在逻辑,进一步理解"家国同构"的文化心理与"家国情怀"的历史传承。这应该也是林语堂所说中国的家庭制度"可以用来解释中国社会中的所有问题"的一个原因。

---

① 《曾国藩家书》(上册),北京日报出版社,2018年,第273页。

现在步入婚姻殿堂的年轻人多是"90后"一代了，他们是随着中国的社会主义市场经济体制的确立而长大的一代。他们成长的岁月，正是我们国家的经济基础、社会结构和人们的生活方式、价值观念等发生日新月异变化的这30年。因此，说到离婚率的攀升，我们不能不思考人们的人生观、婚姻观、家庭观的深刻变化。比如体力劳动的减少，使女性有了独立意识和平权要求。当她们不再甘于做"贤内助"的时候，离婚率的上升和结婚率的下降也就不足为奇。这对传统的"理想家庭生活"显然也是一种内在的巨大挑战。认识到这一点，我们才会在新的时代拥有更稳定、更幸福的美好家庭。

门楣上与窗棂间的伦理教化

中国传统文化既在经史子集、琴棋书画的庙堂风雅中,也在窗前檐下、炕头灶台的人间烟火里。诗人艾青的《大堰河,我的保姆》一诗中,有"我呆呆地看着檐头的我不认得的'天伦叙乐'的匾"和"大堰河,把他画的大红大绿的关云长贴在灶边的墙上"两句。第一句是讲他回到自己家时的陌生感;第二句是写大堰河对美好生活的向往。但这两句诗,也写出了一种极具中国特色的传统民俗文化:作为家居装饰的匾额、楹联、年画、窗花中的伦理道德教化作用。

被誉为"古建筑的灵魂"的匾额早在先秦时就已出现,至今已有两千多年的历史。匾额内容虽然仅有三四字,但诗、书、印与雕梁画栋的木雕和彩绘艺术浑然一体,古朴典雅,意味深长。特别是祠堂府第的匾额,多为"世德流芳"等传统道德伦理内容,无论在屋檐之下,还是厅堂之上,既具有装饰性的视觉美感,又兼有令人肃然起敬的教化功能。比如艾青诗中的这块"天伦叙乐"的匾,即是叙谈父子兄弟间天伦之乐的意思,让人对和睦幸福的大家庭充满向往。

楹联更具有"寓善于美""寓教于生活"的典型中国传统文化特色。传统民居的大门和中堂都是有楹联的,记得十几年前第一次到皖南西递、宏村等古村落时,那些有关修身齐家与为人处世的遒劲有力、诗意盎然的楹联给我留下十分深刻的印象。比如"西递第一联":快乐每从辛苦得,便宜多自吃亏来。有意思的是,上联的"快"字少了一竖,"辛"字多了一横,意思是说,享乐要少,辛苦要多;下联的"多"字少了一点,而"亏"字多了一点,意思是说,吃亏要亏在点子上,这样才值得。这样的人生道理和生活智慧至今也是令人受益的。我比较喜欢的是西递惇仁堂里天井柱上的一副对联:

几百年人家无非积善,第一等好事只是读书。

这似乎意在揭橥中国文化的生命力之所在了——无论是清平年景还是流离岁月,都要崇德好学,耕读传家。由此亦可见中华文脉根植于深厚的民间沃土,故而根深叶茂绵延不绝的真谛。宏村的一副对联与此亦有呼应:

书是良田传世莫嫌无厚产,仁为安宅居家何必构高堂。

西递旷古斋里的一副对联则这样写道:

孝悌传家根本,诗书经世文章。

宏村承志堂里的对联亦是此意:

敦孝悌此乐何极,嚼诗书其味无穷。

浏览过来,不难发现所有对联中强调最多的是"德"与"书"两个字。那一次我走马观花西递、宏村、卢村等六个古村落,总体的印象是,那里的老宅白墙灰瓦、雕梁飞檐,但并不张扬,厅堂楹联、亭台楼阁,都透着数百年积善余庆之家的殷实与书香。

中国传统民居中,不仅有对联,还有年画、窗花、门笺、砖木石雕等。其中年画可谓中国传统文化一大特色,那大红大绿的热闹喜庆氛围与文人画形成鲜明的对照,但它们的教化作用却别无二致。清人李光庭在《乡言解颐》中写道:"然如《孝顺图》《庄稼忙》,令小儿看之,为之解说,未尝非养正之一端也。"[①]说明年画是启蒙教化的重要形式。清末民初杨柳青年画大师阎文华曾说:"年画是给别人看的,要有喜庆气氛,又有劝诫含义,以辅助社会讲道德之功能。"[②]比如这幅杨柳青木版年画作品《桃符换(焕)彩》(见图5-1)画的就是清代春节前人们"新桃换旧符"的场景。作品采用的是木版套色加手绘的半印半画方法,既有木版刻印的严整性又有手绘润色的丰富性,精致的线条、优美的花纹、古朴的色调和丰富的细节使整个画面充盈着一元复始万象更新的欢喜祥和。

实际上,这种以图像的形式承载伦理教化的传统在早期的中国画论中已有明确的论述。南齐谢赫《古画品录》中就讲道,所谓"图绘者,莫不明劝诫,著升沉,千载寂寥,披图可鉴"。唐代张彦远的《历代名画记》中所论"夫画者,成教化,助人伦,穷神变,测幽微,与六籍同功,四时并运",都强调了图画的伦理教化功能。

农耕文明的基础是农业,是乡村,是村民。在古代中国,要使如此广袤的国土之上众多村民都"知书达礼"几乎是不可能的,因为传统农耕文明的生产力水平决定了只有少数人有条件"识文断字",成为"文化人"。所以,"教化万民"的使命非民间艺术和民俗文化莫属,故而这些民间艺术和民俗文化便逐渐形成比"经史子集"更具普遍的潜移默化力量的伦理教化传统。郑振铎在《中国古代木刻画史略》中讲道:

---

① (清)李光庭、(清)王有光:《乡言解颐 吴下谚联》,石继昌点校,中华书局,1982年,第66页。
② 王树村:《艺林拓荒广记》,天津杨柳青画社,2008年,第814页。

商贩们的叫卖"年画"总在岁尾年头。它们大量地流行于广大的人民之间,为他们所喜爱喜见,山巅水涯无不到,穷乡僻壤无不入,是流传的最为普遍深入的东西。①

而且,因为人们可以在"喜爱喜见"中不自觉地接受伦理教化,这种肇始于汉代的民间艺术在历代都得以大行其道。年画研究学者王树村曾提到清政府的"禁书不禁画":同治年间,《红楼梦》《牡丹亭》《白蛇传》等小说被列为"禁书"禁止刊行或销毁,但是在天津杨柳青和苏州桃花坞等当时的"年画之乡",根据这些书中故事刻印的年画却广为流传。

在中国传统民居中,不仅有匾额、楹联和年画,大多还有窗花。已有上千年历史的窗花是中国民间剪纸艺术中分布最广、数量最大的一种。无论是单色大红剪纸还是套色多彩剪纸作品,贴在窗棂间都别有一种喜庆吉祥的氛围。从二十四孝、三娘教子、劈山救母的故事,到福禄寿禧、八宝盘长、绵绵瓜瓞的图案,这些红火热闹的年画与窗花充盈着居所的门楣窗棂与地砖藻井,他们所蕴含的美好祈愿与伦理教化则渗透在日常生活之中,体现出中华民族的爱美之心与求仁之志,使人们在或苦难或安好的时日中获得勤劳隐忍、劳作不辍的内在动力。比如浙江东阳卢宅肃雍堂展陈的"岳母刺字"木雕梁垫(见图5-2),便充分体现出中国传统人居环境的教化意义。

有五百多年历史的东阳卢宅融东阳木雕、石雕、砖雕、堆塑和彩绘等艺术于一体,是普通人家难以望其项背的士族名门宅第,但楹联、年画和窗花却是普通人家可及之事。因而在广袤的中国

---

① 郑振铎:《中国古代木刻画史略》,上海书店出版社,2011年,第202页。

大地上，只要有村落的地方，就看得见这些花花绿绿的纹样、符号和图案。无论是寄寓着承平岁月祈愿的渔樵耕读、瑞雪婴戏等，还是护佑着安好时日的门神、灶王爷、财神爷等，抑或是表达着吉祥祝福的如意、福寿、万字等，都为世世代代中国人的寒舍与高堂增添了一种祥瑞喜庆和温暖亮堂，照耀着或黯淡或热烈的生活，使"老家"和那片土地成为我们的精神家园和心灵原乡。

第五辑　在庙堂与江湖之间 /

院子文化与诗意栖居

　　走在巴黎街头时,我不仅惊讶于巴黎露天咖啡馆之多,也惊讶于其生意之好。无论是阳光灿烂的日子,还是细雨绵绵的天气,总有那么多人挤挤挨挨地坐在街头,面朝大街,无视身边人来车往,一副忘怀红尘的淡定模样,或兀然自啜自饮,或捧卷与执笔若有所思,或三两人相对闲语。排除气候因素,一般中国人也大多不喜欢至少是不习惯像他们那样露天而坐,而往往愿意选择有相对独立空间的室内咖啡馆读书或闲聊。当然,如果有庭院式的茶馆那就更好不过了。细想起来,我们有一种由来已久的院子文化:万里长城把荒寒塞外挡在外面,城墙把辽远乡野挡在外面,院墙则把异己的广漠世界挡在外面。城与墙,就这样一层一层建构起家国故园。

　　所以,中国传统民居通常是有院子的,无论南方还是北方,无论是大户人家的庭院深深,还是普通人家的院落疏疏,总之要有一方私家空间,可以种树养花、叠石造景,也可以种菜养鸡、喂猪养鹅。种树养花当然是大户人家的雅兴,梨花落、梧桐雨、竹摇风、梅映雪,要之能品茗赏月,抚琴吟诗。普通人家当然要过日子,种菜养鸡最为适宜,但夜晚摇着蒲扇赏月纳凉、话五谷桑麻的情致也不错。

　　所以,中国人的院子绝不仅仅是一个物理意义的空间概念,更是一个人文意义的文化概念,一处安顿身心的精神家园。因此,古典诗词中,不乏"庭院深深深几许,杨柳堆烟,帘幕无重数"

(欧阳修《蝶恋花·庭院深深深几许》)的深情,不乏"梨花院落溶溶月,柳絮池塘淡淡风"(晏殊《无题·油壁香车不再逢》)的清雅,也不乏"庭院沉沉白日斜,绿阴满地又飞花"(夏言《浣溪沙·庭院沉沉白日斜》)的静好。但在古往今来数不胜数的有关院子的诗词华章中,最动人的当属郑板桥晚年给其胞弟信中所描述的这一情景:

吾意欲筑一土墙院子,门内多栽竹树草花,用碎砖铺曲径一条,以达二门。其内茅屋二间,一间坐客,一间作房,贮图书史籍、笔墨砚瓦、酒董茶具其中,为良朋好友后生小子论文赋诗之所。……清晨日尚未出,望东海一片红霞,薄暮斜阳满树。立院中高处,便见烟水平桥。家中宴客,墙外人亦望见灯火。①

在郑板桥心目中,院子虽然是一个相对封闭的私密空间,但却又是一个诗酒人间俯仰天地之处。不过一土墙院子,不过是寻常的竹树花草,但朝阳里可望东海红霞,暮色中能见烟水平桥,天地辽远,尽收眼底,这是何等赏心乐事!在一幅竹石画中,郑板桥还题写道:

十笏茅斋,一方天井,修竹数竿,石笋数尺,其地无多,其费亦无多也。而风中雨中有声,日中月中有影,诗中酒中有情,闲中闷中有伴,非唯我爱竹石,即竹石亦爱我也。②

梅、兰、竹、菊被历代文人誉为花木中的"四君子",是中国画的常见题材。苏轼有"可使食无肉,不可居无竹"的诗句,他认为"无肉令人瘦,无竹令人俗"。可见,有竹之小院,对文人雅士何等重要!明朝遗民龚贤隐居南京清凉山半亩园,造瓦屋

---

① 吴泽顺编注:《郑板桥集》,岳麓书社,2002年,第180—181页。
② 同上书,第349页。

数间,莳花弄草。他的朋友屈大均在写给他的信中说:

> 闻足下新家清凉山曲,有园半亩,种名花异卉,水周堂下,鸟弄林端,日长无事,读书写山水之余,高枕而已,此真神仙中人。

可见其对院子这一诗意栖居之所的钟爱。

如此推想,秦始皇修长城时,是不是也把中原当作自家院落了?而元太祖进入北京城时,也似乎深谙汉族人的生活习俗,以胡同串起四合之院,十万"人家"也就像葡萄一样,可以一串串拎起来了!时至今日,放眼中国城市的"单位"和居民小区,绝大多数都是有私属院落的。

为什么中国人如此喜欢院子?我想这首先是与农耕民族的传统生产生活方式关系密切。传统的农耕经济是自给自足的小农经济模式,要种粮食、种蔬菜,还要养殖家禽家畜,鸡鸭鹅以外,捉老鼠的猫、看门的狗、耕地的牛,都是必不可少的,所以在乡村,没有院子的住宅是不可想象的。尤其是院子周围种上藤蔓类的丝瓜、豆角之类后,不仅有时蔬可烹,"豆棚瓜架雨如丝"的意境更是一份令人心魂安顿的家园之感。当人们物质生活的需求基本满足以后,院子的功能便逐渐开始扩展,面积也随之扩大,而且大户人家往往有了前庭后院。前庭休闲与待客,后院成为种花植树的清雅而私密的家庭生活空间,所以旧戏中的后花园,往往成为才子佳人浪漫爱情的发生之地。

中国人之所以如此喜欢院子,还有一个重要原因就是中国人独特的世界观、价值观和家庭观。这种独特性最典型的体现就是"家国天下"的文化建构。"家"是这个大同心圆状的建构核心,放大一圈就是"国",再放大一圈就是"天下"。现在通常把"家国天下"作为一种爱国情怀倡导，但究其本质而言这更是一种对个人、家庭、国家、世界关系的认知，并且包含着以家庭为核心的观念，这是传统宗法社会给我们留下的文化遗产。

其中，"我"是融在"家"这个核心之中的，因为从现实来说，有所作为可"光宗耀祖"，犯下"罪行"会"株连九族"。这种现实之中的"个人"无论从人格上还是经济上都不可能获得独立性，所以中国人在表达个人观点时惯常用"我们认为"而不是"我认为"。而家的公共空间除了客厅饭厅以外，就是院子了。"院子"和"家"便如此形成一种互通关系。

因此，无论是山西晋中的晋商大院，还是安徽皖南的徽商大院，从那些精美的砖雕木雕、古朴的楹联中，我们都能感受到"衣锦还乡"后"耕读传家"的美好愿望，感受到院子里祈愿、教化、传承的氛围与信念。

当然，院子也是中国人"诗意栖居"的重要组成部分。中国传统民居大多讲究依山傍水的"风水"，房前一溪水，屋后一脉山，普通人家植树筑篱，名门望族修园造景。然后于此间瓜棚豆架下或亭台楼阁上，品茗赏月，听雨吟诗，插花作画，焚香抚琴，等等。纵然院外狼烟滚滚，旌旗猎猎，但只要惊扰不到院内来，便可隔墙犹抚《阳春》曲。这既是朝代变迁的岁月里，院子赋予中国人的最卑微的清平，也是农耕文明土壤中最自私的苟且。钱穆以"自遣自适"来揭示院子之于中国人的文化功能：

> 只要经济上稍稍过得去的家庭，他们在院子里，往往留有一块空地，栽几根竹子，凿一个小池，池里栽几株荷花，或者养几条金鱼。这种设置，看来极平常，但使你身处其间，可以自遣自适。[①]

[①] 钱穆：《国史新论》，生活·读书·新知三联书店，2018年，第365页。

千年以下，我们不仅不能苛责先人，也不能把他们的生活想象得就如诗文所描绘的那样诗意美好。因为过往时代虽不乏王维、辛弃疾等诗词大家笔下那"独坐幽篁里，弹琴复长啸"和"稻花香里说丰年"的清雅与欢喜，也有数不尽的战乱流离、饥馑灾荒等，尤其是物质生活的简单匮乏、交通通信的极度不便，都是现今时代的人无法想象的。比如今天我们从北京到成都飞机航程是三个小时，高铁动车是七个多小时，人们自然不会有"蜀道之难，难于上青天"的感慨喟叹，也不会有"细雨骑驴入剑门"的诗意体验。在古代中国，除了进京赶考、从军、宦游和商贾，大多数人恐怕很少走出方圆数十里的生活范围。所以，他们的生命是深植于大地之中的，对五谷桑麻、天地岁月的生命体验自然比我们深刻，而他们对社会秩序与国家治理体系的认知，自然也受着更多的时代局限。

所以，不能单从中国古典诗词的典雅、画境的空灵或古玩的精美，来简单推断或一厢情愿地想象古人生活的优雅，而应该观照到古人真正的"诗意栖居"精神，会通到这样一种以美的感受滋养心灵、超脱物质生活艰苦逼仄的审美人生态度。比如，有一川烟雨，隐隐数峰，你可以搭茅屋于松林，锄青禾于南亩；你也可以夜雨剪春韭，陈柴煮新茶。这是不是充满诗意的浪漫的山水田园生活？但是，你一定要知道，那里没有电，没有电脑，没有手机，你和远方的朋友只能通过书信联系；而你要造访不远的朋友，也只能在土路上"竹杖芒鞋"踏歌而行。

由此便可进一步扪心自问，今天的我们即使有一处院子，院子里也有花有树，有酒有茶，抬头星月在天，侧耳风过屋檐，但我们能真正放下手上的手机和心中的心事吗？我们果真有"自遣自适"之心看鱼游浅池、听虫鸣三更吗？要知道"诗意栖居"的根本要素在于"诗意"的心灵，而不是"栖居"的院子。写出"画栋朝飞南浦云，珠帘暮卷西山雨"的王勃，不过是在滕王阁上一望彭蠡之滨而已；吟过"窗含西岭千秋雪，门泊东吴万里船"的杜甫，其茅屋竟为秋风呼号卷地而破。

十多年前到台湾时，曾去过只在周末开放的苗栗县山芙蓉咖啡，苗栗是台湾西部一个没什么资源优势和旅游名胜的农业县，但他们那时已经发展起农业观光旅游。山芙蓉咖啡的鲜花庭院让人恍如置身"阆苑仙葩"。坐在鲜花点缀的咖啡桌椅间，那份美好让我想起唐代诗人常建《题破山寺后禅院》里的诗句"曲径通幽处，禅房花木深"，也想到20世纪著名法国建筑大师、城市规划家和作家勒·柯布西耶所言，现代不是一种时尚，它是一种状态，它需要你通晓历史，对于了解历史的人而言，他要了解如何去发现其中所包含的连续性——它体现在过去、现在、未来之中。

这对今天所有渴望拥有或已经拥有一处院子的中国人来说，都是一种非常有益的提醒，就是我们既要能够享受传统院子文化给予我们的俯仰天地、诗意栖居的自在惬意，又应当警醒勿让这份"自遣自适"消磨了新的时代我们应有的人文关怀和家国情怀。

第五辑 在庙堂与江湖之间 /

悠长时日与清平年景

中国传统历法的天干地支纪年和计时法以及一年二十四节气和诸多岁时节日，使中国人的时间获得具象性和周期性，成为点缀着丰富多彩的四时风物与生活礼俗的"日子"，朝朝岁岁周而复始地"如约而来"。数千年来，一代又一代中国人就在这片辽阔的山河大地间，在日出日落、月缺月圆、寒来暑往的循环往复中，春播夏锄，秋收冬藏，婚丧嫁娶，生生不息，形成一种时日悠长、年景清平、岁月永恒的时间观和世界观。由此我们就可以理解明恩溥在《中国人的性格》中讲到的传统中国人漠视时间、不紧不慢和漠视精确等性格特征，显然与这样的时间观和世界观不无关系。

"天何言哉？四时行焉，百物生焉。"中华先民从星移斗转中看到了万物有时的"天地大道"，并以其天人交感的深邃智慧将宇宙规律转化为时间秩序和生活常识，创造出一套依据天象与物候变化的阴阳历。从颛顼"载时以象天"（《史记·五帝本纪》），到尧帝"历象日月星辰，敬授民时"（《尚书·尧典》），中华先民通过观测太阳升落、月亮盈亏、星宿变化，创造了以日月运行规律为依据的阳历和阴历。阳历以日影长短分二十四节气，阴历以月相圆缺分朔望定月份，阴阳历相合而成"夏历"，也就是现在所讲的"农历"。而天干地支纪年法则用以度量计算"年"，通常认为源自黄帝时代，萌芽于西汉初，到东汉汉章帝元和二年即公元85年开始通行全国。天干有甲、乙、丙、丁、戊、己、庚、辛、壬、癸；地支是子、丑、寅、卯、辰、巳、午、未、申、酉、戌、亥。天干与地支按固定顺序相互配合，组成从"甲子"到"癸亥"共六十个"干支"作为纪年的基本单位。

十二地支还与鼠、牛、虎、兔、龙、蛇、马、羊、猴、鸡、狗、猪这十二种动物构成"十二生肖年"，也就是我们所说的"属相"。传统中国人很讲究"属相"的合与不合，尤其是在"提亲"或"做媒"时，长辈都要看看男女双方的生辰八字和属相。生辰就是出生时的时辰，一天十二时辰，一个时辰两小时，也是用地支来表示，从半夜十一点到凌晨一点为"子时"，依次类推，上午十一点到下午一点是"午时"。所以，国际上称之为"0°经线"的通过英国伦敦格林尼治天文台原址的那条经线，我们将其称为"子午线"。

十二时辰在西周时就已开始使用，汉代人们还将其命名使之愈发有一种优雅诗意，如子时为"夜半"或"子夜"，丑时为"鸡鸣"或"荒鸡"，寅时为"平旦"或"黎明"，卯时是"日出"或"破晓"，戌时为"黄昏"或"日夕"；夜里的五个时辰还以"更"相称，十七点到十九点的"酉时"为"一更"，所以"夜半三更"指的就是"子时"。想象一下在古老的岁月里漫漫长夜中，更夫的铜锣与竹梆敲出"三更灯火五更鸡"，那时日是何等深沉久远！

二十四节气作为通用的自然时间刻度成为农事指南，始于汉武帝太初元年也就是公元前104年。它是根据太阳活动在黄河流域形成的气候、物候等方面的变化规律，将春夏秋冬四时各进行六等分，春季从立春、雨水、惊蛰、春分、清明到谷雨，夏季从立夏、小满、芒种、夏至、小暑到大暑，秋季从立秋、处暑、白露、秋分、寒露到霜降，冬季从立冬、小雪、大雪、冬至、小寒到大寒。

其中的立春、立夏、立秋、立冬表示每一季节的开始，而春分、夏至、秋分、冬至则表示每一季节的正中。早在战国后期的《吕氏春秋》中已有"四立""二分"和"二至"这八个节气名称。"枇杷黄后杨梅紫，正是农家小满天"（王泰偕《吴门竹枝词四首之小满》），二十四节气直接关联着大地上的五谷桑麻，进一步强化着人们的春去秋来岁月无涯之感。

斗转星移，沧海桑田，二十四节气早已不仅是农事时间指南，更成为岁时节令民俗，带有更多天人合一的情感意蕴和文化意义。尤其是缀连其间的清明、端午、重阳、秋社、中秋、春节等节日，更是以农耕文明特有的烟火气息让人对生活充满欢喜与希望，像艾蒿香中的端午龙舟与粽子、桂花香中的中秋明月与月饼，都让人充满美感的体验和心灵的欢喜。当然，最令传统中国人欢喜与期待的莫过于农历新年的"春节"了。辞旧迎新的欢天喜地里，"一元复始，万象更新"，好像过去的种种都不算数了，我们似乎可以像小孩子"过家家"一样一切从头再来。尤其是通常春节在二十四节气的"立春"前后，天地间也的确有一种万物复苏的气息。如鲁迅在小说《祝福》开篇所描绘的："旧历的年底毕竟最像年底，村镇上不必说，就在天空中也显出将到新年的气象来。"

如此，一天十二时辰周而复始，一年二十四节气循环往复，十二年子鼠丑牛转一圈，六十年甲子癸亥一轮回，这所有的时光、所有的日子便都是来了又去、去了又来的啊！那我们还有什么着急的呢？这样的时光里，这样的日子中，闲来自然会有"山静似太古，日长如小年"的时日悠长之感。何况这些悠长的时日里，还布满了农耕文明的四时节令风物与节日礼俗。

时间秩序是一个民族得以形成自己独特思想文化的重要基

石,有了时间秩序,才有先与后、因与果、动与静、变与恒等关系的形成。所以,尽管时间对任何人、任何民族都是"公平"的,但不同时代、不同地域的人们对时间秩序有各自不同的认知、理解与感受,进而对天地人生有各不相同的生命体验和文化建构。中华先民把逝者如斯的时间长河化为循环往复的岁时礼俗,把苍穹大地的深奥节律化为生养万物的时令节气,从而汇聚起千秋万代中国人的情感、信仰与希望,成为中国文化的底色与特质,并形成农耕民族特有的一种在四季轮回里"晴耕雨读、诗书传家"的生活方式。生于黄土之上耕织劳作,死而回黄土之下安息,纵然有朝代变迁,也依然能够在战火燃烧过的土地上"凿井而饮,耕田而食",一砖一瓦重筑竹篱茅舍开始"过日子"。

正是在如此的"日子"之中,中国人养成了明恩溥《中国人的性格》中所写的安贫乐道、朴实勤勉、知足常乐、现实务实等民族性格,但这位美国传教士却很难真正理解这一切。因为他眼中"不知疲倦、不急不躁的中国人"需要在中国人独特的时间观和宇宙观中才能被解读。在传统中国,"诗意栖居"并不是一种哲学建构,而就是在星移斗转、春华秋实的天地间联结着往圣先贤与无穷来者的"日子"。

这悠长的"日子",是人心的维系,也有造物的秩序。"观乎天文,以察时变;观乎人文,以化成天下。"(《周易·贲卦》)在中国传统文化中,天文与人文浑然一体,古人在默仰苍穹的同时也省察内心,伦理道德的秩序合应着日月星辰的规律。到秦汉时期,天时与律令的关系随着岁时节日体系的确立而更加清晰。作为中国第一部月令体农书,东汉崔寔的《四民月令》记载了一系列物候节律和相应的瓜菜种植、养蚕纺织、酱菜腌制等农事以及祭祀活动。月令之"令"是一种律令，是指导农事活动的天时，也是王权的农政律令。正是在律令与天时的应和中，王权获得了"奉天承运"的合法性以及道德教化的权力，所以，两千年来的"政"与"教"始终合而为一。从孔子的"为政以德，譬如北辰，居其所而众星共之"（《论语·为政》），到董仲舒的"是故古之王者，莫不以教化为大务"（《汉书·董仲舒传》），以至蔡元培的"教育救国"，"德政"治理国家与"成人"教化万民始终并行不悖。

数千年以降，我们依然可以在"阳春布德泽"的季节从那遥远的乡土大地上，听到"二月二，龙抬头。大仓满，小仓流"的古老歌谣；在农历"小年"的日子里，看到从陕北的窑洞里到山东的灶台前"灶王爷"花花绿绿笑逐颜开的不老"容颜"。正月初一的夜空之上，苍龙星宿仍如千年万年前那样从东方升起，开启又一个如期而来的"鼠年"或"甲子"的气象。愿每一代每一位中国人都在这无穷往复的悠长时日里，拥有岁岁清平年景、一世静好岁月。

中国味道

这两天看了一部英国纪录片《我们的食物》，想到我们的《舌尖上的中国》等美食节目，感觉彼此风格差别很大。《我们的食物》中也不乏色香味俱佳的食物介绍，但主要借助一些数字、实验，介绍英国人一年吃了多少蔬菜、肉奶和水果等，前五名的蔬菜、肉奶和水果是什么？哪种蔬菜沙拉的卡路里最高？运动后补水最好的是水、运动饮料还是牛奶？哪种苹果含多酚最高？好看之中普及了不少知识。而《舌尖上的中国》就无须赘言了，一想到那些浓郁的生活味道都让人流口水。

由此想到，谈中国文化生命力，如果不聊一聊中国饮食，显然是极不到位的！辽阔的地域和多样的气候所形成的丰富食材，多民族交融的生活方式和风俗习惯，以及"民以食为天"和"食不厌精脍不厌细"的悠久传统，让中国味道的独特与丰富在世界范围里，都是无可比拟的。

近两千年前的东汉班固所著《汉书》中写道："王者以民为天，而民以食为天。"民以食为天，用白话来说，老百姓天大的事儿，就是吃。所以，从前人们见面打招呼时常常问"您吃了吗？"至今很多地方的人们在清明节、寒衣节时会拎着食物和纸钱到先人坟前祭奠。以食物表达敬意寄托哀思，充满人间烟火的温馨。

人间烟火，既寄寓着故乡的袅袅炊烟和母亲灶前忙碌的饭菜香味儿，也包含着故乡以外中国大地上那些市井间林林总总的小吃店铺和小摊所散发的浓郁的煎炒烹炸等混合气息。

在《我们的食物》中，主持人介绍英国人最爱的肉食是鸡肉，然后画面出现酥皮冒油的烤鸡，令人垂涎欲滴。如果这是中国味道的节目，接下来恐怕就该是辽宁沟帮子熏鸡、山东德州扒鸡、河南道口烧鸡、安徽符离集烧鸡这"四大名鸡"了，然后广东的白斩鸡、盐焗鸡，四川的口水鸡、麻椒鸡，海南的三黄鸡、椰子鸡，新疆的大盘鸡，云南的汽锅鸡，江浙的叫花鸡，东北的小鸡炖蘑菇等次第闪亮入画，这恐怕就不只是令人垂涎欲滴，而极可能要直接叫外卖了。所以，单从"吃鸡"这事来看，中国文化的生命力中，也一定蕴含着中国饮食文化赋予中国人对生活无限深沉的热爱和无限丰富的创造。

说到创造，最能体现中国人创造力的饮食，恐怕还不是普通人生活中"打牙祭"的吃鸡，而要首推作为日常饮食的面条！这是天南地北中国人最为寻常的生活主食，但细想起来，这里面还真是充满了因地制宜的伟大创造！按地域来说就有北京炸酱面、山东打卤面、山西刀削面、河南烩面、兰州拉面、陕西遍遍面、上海阳春面、广东云吞面、武汉热干面、东北冷面等，写这些文字的时候仿佛眼前已浮现出一碗一碗热气腾腾香味扑鼻的面条儿。这些面条的制作方法千差万别，口感与味道自然各不相同。而且，即使同一种面，比如打卤面，那卤儿的丰富多彩也描绘不尽，什么牛肉面、鸡汤面、西红柿面、豆角面、茄丁面、海鲜面等，你尽可以发挥想象力和创造力去做各种汤汁"浇头"就是了！

写到这里，忽然想起一位在芬兰做了半年多交换生的学生曾跟我说，她寄住的芬兰家庭每天的早餐都是面包牛奶，她和房东太太聊天时说到为什么总是吃同样的早餐，老太太有点惊讶地回答："果酱不是不一样嘛！"呵呵，欧洲的面包牛奶和中国人的油条豆浆有一比,是最普遍最经典的早餐了。那这样说来,我们的腐乳和小咸菜也是不一样的啊!此外,我们还有煎饼果子、包子馄饨、烧饼点心和各种粥类呢!至于种类繁多的广东早茶和福建小吃就更不计其数了。想想在中国做一枚吃货,真是幸福的事情啊!

当然,最让我们感到幸福的,恐怕还不是这日常菜肴和街头小吃,而是偶尔下个"大馆子",品尝一下地道或者不怎么地道的鲁菜、川菜、粤菜、淮扬菜、浙菜、闽菜、湘菜、徽菜等八大菜系,不说那些令人垂涎的菜名,单说这煎炒烹炸、烧烤烩熘、熏蒸酱爆、余炖卤煮等据说最基本的三十多种烹饪方法,也能想象得出一桌丰盛的中国味道该是如何丰富。

中国人对味道的重视和讲究,从语言中也可直接感受到。比如我们欣赏一幅经典绘画或一部精彩戏剧等艺术作品时会说"有味道"或"令人回味",反之便"索然无味"。宗炳在《画山水序》中讲到"圣人含道映物,贤者澄怀味象"。"象"也可以"味",是"体味",作为一种审美的人生态度和境界来感受天地万物的美好。

味道是需要"品"的,所以我们中国人还特别讲究"品味"。胶东方言说"品味"是"咂摸",不仅有"品尝"的感觉还有"回味"的意思,更形象地传递出人对美味的欢喜之意。"品味"不仅适用于食物,当我们赞美一个人的涵养和眼光时,会说"这是一个有品位的人"。"有品位的人"是对天地万物之美和艺术与生活之美有感受、有品鉴、有体味的人。在美味之外,对世间所有的美好都怀抱生命的热情,才能尽情投入这个世界活出人生的千滋百味,才能成为"一个有品位的人"。这是中华美育的意义了。

此外，中国味道不单是人间烟火中的美食佳肴，也是天地岁月间香喷喷的魅力。有个笑话故事讲到一位山东农村妇女跳井自杀，任人们在井口怎么劝说都没用。这时一个亲戚扔下一根大葱喊道，你要死了就吃不到这大葱啦！于是她就不再努力自沉求死而被救了上来。为了一根大葱而活下来，这是一个带有调侃意味的地域文化故事。但因为爱这口大葱，便可以接纳对她来说可能充满了痛苦磨难的世界，这不正是中国味道所给予我们对生命、对生活最深沉的爱吗？

所以，即便再苦再难的生活，只要天地之间有这热气腾腾的中国味道，我们就会有欢喜、有温暖、有希望。因为在这味道中，不单单是有口福之享，还有故乡的记忆，有朋友的欢聚，有亲人的期冀。

中国茶道

二十多年前,我写过一篇《可乐与茶》的短文,那是看到一期美国《时代周刊》封面上一位穿着军大衣站在长城上的中国小伙子手里拿着一瓶可口可乐憨笑的照片而触发的感想。那时我写道:"能知可乐之甘甜爽口,亦不忘清茶之芬芳淡泊,才是智慧的民族。"

生而为中国人,有一莫大幸事就是这方辽阔土地上有品种众多的茶,有传之久远的茶道传统。春日的熏风和夏日的松荫里,一杯崂山绿茶或西湖龙井,或黄山毛峰也好;秋天的暖阳和冬日的雪天里,一壶凤凰单丛或冻顶乌龙,或陈年普洱也好,想来都是一分回香回甘的惬意美好。

早在宋代,品茶就和挂画、焚香、插花成为文人四大雅事。宋人吴自牧的《梦粱录》中写道:"烧香点茶,挂画插花,四般闲事,不宜累家。"这四雅之事,使人的视觉、味觉、嗅觉和触觉都处于美的感受之中,从而获得心灵的陶养。实际上,茶本身所具有的色、香、味加上茶具的质感,已使人的五感进入审美之境。

唐代陆羽嗜茶并精于茶道,自号"茶山御史"隐居江南,撰《茶经》三卷,虽然仅有七千余字,却涵括了茶的起源、制茶工具、制茶工艺、茶具茶器、煮茶饮茶方法、茶的历史与产地等内容,应该是世界上最早的一部茶书。陆羽也因此被誉为"茶圣"。宋代诗人梅尧臣的《次韵和永叔尝新茶杂言》诗中写道:

自从陆羽生人间,人间相学事春茶。

当时采摘未甚盛,或有高士烧竹煮泉为世夸。

唐以后,历代诗人都有关于品茶之诗传世。但"茶诗"中,唐代诗人卢仝的《走笔谢孟谏议寄新茶》尤为后世推崇,其中写到七碗茶的"功效",道出人们爱茶之真谛:

> 一碗喉吻润,二碗破孤闷。
> 三碗搜枯肠,唯有文字五千卷。
> 四碗发轻汗,平生不平事,尽向毛孔散。
> 五碗肌骨清,六碗通仙灵。
> 七碗吃不得也,唯觉两腋习习清风生。
> 蓬莱山,在何处?玉川子,乘此清风欲归去。

因此,宋代大文豪苏轼有"且尽卢仝七碗茶"(《游诸佛舍,一日饮酽茶七盏,戏书勤师壁》)之句,宋代诗人胡铨有"酒欲醒时,兴在卢仝碗"(《醉落魄·辛未九月望和答庆符》)之句。但若论有趣,还属唐代元稹的《一七令·茶》:

> 茶。
> 香叶,嫩芽。
> 慕诗客,爱僧家。
> 碾雕白玉,罗织红纱。
> 铫煎黄蕊色,碗转曲尘花。
> 夜后邀陪明月,晨前独对朝霞。
> 洗尽古今人不倦,将知醉后岂堪夸。

这首宝塔诗也可谓一部"茶之宝典",从茶的形态、功用到煎茶煮茶之法,还有饮茶的意境等,并写到当时最爱品茶的是诗人和僧人。陆羽的好友、唐代诗僧皎然即有多首饮茶诗传世,其中《饮茶歌诮崔石使君》中写尽饮茶三重境界：

> 一饮涤昏寐，情来朗爽满天地。
> 再饮清我神，忽如飞雨洒轻尘。
> 三饮便得道，何须苦心破烦恼。

还有唐代诗人白居易的《山泉煎茶有怀》中"坐酌泠泠水，看煎瑟瑟尘"之句，亦别有一种静雅之意。元代张可久的《人月圆·山中书事》小令中"山中何事？松花酿酒，春水煎茶"也为后世称道。想想一捆陈柴、一担山泉、一间茅舍、一盏香茗，确实令人神往。宋代黄庭坚《品令·茶词》中的"恰如灯下，故人万里，归来对影。口不能言，心下快活自省"，则又是一种畅意人生境界。

宋代以后，品茶在百姓生活中也非常普及了，而且文人之间和百姓之中都盛行"斗茶"之风。古人斗茶，不仅斗茶品，还斗茶令、茶百戏等。茶令是在斗茶时所举与茶有关的故事及吟诗作赋；茶百戏即分茶，宋代诗人杨万里的《澹庵坐上观显上人分茶》中写道："分茶何似煎茶好，煎茶不似分茶巧。"元代赵孟頫的《斗茶图》，更是生动地描绘了"斗茶"的情景。树荫下四位茶贩各自备有茶炉、茶壶、茶碗和茶盏等饮茶用具，一人正分茶，另外三人驻足举杯，神态各异，动感十足。

中国历代文人多有"茶画"传世，比如唐代周昉《调琴啜茗图》，宋代刘松年的《斗茶图》，元代赵原的《陆羽烹茶图》，明代文徵明的《惠山茶会图》、唐寅的《事茗图》、陈洪绶的《停琴品茗图》、仇英的《烹茶论画图》，清代钱慧安的《烹茶洗砚图》、汪中的《蕉荫品茗图》等，都是传世名画。但若论品茗的诗意表达，文徵明的《品茶图》中所描绘的山峰、古松、草堂、溪流的环境，可以说最宜于茶之品性和品茶之心境。因为茶之品性，淡雅冲和，别有一种由天地人共同成就的清远芬芳。画中林木间草堂内，主客对坐，品茶清谈，茶寮中一童子还在煮茶，草堂前溪流蜿蜒而过，一人正踏过石桥而来。画面纯净雅致，格调清新悠远。画上作者题诗道："碧山深处绝纤埃，面面轩窗对水开。谷雨乍过茶事好，鼎汤初沸有朋来。"

在历代文人"茶画"中，宋徽宗赵佶的《文会图》也不能不提。这幅画生动描绘了当时文人雅士品茗的场景，庭院幽深，明净清丽，童仆煎茶，友朋轻语，传统文人雅集的清欢高致尽在其中。赵佶还著有《茶论》，因成书于大观元年，故后人称之为《大观茶论》。全书共 20 篇，对北宋时期蒸青团茶的产地、采制、烹试、品质、斗茶风尚等均有详细记述。比如论及"水"时写道："水以清轻甘洁为美。轻甘乃水之自然，独为难得。"古今中外的帝王，有"茶画"与"茶论"者恐怕独此一人了。这位创造了"瘦金体"书法并创作了《听琴图》《瑞鹤图》等诸多传世名画的皇帝，却不幸在"靖康之耻"中受尽屈辱，与当年精书法、工绘画、通音律的南唐后主李煜有得一比。如此才华横溢并且艺术造诣极高的诗书画传世的帝王，不仅是中国传统文化一大特色，也是中国文化生生不息的一种内生力量的体现。

宋元之后品茶风气之盛，在山西、河北和河南的出土墓室壁画中也有体现，诸如《侍女备茶图》《道童进茶图》等。明代则再次将茶文化的理论与实践推向一个高峰。许次纾的《茶疏》约六千字，被后人誉为"与陆羽茶经相表里"，许次纾指出了饮茶的环境，应是"夜深共语、明窗净几、风日晴和、轻阴微雨、小桥画舫、茂林修竹、清幽寺观"等24种,皆充满悠然诗意。明代还有张源撰有《茶录》,朱权和顾元庆分别撰有《茶谱》,罗廪撰有《茶解》,田艺蘅撰有《煮泉小品》,屠隆撰有《茶笺》,冯可宾撰有《岕茶笺》,陈继儒撰有《茶话》等,可见茶文化之繁盛。其中罗廪因其"家孝廉兄有茶圃,在桃花源西岩,幽奇别一天地",从小深受茶文化熏陶,后隐入山中开辟茶园,种树制茶,鉴赏茶品,深解其味,故《茶解》多为后世所称道。

明代茶文化之兴盛,还得益于明太祖朱元璋下诏将岁贡之茶由团饼茶改为散茶,此令使制茶技术得以改革,茶叶生产得到发展,红茶和青茶继绿茶之后陆续被创制出来。

围绕品茶所衍生的"茶文化",除了充满仪式感和表演性的"茶道"以外,还有观赏性与实用性兼有的茶具、茶点等。冯可宾的《茶笺》中讲道:"茶壶以小为贵,每一客,壶一把,任其自斟自饮,方为得趣。何也?壶小则香不涣散,味不耽搁,况茶中香味,不先不后,只有一时。"现在盛行的宜兴紫砂茶壶便是明代正德年间开始制作的。二十多年前到广东珠海,在大巴车上看到售票员给司机沏茶,用北方人称之为"牛眼珠子"的小杯,一杯一杯递过去,当时觉得不可理解,因为从前北方的大巴司机大多有一个至少1.5升的罐头瓶子大茶缸的。清代翁辉东的《潮州茶经》中讲到功夫茶的茶器有18件,冲泡程序是九道:冶器、纳茶、候汤、冲点、刮沫、淋罐、烫杯、洒茶、品茶。这对北方人来说,听起来都觉得烦琐。但后来看潮州制茶朋友沏茶,还真是基本如此的程序,那茶味也确实不同。

品茶还需茶点,南方的茶点最讲究精细美观,口味多样,在视觉、嗅觉和味觉上与茶相得益彰。1924年,周作人在《北京的

茶食》一文中就感慨北京建都五百余年,但"即以茶食而论,就不曾知道什么特殊的有滋味的东西"。文章最后他写道:

> 我们于日用必需的东西以外,必须还有一点无用的游戏与享乐,生活才觉得有意思。我们看夕阳,看秋河,看花,听雨,闻香,喝不求解渴的酒,吃不求饱的点心,都是生活上必要的——虽然是无用的装点,而且是愈精炼愈好。可怜现在的中国生活,却是极端地干燥粗鄙,别的不说,我在北京徬徨了十年,终未曾吃到好点心。①

这段话道出茶点乃至品茶的"无用之用",这种有"品位"的生活实际上是中国传统文化给予中国人的一种审美人生追求,一种在美好的感受中得以静观与体验天地岁月与人生的生活方式。周作人在《喝茶》一文中还写到喝茶对于人生不可或缺的调适意义:

> 喝茶当于瓦屋纸窗下,清泉绿茶,用素雅的陶瓷茶具,同二三人共饮,得半日之闲,可抵十年的尘梦。喝茶之后,再去继续修各人的胜业,无论为名为利,都无不可,但偶然的片刻优游乃正亦断不可少。②

《小窗幽记》中写道:"千载奇逢,无如好书良友;一生清福,只在茗碗炉烟。"对于当代人来说,"茗碗炉烟"不仅仍是一份清福,而且还是一种观照自我的养生与修为之道。有一次和厦门大学的赵扬老师聊茶时,这位研究生命科学并且深谙茶道的云南人讲道:"品茶有三重境界:第一重可以齿颊留香、神清气爽;第二重可以内观体察,感受茶韵、茶气在体内引发的种种细微的舒适;第三重可以上升为内观茶气对情绪、心境、修为的影响!"

---
① 许志英编:《周作人早期散文选》,上海文艺出版社,1984年,第197页。
② 同上书,第217页。

所以，想来我们大可不必担忧人们会忘记"清茶之芬芳淡泊"，"甘甜爽口"之味不过一时之快，但血脉承传的对清香悠远茶之味、静雅和畅茶之意的热爱，才是真正贯穿在中国人天长地久的日子里的。

中国书房与中国书院

在中国文化史上,书房与书院可谓是一大特色。今天,条件好一些的读书人家,自然也还有书房,但其功能已不比从前了。而真正意义上的书院,也早已不存了。虽然其建筑乃至名称犹存,但其功能在一百多年前的维新变法中就已经被现代的学堂取代了。实际上,即使没有被取代,在科举制度取消以后,书院的传统意义也基本不复存在了。

但是,在经过一个多世纪的革命、建设和改革开放的历程之后,"中国书房"和"中国书院"在近年来悄然成为一个非常时尚的话题,从建筑设计、文创产业到所谓"国学",人们从各自的视域均看到了书房与书院潜在的巨大"市场"。这自然也是推动中国文化复兴不可或缺的重要力量。但是激活传统的书房与书院所具有的人文精神,使之参与现代生活,提升人们的诗书雅兴、审美趣味、人生境界,才是其本质的意义之所在。

书房在古代通常以"斋"相称。《说文解字》解释说:"斋,戒洁也。"明代计成的《园冶》中说:"斋较堂,唯气藏而致敛,有使人肃然斋敬之意,盖藏修密处之地,故式不宜敞显。"可见,"书斋"的意蕴,更注重观照内心、笃定持守的私密性。所以,今天那些轩敞的宽大书房从体量上就不符合书斋的高格。传统书斋,是读书人生命理想与家国情怀的寄寓之地。因为那不仅是读书写字、赋诗作画、焚香插花之处,更是壮游天地的出发之地与风尘逆旅的倦归之所。从中国传统文人的书斋命名就可以看出他们的理想志趣，比如唐代王维的"竹里馆"、宋代王安石的"半山亭"、元代王冕的"梅花屋"、明代文徵明的"玉磬山房"、清代纪晓岚的"阅微草堂"，还有晚清民国时期梁启超的"饮冰室"。

可见，中国书房重在一种中华美学的风范，一种中国精神的意趣。一炷香，一壶茶，青灯黄卷，风雨晨昏，自有一种古典的书卷气质，一种脱俗的清雅之美。董桥在《听那立体的乡愁》一文中讲到明代屠隆官拜礼部主事遭小人构陷归隐之后，虽然家境贫寒但"居然念念不忘经营书斋情调"，书斋外种兰养鱼，洗砚池边引出青苔，墙下藤萝蔓生；"斋中的几榻、琴剑、书画、鼎研之属，更是制作不俗，铺设得体"。这种对"书斋情调"的经营，既是历代读书人的精神追求，也是传统生活美学的体现，是中国文化"以美育人"的悠久传统。

纵览中国历代书房文化，似乎明代尤为昌盛。明代高濂的养生名著《遵生八笺》中的"起居安乐笺"专有一节谈书房，他认为："书斋宜明静，不可太敞，明净可爽精神。"其中还写到具体的环境与陈设：

窗外四壁，薜萝满墙。中列松桧盆景，或建兰一二。绕砌种以翠云草令遍，茂则青葱郁然。旁置洗砚池一，更设盆池，近窗处，蓄金鲫五七头，以观天机活泼。斋中长桌一，古砚一，旧古铜水注一，旧窑笔格一，斑竹笔筒一……①

高濂所描绘的书房既有生机趣味又有古雅之意，令人神往。但今天我们的书房已经很难得窗外草木虫鱼之乐了，不过室内的笔墨纸砚这"文房四宝"以及桌椅、书架、匾联、字画、茶具、香插、花插等，还是可以依据条件和情趣而设置的，尤其是如有

---

① （明）高濂：《遵生八笺》（上册），王大淳点校，浙江古籍出版社，2017年，第318页。

汉代砖砚、宋代建盏、明清花梨木案几之类，自然更添古雅之意了。但这份古雅之意，实际上多由书房中人的性情与所为而得。如近年被认为是《小窗幽记》真正作者的明代陆绍珩所言："瓶中插花，盆中养石，虽是寻常供具，实关幽人性情。若非得趣，个中布置，何能生致！"明代诗人冯梦祯则在《真实斋常课记》中，自述书房所为十三件事：

> 随意散帙、焚香、瀹茗品泉、鸣琴、挥尘习静、临摹法书、观图画、弄笔墨、看池中鱼戏，或听鸟声、观卉木、识奇字、玩文石。①

冯梦祯是明万历年间进士，曾官至国子监祭酒，被劾罢官后定居杭州孤山，潜心佛事。他所言这十三件事的确是件件有意味、有品位、有趣味。但古来圣贤也未必都有条件、有心境得如此之风雅。最为著名的恐怕当属唐代刘禹锡的"陋室"："斯是陋室，唯吾德馨。苔痕上阶绿，草色入帘青。谈笑有鸿儒，往来无白丁。"但有"德馨"盈室，有鸿儒往来，又有素琴可调、金经可阅，所以刘禹锡最后以孔子所言"何陋之有"，呼应开篇"山不在高，有仙则名。水不在深，有龙则灵"，让人思考书房最核心的究竟应该是什么。对此，陆游当是最得其真谛的，他将自己的书房戏称为"书巢"，还专门写过一篇《书巢记》解释何以以此命名：

> "……吾室之内，或栖于椟，或陈于前，或枕籍于床，俯仰四顾，无非书者。吾饮食起居，疾痛呻吟，悲忧愤叹，未尝不与书俱。宾客不至，妻子不觌，而风雨雷雹之变，有不知也。间有意欲起，而乱书围之，如积槁枝，或至不得行，则辄自笑曰：此非吾所谓'巢'者耶？"乃引客就观之。客始不能入，既入，又不能出，乃亦大笑曰：

---

① （明）冯梦祯：《快雪堂集》，《四库全书存目丛书·集部》第164册，四库全书存目丛书编纂委员会编，齐鲁书社，1997年，第648页。

"信乎其似巢也。"①

放翁所写，乃是一酷爱读书之人的书房。时至今日，我们在前辈学者那里，如此"书巢"还时有所见。2019年秋天，我到武汉大学珞珈山下一栋20世纪80年代的老楼里访谈著名美学家刘纲纪。他的客厅即是书房，古旧的书柜和书桌上到处都堆满了书。但那"书巢"里，不仅我们"能入"也"能出"，而且还有珞珈山湿润芬芳的微风混合着书斋里的陈年书香沁人心脾，有一种素朴高古的氛围让人心怀澄明。他的学生告诉我，武大很早就给老先生分了条件甚好的院士楼，但他不愿意挪动那满屋的书，所以一直住在那里。

仔细想来，无论是"书巢"式书房，还是古雅之书斋，都是读书人安身立命的精神家园，是中国文化的传承场域。因为从空间上说，书房连接着社稷与民间；从时间上说，连接着古代与当下。所以，深厚的中国传统文化，正是在书房这有限之场域，突破了时空的局限而获得上下通达、绵延不绝的生命力。所谓"上下通达"，就是一代又一代读书人从自己的书斋通过科举、戍边、征战等方式走向"庙堂之高"，以其文韬武略将圣贤之道带给"天下"；同时在遭遇挫折归隐田园或功成名就衣锦还乡时，又将"诗与远方"带回故园荫及子孙。

作为中国文化的传承场域，还有一重要之地就是中国书院。书院和私塾构成了中国古代的教育体系。私塾始于春秋末期，主要担负着儿童蒙学的责任，以家族开设的家塾和乡村开设的村塾为主，相当于今天的基础教育。书院的出现，比私塾至少要晚一千年，是随着科举制度兴起而形成的教学与研究之所，相当于

---

① 钱仲联、马亚中主编：《陆游全集校注·9·渭南文集校注1》，浙江教育出版社，2011年，第458页。

今天义务教育阶段之后的高中和大学教育。

书院正式出现于唐代，发展兴盛于宋代，普及于明清时期。清代袁枚《随园随笔》中讲道："书院之名，起唐玄宗时，丽正书院，集贤书院，皆建于朝省，为修书之地，非士子肄业之所也。"①宋代最负盛名的四大书院是湖南长沙的岳麓书院、河南商丘的应天书院、江西九江庐山上的白鹿洞书院和河南登封嵩山上的嵩阳书院。但也有一说是岳麓、应天、白鹿洞和石鼓并称为四大书院。

其中，以学术传统最悠久、文化积淀最深厚而被誉为"千年学府"的岳麓书院，在唐末五代时期已有雏形。公元976年，北宋开宝年间潭州太守正式创立。1015年，宋真宗赐"岳麓书院"敕额。此后近千年一直文脉相续，到近代还培养出魏源、曾国藩、左宗棠、杨昌济等在中国近现代史上产生深刻影响的人物。清代徐炘的《岳麓书院纪事·其二》写道："静里光阴存太古，风前兰芷吐清芬。下帷知有文星聚，隐隐书声隔竹闻。"

位于庐山五老峰下山谷中的白鹿洞书院，最早是唐贞元元年（785年）洛阳李渤、李涉兄弟隐居之地，因李渤喜养白鹿，故时人称其居住过的山洞为白鹿洞。南宋时期朱熹也曾在此讲学，并为书院制订了《白鹿洞书院学规》，提出为学之序是"博学之，审问之，慎思之，明辨之，笃行之"；"教人为学之意"在于"使之讲明义理，以修其身，然后推以及人"。这对我们今天的高等教育也是很有启迪意义的。朱熹还赋有《白鹿洞书院》一诗，最后写道："雅歌有余韵，绝学何能忘。"

四大书院中的另外两处都在河南。其中应天书院有宋真宗钦赐匾额"应天府书院"，而嵩阳书院则是司马光讲学和撰写《资

---

① （清）袁枚：《随园随笔》（上卷），胡协寅校阅，广益书局，1936年，第200页。

治通鉴》之所。

　　石鼓书院位于湖南省衡阳市石鼓山，始建于唐元和五年，其名为宋太宗赵光义所赐，后宋仁宗赵祯又赐"石鼓书院"匾额。苏轼、周敦颐、朱熹等名儒曾在此执教。晚清文学家王闿运为其题联"石出蒸湘攻错玉，鼓响衡岳震南天"。1944年，在著名的"衡阳保卫战"中，这所千年书院不幸毁于日寇炮火之中。

　　宋代书院之兴起，反映了当时朝野上下对读书的重视、对文化的推崇，如《小窗幽记》中写道："松声、涧声、山禽声、夜虫声、鹤声、琴声、棋子落声、雨滴阶声、雪洒窗声、煎茶声，皆声之至清，而读书声为最。"当然，宋代文化艺术的繁荣与当时的经济发展、社会稳定、政治昌明、思想活跃等都有着直接的关系，也因此才会有一大批灿若星斗的伟大生命出现在这一时期。如欧阳修、范仲淹、苏东坡、朱熹、辛弃疾、陆游和范宽、郭熙、赵佶、马远、夏圭、张择端等，他们使宋词和宋画成为中国文化艺术史上两座难以逾越的并立高峰。

　　书院的深远意义在于，悠久绵厚的中国传统文化有了坚实的传承之"场域"，有了古今上下畅达贯通的"文脉"，使中华民族"斯文在兹"的崇文品格不断发扬光大。如满族入关建立的清朝，有专供皇帝读书、习字和赋诗的南书房，先后经历康熙、雍正、乾隆、嘉庆、道光、咸丰、同治、光绪八朝共二百四十多年；还有专供皇子读书之"尚书房"，道光年间改为"上书房"，其中有一副雍正写的对联："立身以至诚为本，读书以明理为先。"这与当年朱熹所制订的《白鹿洞书院学规》中的读书宗旨可以说是一脉相承的。

　　戊戌变法以后，在"西学"的影响之下，书院逐渐消失，模仿西方现代大学建制的学堂开始出现。尤其是1905年科举制度废除以后,书院也随之彻底失去了其原有功能。胡适认为"书院之废,实在是吾中国一大不幸事。一千年来学者自动的研究精神,将不复现于今日了"①。1923年在东南大学的演讲中,胡适不无痛惜地讲道:

  二十年前的盲目的革新家不认得书院就是学堂,所以他们毁了书院来办他们所谓"学堂"!他们不知道书院是中国一千年来逐渐演化出来的一种高等教育制度;他们忘了这一千年来造就人才,研究学问,代表时代思潮,提高文化的唯一机关全在书院里。他们不知道他们所谓"学堂",——那挂着黑板,排着一排一排的桌凳,先生指手划脚地讲授,学生目瞪口呆地听讲的"学堂",——乃是欧洲晚近才发明的救急方法,不过是一种"灌注"知识的方便法门,而不是研究学问和造就人才的适当方法。②

  胡适的观点,应该说有一定道理。但直到今天的中国高等教育,依然没有可能游离于西方现代大学建制与学科体系之外。
  所幸的是,今天的中国大地上,又有雨后春笋般的各类"书院"出现,其数量恐怕早已超过中国历代书院之总和了。这自然是中国文化复兴的可喜气象。但问题在于今天的书院是否可以与传统书院相提并论?换言之,如何让优秀的中国文化与教育传统实现创造性转化和创新性发展,使之真正成为推动中国现代化的思想资源和精神力量,我们可能还有很长的路要走。这也正是我们探讨中国书房与中国书院的意义之所在。

---

① 胡适:《人生有什么意义》,江苏凤凰文艺出版社,2018年,第27页。
② 胡适:《为人与为学:胡适言论集(评注本)》,萧伟光评注,中国纺织出版社,2015年,第276页。

由回家过年说中国节

年根下的日子,各种媒体都开始渲染"回家过年"的团圆幸福!是啊,在外奔波劳顿了一年的人们多么渴望回家和亲人们团聚,多么渴望回家品一口故乡老灶的味道!"回家过年"作为一种信念乃至一种信仰,让数亿中国人无畏风雪、无惧拥堵地奔波辗转在路上!纵观人类文明史,为一个节日而如此大规模迁徙的景观,可以说绝无仅有。

仔细想来,"年"作为千百年来中国人最重要的一个节日,阖家团聚自然是非常有道理的。尤其是在市场经济大潮的激荡之下,在追求"富起来"的快节奏现代生活中,人很容易被"物化"和"异化",也很难在打拼之地找到文化认同和心灵归宿,而"回家"能使人获得亲情的温暖与心灵的慰藉,获得更多的尊严感和价值感。尤其是传统文化中"富贵而不还乡,如锦衣夜行"的劝勉和"羁鸟恋旧林,池鱼思故渊"的咏叹,更让"回家"成为一个充满温情与期待的词。"过年回家"合于礼俗与人伦,更具仪式感,有一种强大的感召力量。

中国传统年节的"回家""团圆",是几乎可以和宗教祭祀相提并论的庄严仪式,此间聚散的人生体验,既能激发人奋发有为"光宗耀祖"的精神,也会唤起人归隐田园晴耕雨读的愿望。

因为回家过年,虽有团聚的欢喜,但随之必有离别的悲伤。尽管在我们这种"乐感文化"的语境中,绝大多数"回家过年"的故事往往会把"年后别家"的酸楚忽略掉。但实际上,恰恰是这份别家的酸楚，成为再度"回家过年"的期盼起点。想象一下：在中国的大地上，当春节的鞭炮声彻底沉寂下来以后，那些古老门框上鲜红的春联开始慢慢褪色，那些为人儿女为人父母的人们换上朴素的衣衫要再次踏上通往异乡之路时，稚子牵衣与倚门人挥手间总是会有一份抹不去的悲伤。

回望中华民族数千年的文明历程，"故乡"与"异乡"或者"他乡"这一组二元对立的地理关系始终存在着。虽然今天的交通与通信之便利是古代人无法想象的，但"异乡"与"他乡"总是疏离而凄惶的字眼。所以，最令人悲伤的，可能还不是这样循环往复的归去与出发，而是我们终于失去了"故乡"，或者说，"故乡"最终成了"他乡"。

"独在异乡为异客，每逢佳节倍思亲。"不管是"失去"故乡的游子，还是老人孩子留守老家的外出打拼者，所有的中国传统节日在他们眼里是不是都意味着郁郁悲伤呢？因为安土重迁、慎终追远的农耕文化传统，已使"团聚"成为中国传统节日的一个"母题"。从清明节的祭奠先人到端午节的纪念忠臣，从重阳节的登高怀远到中秋节的阖家团圆，以至春节的大团圆，哪一个节日都充满对先人和亲人的悠悠情感啊！

2020年2月28日，国家统计局发布的《2019年国民经济和社会发展统计公报》显示，2019年末全国大陆总人口14亿人中，流动人口2.36亿。[1] 2.36亿人中的大多数要实现和故乡亲人的团聚，是一次多么壮观的迁徙啊！当我们欣喜于高铁和5G智能手机等现代交通通信的便利时，当我们沉浸在春节里张灯结彩欢天喜地的团圆幸福时，希望我们再不会有"异乡"，希望我们的节

---

[1] 国家统计局：《中华人民共和国2019年国民经济和社会发展统计公报》，2020年2月28日，http://www.stats.gov.cn/tjsj/zxfb/202002/t20200228_1728913.html，2021年6月访问。

日不再意味着无尽的思念。

一个民族的节日，总是承载着这个民族的历史与文化，凝结着民族成员的伦理情感、价值取向、审美趣味与宗教情结。作为传统文化的拥趸，我真诚希望所有的中国节日都能在当代生活中"活化"，成为我们心灵归属和文化认同的路径。但是，要"活化"的传统节日必须能够适合当代的生活方式，适应人们的情感需求，否则总有一天会被遗忘。

实际上，我们已经遗忘了很多很经典的节日，比如从商周时期一直延续到元末明初的"春社"，便曾是每年春分前后祭祀土地神的节日。土地是农耕民族的维命所系，今日中国的山河大地间也不乏供奉着"土地爷"的"土地庙"。"春社"分为官办和民办两种。官办春社以祈求丰年为目的，仪式繁缛、气氛庄重；而民间春社则充满世俗生活气息，有敲社鼓、食社饭、饮社酒、观社戏等诸多娱乐性质的习俗，因而也是青年男女踏青相会的好日子。"社会"一词据说就是由"社日相会"演化而来。今天虽然南方的"二月二"还有祭社习俗，但已见不到传统"春社"的热闹场景了。不过还有很多描写这一节日的古诗文作品，可以让我们体会到那欢乐的氛围，如唐代王驾《社日》中"桑柘影斜春社散，家家扶得醉人归"，南宋陆游《春社》中"社肉如林社酒浓，乡邻罗拜祝年丰"，明代方太古《社日出游》中"村村社鼓隔溪闻，赛祀归来客半醺"，明代朱诚泳《春社》中"斜日半山林影乱，杏花香里醉人回"，都让人真切感受到这一节日的喜庆美好。

再比如中元节，现在也只在一些较偏远的农村还能见到。中元节俗称"七月半"，即农历的七月十五日，这一天人们以放河灯、焚纸锭和拜土地等仪式，庆贺丰收、告慰先人、祭奠亡魂、感谢大地。中元节和清明节、寒衣节并称为"三大祭祖节日",体现了中国人祖先崇拜的传统思想。寒衣节是每年的农历十月初一,也就是进入冬季的第一天,这时候天气转凉,祭祀时除了食物、香火、纸钱等供物之外,还要有冥衣,给去世的先人御寒。

  但是,在快速城镇化和现代化的过程中,这些传统节日的式微几乎是一种必然的趋势。记得有一个冬日的黄昏,算来应该是寒衣节,在北京街头几次看到有人蹲在拐角烧纸钱,内心有说不出的感觉。从环保的角度而言,这样的行为显然是不应被鼓励的,但他们缅怀先人的情感又是可以理解的。

  与此相反,今天一些西方"洋节"倒是很受人们欢迎,比如曾被商家热炒的"情人节""圣诞节"等,还有比较受人认同的"母亲节""父亲节"等,由此可见生产生活方式的改变对文化的深刻影响。这也给我们一种提示或者一种警示,任何礼俗都必须与人们的生产生活方式相适应才会具有生命力。古老农耕文明岁月里形成的传统节日,仅仅靠吃汤圆、粽子、月饼等来维系,显然是远远不够的。

追寻原乡，重建故园

在 20 世纪中国的巨变中，人口的迁徙几乎成为常态。很多人是因为战争、饥荒等原因被迫背井离乡，也有很多人是因为革命、建设等原因而远赴他乡；改革开放后则有更多的人因为求学、经商、打工等原因而离开家乡。这对一个有着悠久的"安土重迁"和"父母在，不远游"的文化传统的民族来说，形成一种集体无意识的"乡愁"是非常自然的事情了。况且，这浓稠的"乡愁"背后，还有着深厚的中国传统文化积淀，比如《世说新语·识鉴》中张季鹰就因故乡的"莼鲈之思"辞官归去，留下"人生贵得适意尔，何能羁宦数千里以要名爵"的千年美谈。还有古典诗词中那些怀乡之作，像李白的"此夜曲中闻折柳，何人不起故园情"（《春夜洛阳城闻笛》），杜甫的"丛菊两开他日泪，孤舟一系故园心"（《秋兴八首·其一》），苏轼的"梦到故园多少路，酒醒南望隔天涯"（《浣溪沙·山色横侵蘸晕霞》）等传诵千古的名句，使一个充满温情与诗意的精神原乡成为我们血脉中的文化基因。

所以，在今天这个瞬息万变的时代里，人们对精神原乡的追寻、对心灵故园的探求开始萌发并日渐强烈，可以说是很自然的事情，或者说是一个民族整体上的文化自觉与文化复兴。尤其在近二十年来快速城镇化的浪潮中大量乡村凋敝荒芜的情况下，很多人开始追寻和重建那些充满古典"乡愁"味道与传统"家园"意象的与"青山绿水共为邻"之地。

2019 年冬天，在云南剑川的沙溪古镇，我结识了一位来自天津的朋友杨明，他们夫妇在沙溪已经定居了七年之久，在当地怡然自得地经营着一家颇具特色的小酒馆和几间民宿。他们之所以告别故乡天津而定居西南高原古镇，是因为喜欢"沙溪的日子如在历史与时代中交互穿越，既有《诗经》中的生活风物，也有时代镌刻在每寸土地上的年轮。因为沙溪从历史、宗教、经济等方面秉承了白族原乡的农耕文化、马帮文化和甲马文化的精髓，是承上启下融汇交合的典范，其味深远，厚重迷人"（杨明语）。沙溪是位于大理和丽江之间的一个历经千年风霜的国家历史文化名镇，镇外的玉津桥是当年马帮由云南进入西藏的重要通道。站在桥上眺望远处的苍山、村舍和水田（见图 5-3），或者站在兴教寺门前凝望对面古老的戏台，都会切身感受到杨明所言的"其味深远，厚重迷人"。

  这位朋友的选择令我"虽不能至然心向往之"。他们为自己寻找到了安身立命的乡土之地，也为古镇增添了一些文化品位和经济活力。还有许多知识分子以其艺术行动直接投身于为更多的人追寻原乡、重建故园的时代先锋行列。中央美术学院的建筑设计师吕品晶，便是其中之一，他以"合应自然"的理念和"修旧如旧"的传统建筑营造法式，开拓了一种建筑规划改造与非物质文化遗产活化并举的乡村重建模式。

  2017 年春天，我曾与他一同到黔西南马岭河峡谷和清水河景区之间一巨大天坑中的古村寨雨补鲁，那里生活着一百五十多户以陈姓为主的人家，相传是明代洪武年间农民起义领袖陈友谅的后代。走进雨补鲁，穿过雄浑厚重的寨门，登上望乡台，前方是峰峦如簇的辽阔大地，身后是炊烟袅袅的村寨，次第坐落的祠堂、客栈、农家乐和煮酒坊等透着祥和生机，错落有致的古旧石屋民居前，一条小溪蜿蜒流过，溪畔是洗衣的老阿妈，她身后是平整的田野，远方是环绕的群山。这就是吕品晶规划重建后的雨补鲁，村民们可以就这样守着天坑中的良田与老宅，耕田酿酒，走幡祭祀，在游人们欢喜与羡慕的称赞中，过上有尊严的自得自足的生活。

在也是始建于明代的黔西南板万村，吕品晶同样不仅是修复了山寨的传统木构吊脚楼民居，修整和改建了山神庙、风雨桥、非遗传习所、村委会、大食堂、大戏台等公共文化空间，而且还挖掘整理了织布、刺绣、酿酒、布依戏、八音坐唱和传抄布依摩经等布依族传统文化和技艺；他还联系苏州工艺美术职业技术学院免费培训布依族绣娘，扶持布依族返乡大学生用当地的玉米和清泉经过十二道传统工序酿酒，并帮助他通过网络销往山外。

而最令人感动的是，吕品晶还通过多方筹措资金翻新建起一座"板万梦想家小学"。在这栋书声琅琅的小楼里，设计建造了一间"乡土教室"，展陈的是从村庄搜集来的布依族生产工具、生活器具、传统礼仪习俗用品等，这个布依族传统生产生活的微型博物馆让孩子们和所有来到这里的人们看到了过去的岁月，看到了大山里曾经的生产生活。

吕品晶的乡村重建，是在与原住民的协商讨论中把一种贯穿于日常生活但又隐于表象之中的传统文化特质呈现于当代生活，借由人的现实生产生活方式的转型而实现乡村传统生活与现代文明的续接，实现传统文化的现代活化，实现山河故园的再造。

在当代中国追寻原乡、重建故园的先锋行列中，还有一位不得不提及的先行者和一项极具典型意义的"艺术介入乡村"行动，就是左靖和他的"碧山乡建"。早在2011年，左靖就与合作伙伴选择了碧山村这一自然资源、乡村建筑资源和历史人文资源都非常独特而丰厚的徽州古村落，邀请中外艺术家、建筑师、作家、导演和设计师等与当地学者和民间艺人深度合作，拓展乡村重建的文化艺术空间，拟构建集土地开发、文创产业、特色旅游、体验经济、环境和历史保护、建筑教学与实验、有机农业等多种功能于一体的"碧山共同体"。

虽然计划推进后来遇到挫折，但"碧山丰年祭"等活动仍为开掘地方特色民间工艺与民间艺术资源发挥了极大的推动作用，这也让左靖更坚定了以艺术推动乡建的信念。他以"新百工，新民艺"为理念将碧山村原来作为供销社的老建筑修复改建为"碧山工销社"，以驻村、工坊、讲座、出版、展览和销售等活动带动当地民间手工艺的复兴；他带领安徽大学的学生们在黟县进行田野调查，采访、拍摄了当地90种传统技艺与工艺，包括饮食、木雕和石雕、农耕技术、乡土建筑技法以及其他与传统习俗相关的物质文化，整理汇编出版了四百多页的《黟县百工》一书，并策划举办了"早春二月：从百工民艺到设计日常"等一系列传统工艺与设计展览。

2012年左靖创办的《碧山》杂志至今已推出"东亚的书院""去国还乡""结社与雅集""民艺复兴""永续农耕""民宿主义""方志小说"和"建筑师在乡村"等十余期主题阅读，可以看作是左靖"艺术介入乡村"实践所探索、寻求与产生的思想资源与理论关联，其浓郁的乡土气息和诚挚的人文情怀令人释卷而难忘怀。尤其令人称道的是，依靠文化艺术的柔性力量，近年来左靖的追寻与重建成功地实现了"在地升级"——在左靖的邀请下，以"长效设计"为理念的店铺型活动体 D&DEPARTMENT 进入中国，与碧山工销社合作，设立中国首家合作店"D&DEPARTMENT HUANGSHAN by 碧山工销社"。他们以长效设计为视角，重点发掘黄山当地的长效设计产品，定期举办展览及学习会等，构建交流平台，成为关注地域设计发展的综合活动空间。这些工作从很大程度上改变了当地的文化生态，而且成为一种文艺乡建范式，从安徽碧山逐渐拓展到贵州茅贡、云南景迈山、浙江徐岙底、河南修武等地。

左靖的故事很容易使人想到20世纪上半叶乡村建设运动中的梁漱溟、晏阳初那一代知识分子。1930年梁漱溟在山东邹平筹办了山东乡村建设研究院，7年后出版了《乡村建设理论》一书；1926年晏阳初在河北定县即今天的定州市开始乡村平民教育实验，1940年在重庆创立中国乡村建设学院。由此我们还可以追溯到1919年2月，中国最早的马克思主义者李大钊在《青年与农村》一文中讲道：

> 我们中国是一个农国，大多数的劳工阶级就是那些农民。他们若是不解放，就是我们国民全体不解放；他们的苦痛，就是我们国民全体的苦痛；他们的愚暗，就是我们国民全体的愚暗；他们生活的利病，就是我们政治全体的利病。[①]

当年曾在李大钊所主持的北大图书馆做过馆员的毛泽东，同样对中国作为一个"农国"的国情有着深刻的洞察和准确的把握，对最底层的劳苦大众有着深厚的感情和强烈的社会责任感，这也是他能够带领中国人民翻身求解放的一个重要原因。

由此可知，正是中国知识分子在"江湖之远"和"庙堂之高"间形成了一条顽韧的纽带，才使得中华文明历经数千年的沧桑而

---

① 《李大钊全集》第2卷，中国李大钊研究会编注，人民出版社，2006年，第304—305页。

绵延不绝。这条顽韧的纽带就是知识分子对民生疾苦的人文关怀、对民族历史的温情敬意和对家国天下的道义担当。今天，中国优秀知识分子如吕品晶和左靖，也以一种溯本开源的方式，投身中国大地那些偏远之地或历史文化厚重之处，去探寻、续接与重构最古老的乡村文化命脉，以心灵安顿之故园唤起新时代中国人的文化自觉与自信。

第六辑

重新认识"古今中外"

马戛尔尼来华与郭嵩焘出使

当我们谈及中国与世界的关系时,有两次耐人寻味的近代外交活动值得注意与探讨。一是 1793 年英国乔治三世国王派出的马戛尔尼使团第一次来华,二是 1876 年清廷派出的驻外公使郭嵩焘第一次出使。

从世界历史的整体视野来看,18 世纪下半叶,正是欧美工业革命和资产阶级革命风起云涌之际。1776 年英国学者亚当·斯密出版了《国富论》,为资本主义自由贸易提供了理论基石。1785 年,英国人瓦特改良了蒸汽机,人类社会由此进入"蒸汽时代";1789 年法国资产阶级革命爆发,君主制的波旁王朝 3 年内土崩瓦解;1775—1783 年,北美 13 个州在乔治·华盛顿的领导下取得独立战争的胜利,1789 年美国联邦政府成立,乔治·华盛顿就任首任总统。这一系列的革命运动使资本主义文明开启迅速上升的时代。

1793 年乔治·马戛尔尼(George Macartney)来华时,他所乘坐的英国"狮子"号皇家炮舰和两艘英国东印度公司提供的随行船上不仅有八百多人的庞大使团成员,还有为庆祝乾隆"八旬万寿"而准备的六十多箱近六百件珍贵礼物。他们准备的天文地理仪器、新式枪炮、车船模型、玻璃火镜等,都是当时英国最先进的科技成果。但对自认为"天朝物产丰盈,无所不有"的乾隆来说,这些"贡品"大多不过是"奇技淫巧"而已。所以,1860 年英法联军火烧圆明园时,发现当年作为礼物运来的大炮和炮弹竟然都完好无损地摆放在那里。马戛尔尼来华时的英国,已经完成了工业革命成为世界上第一个工业强国,开始走向全球扩张之路,地大物博的中国自然是他们急于开拓的重要海外市场。所以,马戛尔尼使团来华的使命,虽然表面上是为乾隆贺寿,但实际旨在打开贸易通商大门。这也是起初以为英国使团就是"远人来服"并且精心安排了"既来之则安之"的乾隆后来恼羞成怒的原因之一。

在最初接到马戛尔尼使团来华的禀报时,乾隆甚至写下一首题为《红毛英吉利国王差使臣马嘎尔尼奉表贡至,诗以志事》的诗,其中有"祖功宗德逮远瀛"之句,最后还自勉道:"怀远薄来而厚往,衷深保泰以持盈。"而马戛尔尼递呈的英王信中要求允许英国在北京设领事馆,允许英商在舟山、宁波和天津等沿海城市开展贸易,甚至在舟山附近指定一个未经设防的小岛供英商居住使用,等等。这些显然都是乾隆断然不能应允的。

应当说,作为一个正雄心勃勃地全球扩张的大国使节,马戛尔尼拒绝对乾隆行跪拜大礼也是可以理解的;但对于一个尚处于"盛世"的"天朝大国",要求前来贺寿的"贡使"行跪拜大礼似乎也并不过分。如何伟亚(James L. Hevia)所言,这是一个现代民族国家的"主权平等"外交观与一个古老文明帝国的"差序包容"天下观之间的碰撞。何伟亚还认为:

> 既然英国外交官们标榜其行为具有高度理性,既然他们想以最大的收益和最小的代价追求他们国家的在华利益,那么只要有一线希望能达到使团的目标,他们就应该在中国皇帝面前磕头。然而,没有任何一位英国外交官这样做。①

---

① 〔美〕何伟亚:《怀柔远人:马嘎尔尼使华的中英礼仪冲突》,邓常春译,社会科学文献出版社,2002年,第236—237页。

实际上，在相关记录中，马戛尔尼初见乾隆，的确是行了单腿跪礼；但在第二次乾隆寿庆时则是跪拜了的。这也导致马戛尔尼无功而返后23年，也就是1816年，英国政府再次派出阿美士德使团来华寻求贸易通商时，由于使团不愿意向嘉庆皇帝行叩头礼而遭到驱逐。显然，礼仪之争是双方对国家与世界认知以及经贸关系等方面的根本性差异的前导，毕竟在两千多年漫长的封建王朝时代，中国向来只有"怀柔远人""协和万邦"，而没有所谓主权平等的"外交"一说。

美国学者吉尔伯特·罗兹曼主编的《中国的现代化》对当时及随后中国所面临的屈辱困境的分析还是很有道理的：

2000年来中国人第一次发现，自己面对着一些不把中国的伟大放在眼里的民族。确切地说，他们根本没有意识到这一点。中国既不能维持别人对她的尊重而免遭战火，又不能抵抗由这种不尊重而发起的侵略。酿成这一悲剧的原因是：国内经济危机、社会关系腐败、人民文化知识贫乏以及西方的剥削。[1]

由此可以理解，1876年清廷派出的第一位驻外公使郭嵩焘的外交活动成绩斐然但结局却十分凄凉的原因了。

1875年，郭嵩焘上奏朝廷一份《条陈海防事宜》的折子，提出要"先通商贾之气，以立循用西方之基"。恰好这一年2月，英国驻华使馆翻译马嘉理擅自带领一支英军由缅甸闯入云南并开枪打死当地居民，结果被打死。之后英国不仅要求清廷革职下狱当事官员，斩首抗英勇士，强迫签订《烟台条约》，使英国得以侵入云南、西藏地区，并且还要求派公使亲往英国道歉。就这样，57岁的郭嵩焘被任命为出使英国大臣，成为中国历史上第一位驻

---

[1] 〔美〕吉尔伯特·罗兹曼主编：《中国的现代化》，陶骅等译，上海人民出版社，1989年，第270页。

外公使。

  1876年12月2日，郭嵩焘与副使刘锡鸿，参赞黎庶昌，翻译张德彝、凤仪、马格里，以及随员、跟役等共三十多人，在大雨中登上了英国轮船，从上海港向伦敦出发。1878年郭嵩焘又被任命为驻法公使。但1879年即被召回国，称病辞官还乡。与马戛尔尼来华的无功而返相反，郭嵩焘在驻英公使和驻法公使期间的所作所为有诸多可圈可点之处，比如奏请设立领事馆、奏请禁烟、交涉中英民间纠纷等，都极大地维护了民族利益与尊严。但令他铩羽而归的，看似是清廷安排掣肘之副使的人事问题，但从根本上说还是与马戛尔尼来华所遇到的礼仪之争背后类似的观念问题。

  郭嵩焘的副使刘锡鸿，是晚清保守主义代表人物之一。他给郭嵩焘罗列了十条罪状上奏清廷，其中包括"游甲敦炮台，披洋衣""见巴西国王，擅自起立致敬""锐意学习外语，并令其如夫人梁氏一起学"等。[1] 如此寻常而得体的行为竟然可以构成罪状！显然这背后有更深刻的思想分歧。梁启超在1923年的《五十年中国进化概论》中写道：

> 记得光绪二年有位出使英国大臣郭嵩焘，做了一部游记，里头有一段，大概说："现在的夷狄，和从前不同，他们也有二千年的文明。"嗳哟！可了不得，这部书传到北京，把满朝士大夫的公愤都激动起来了，人人唾骂，日日奏参，闹到奉旨毁板才算完事。[2]

  也就是说，在刘锡鸿告状之前，郭嵩焘的《使西纪程》已经

---

[1] 熊月之编：《中国近代思想家文库·郭嵩焘卷》，中国人民大学出版社，2014年，导言，第11—12页。
[2] 汤志钧、汤仁泽编：《梁启超全集·第十一集·论著十一》，中国人民大学出版社，2018年，第404页。

在国内引起满城风雨了。郭嵩焘在书中记录了自己出使中的所见所闻,肯定了西方民主政治政体,自然要遭到朝野上下对其"崇洋媚外"的谩骂攻击。所以,看似礼仪之争的问题,实质是彼此国家观、世界观的根本分歧。

郭嵩焘被召回国15年后,中日甲午战争爆发,洋务派苦心经营三十多年的北洋水师全军覆没。在甲午战争前17年,郭嵩焘在日记中写道:

> 日本勇于兴事赴功,略无疑阻,其举动议论,亦妙能应弦赴节,以求利益。其勃然以兴,良有由也。①

可惜的是,郭嵩焘的远见只不过招致了汉奸的辱名,而且始于他决定赴任驻外公使之时。当时有人撰写了这样的对联讥讽他:

> 出乎其类,拔乎其萃,不容于尧舜之世;
> 未能事人,焉能事鬼,何必去父母之邦!②

可见,郭嵩焘与马戛尔尼的类似遭遇,本质上都是两种不同文明之间激荡碰撞的结果,反映了近代中国在思想认知、经济关系、政治模式等方面与西方的根本性差异,也反映了一个有着数千年历史的文明古国在最初面对既异于自己又强于自己的他者的复杂心态。这种差异今天也仍未完全消失。这古老而常新的命题让我们思考该用什么样的心态对待这种差异?该用什么样的心态应对今日世界的百年变局?马戛尔尼访华与郭嵩焘出使,给了我们一面以史为鉴的明镜。

---

① 熊月之编:《中国近代思想家文库·郭嵩焘卷》,中国人民大学出版社,2014年,第100页。
② 同上书,导言,第10页。

第六辑　重新认识"古今中外"/

三千余年一大变局之下

1872年6月20日，49岁的李鸿章在《筹议制造轮船未可裁撤折》中写道："合地球东西南朔九万里之遥，胥聚于中国，此三千余年一大变局也。"1895年，李鸿章在日本马关代表清政府签订了丧权辱国的《马关条约》，为此他发誓"终生不履日地"。1901年，李鸿章在《辛丑条约》上签字回家后开始大口吐血，去世前写下这样的诗句：

> 劳劳车马未离鞍，临事方知一死难。
> 三百年来伤国步，八千里外吊民残。
> 秋风宝剑孤臣泪，落日旌旗大将坛。
> 海外尘氛犹未息，诸君莫作等闲看。

从20岁时写下"意气高于百尺楼"的青年才俊到"秋风宝剑孤臣泪"的"卖国贼"，是这位曾建立中国第一支近代海军舰队的"中兴名臣"、被慈禧称为"再造玄黄"之人，在"三千余年一大变局"中的不幸遭逢。

《马关条约》要求清政府割让辽东半岛、台湾全岛及附属各岛屿和澎湖列岛，"将管理下开地方之权并将该地方所有堡垒、军器工厂及一切属公物件，永远让与日本"；还要"将库平银二万万两交与日本，作为赔偿军费"[①]。而当时觊觎中国东北已久的俄国对割让辽东半岛表示强烈反对，联合德、法两国对日本施加压力迫使其退还，但日本又以"还辽"为名向清政府索取

---
① 褚德新、梁德主编：《中外约章汇要 1689—1949》，黑龙江人民出版社，1991年，第267—268页。

白银 3000 万两。当时每年只有约 8000 万两白银收入的清政府，为偿还日本这 2.3 亿两的巨额赔款，只能再向列强借款。

《辛丑条约》规定，中国向英、美、俄、法、德等 11 个国家赔款 4.5 亿两白银，价息合计超过 9.8 亿两白银，以关税和盐税等作抵押。

据已故著名学者高放的统计，从鸦片战争至 1949 年，中国同外国签订的不平等条约有 745 件，其中，从 1841 年 5 月至 1912 年 2 月的 71 年间，就签订了 411 件。①

1895 年《马关条约》签订后，严复在给吴汝纶的信中说："尝中夜起而大哭，嗟呼，谁其知之！"这一年，他在天津《直报》上先后发表了《论世变之亟》《救亡决论》等文章，《论世变之亟》的开篇写道："呜呼！观今日之世变，盖自秦以来未有若斯之亟也。"②同时开始翻译赫胥黎的《天演论》，1897 年刊出后，其"物竞天择，适者生存"的观点，极大地震撼了国人。这种"震撼"让人们从理论上认识到生存竞争的残酷性，认识到亡国灭种的危险。如胡适在《四十自述》中回忆说：

> 在中国屡次战败之后，在庚子辛丑大耻辱之后，这个"优胜劣败，适者生存"的公式确是一种当头棒喝，给了无数人一种绝大的刺激。几年之中，这种思想像野火一样，延烧着许多少年人的心和血。③

"三千余年一大变局"这一外来危机给人们内心带来了极度紧张与焦虑。这种内外夹击使本来仍具一定内生活力的自洽自足的传统社会政治、经济、文化体系几近分崩离析。

---

① 高放：《近现代中国不平等条约的来龙去脉》，《南京社会科学》，1999 年第 2 期。
② 王栻主编：《严复集·第 1 册·诗文（上）》，中华书局，1986 年，第 1 页。
③ 欧阳哲生主编：《胡适文集》第 1 卷，北京大学出版社，1998 年，第 70 页。

第六辑 重新认识"古今中外"／

　　此时的中国知识分子不仅要面对"救亡图存"的民族大义，还必须要审视"古今中外"的文化选择，即在痛感几近亡国灭种而又获得了"适者生存"的理论认知的情势下，如何审视民族传统文化、如何应对外来文化，从而确保种族延续和文明发展。这一严峻而复杂的问题更是三千余年来前所未有。尽管我们曾有过把来自印度的佛教化入中国的历史经验，但是这一次，随着坚船利炮而涌入的西方现代"新知"，显然与当年骑着白象踱入中土的佛教文化完全不同。因此，对不同文化有着极大调和融通能力的中国文化，这一次在屈辱中对自己产生了怀疑，自然不免有些"失掉了自信力"。

　　"三千余年一大变局"之下，从"洋务运动"到"戊戌变法"，从"辛亥革命"到"新文化运动"，"睁眼看世界"的先进知识分子和欲"挽狂澜于既倒，扶大厦之将倾"的有识之士不断探索，甚至从人种意义上提出"合种以保种"的观点。从此，三千余年农业文明所沉淀的"山静似太古，日长如小年"的岁月一去不复返了。

　　历史的吊诡在于，西方列强入侵前的晚清王朝，恰恰处在周而复始的王朝末期，虽然 1840 年以前，中国人口在不到半个世纪的时间里增长了一亿，但政治腐败、经济衰退、国防虚弱，社会矛盾日趋尖锐。马克思在《鸦片贸易史》中批评道："一个人口几乎占人类三分之一的大帝国，不顾时势，安于现状，人为地隔绝于世并因此竭力以天朝尽善尽美的幻想自欺。"[①] 所以 19 世纪中叶以后，太平天国起义、捻军起义、云南回民起义和西北回民起义等各地大大小小的农民起义几乎没有间断。而这个时候，

---

① 《马克思恩格斯选集》第 1 卷，中共中央马克思恩格斯列宁斯大林著作编译局编译，人民出版社，1995 年，第 716 页。

已经完成工业革命的西方资本主义国家的殖民扩张,给世界带来全新的挑战并形成全新的格局。

可是,一个有着五千年悠久文明的东方古国,一个地域辽阔、资源丰富、人口众多而政治、经济和军事等都相对封闭落后的封建大国,虽为西方列强所觊觎,但不可能轻易被资产阶级推行的所谓现代"文明"而改变!

在鸦片战争爆发距今已经一百八十多年后的今天,重新审视"此三千余年一大变局",我们不难发现,当时的知识分子在落后挨打的屈辱中既有亡国灭种的危机意识,又有丧失文化自信的焦虑,二者交织在一起,加剧了中国人与世界对峙的心理定势,但也成为一代又一代有识之士迫切渴望实现民族复兴的强大动力。

而今天,我们又面临世界"百年未有之大变局"。尤其是在新冠肺炎疫情全球蔓延之后的所谓"后疫情时代",经济全球化和逆全球化相互激荡,大国战略博弈深刻改变着全球治理体系,新科技革命日新月异,如何应对随时可能飞起的"黑天鹅"和随时可能出现的"灰犀牛",不仅需要治国理政的韬略,也需要所有中国人以冷静而理智的大历史观来认识世界之大变局,以五千年中华文明所积淀的大智慧来坚定我们的文化自信和战略定力。

第六辑　重新认识"古今中外" /

东方是东方，西方是西方

我不妨再引卜吉林（Keplin）的那句诗："东方自东方，西方自西方。"天下虽说是一家，东方的还是东方的。①

曹聚仁的这本《中国近百年史话》概述了从晚清到民国近百年的中国历史，展示了作为"东方"的中国与"西方"遭遇后的独特命运。约瑟夫·鲁德亚德·吉卜林（Joseph Rudyard Kipling）出生于印度，6岁在英国受教育，17岁中学毕业又回到印度，在那里创作了大量充满异国情调的诗歌、小说、散文随笔等，1907年成为第一个获得诺贝尔文学奖的英国作家。单从经历而言，吉卜林对"东方"和"西方"的感受与认识显然不是凭空想象。

在吉卜林去世后的1940年，上海滩有一首由陈歌辛作曲的歌曲《玫瑰玫瑰我爱你》流行开来。20世纪50年代初，澳大利亚音乐人威尔弗里德·托马斯（Wilfrid Thomas）把这首歌从香港带到伦敦，同样广受欢迎，然后他受查普尔音乐公司委托，为这首歌重新创作了英语歌词，仍以 Rose, Rose, I Love You 为歌名。这首歌经美国歌手弗兰基·莱恩（Frankie Laine）演唱后，曾在美国 Billboard 榜单上排名第三。托马斯的歌词以第一人称讲述了一个西方士兵爱上一位美丽的东南亚姑娘却不得不分离的感人故事，画面感很强，与陈歌辛生动明快的原曲节奏配得和谐优美。其中一段歌词是这样的：

---

① 曹聚仁：《中国近百年史话》，生活·读书·新知三联书店，2008年，前词，第4页，文中的"卜吉林"应为"吉卜林"。

/ 东方是东方，西方是西方

Rose Rose I leave you, my ship is in the bay
Kiss me farewell now, there's nothin' to say
East is East and West is West, our worlds are far apart
I must leave you now but I leave my heart

East is East and West is West（东方是东方，西方是西方）可以成为一对恋人自此远隔重洋的理由吗？一个相爱不能相守的故事还可以用布鲁斯节奏演唱得这样毫无一丝缠绵悱恻，也真是够"西方"了。

"东方"和"西方"存在吗？

绝大多数中国人当然已经习惯"东方"和"西方"之说，而且我们也相信东西方存在诸多根本性差异。其主要原因在于近代"西方列强"的殖民扩张给"东方古国"带来的深重伤害与深刻改变。如史学家蒋廷黻所写：

> 原来人类的发展可分两个世界，一个是东方的亚洲，一个是西方的欧美。两个世界虽然在十九世纪以前曾有过关系，但是那种关系是时有时无的，而且是可有可无的。在东方这个世界里，中国是领袖，是老大哥，我们以大哥自居，他国连日本在内，也承认我们的优越地位。到了十九世纪，来和我们找麻烦的不是我们东方世界里的小弟们，是那个素不相识而且文化根本互异的西方世界。[①]

所以，在中国，对于"东西方"的认知与探讨始于近代以后，

[①] 蒋廷黻：《中国近代史》，武汉出版社，2012年，总论，第1页。

特别是 20 世纪初随着新文化运动的兴起，置身于"古今中外"文化激荡大潮中的知识分子，对东西方文化自然免不了一番论战。杜亚泉直接以《动的文明与静的文明》为题论述东西方文明。常乃惠《东方文明与西方文明》一文也赞同这种"动"与"静"的概括，并进一步列出了东西方文明的不同特色。

东方文明的特色	西方文明的特色
重阶级	重平等
重过去	重现在
重保守	重进取
重宗教	重实际
重玄想	重科学
重推让	重竞争
重自然	重人为
重出世	重入世

今天我们重新审视这些特色，虽然难免以偏概全，但也颇有道理。哪个民族一直有专门负责修史的"史官"呢？哪个民族又有如此深厚的祖先崇拜传统呢？所以，"重过去"算得上中华文明一大特色。毕竟在整个人类文明史上，也唯有中华文明没有中断和变异地发展了五千多年。所以，无论是个人还是社群与国家，每当遇到重大的危机，总能在"过去"的经验和教训中找到"以史为鉴"的思想文化资源。

但是，时至今日还有很多中外学者并不赞同"东西方"的划分。比如德国汉学家顾彬在《文化斗争》中写道，德国不仅不认同而且还一直在抵制美国文化，但连中国诗人也搞不清楚美国与欧洲的区别，把他们都说成是"西方"。美国和欧洲有区别，这是很自然的。在欧洲内部，德国与英国、法国也有区别啊！但是，对于中国而言，欧洲和美国是不是有不同于中国的共性呢？这种共性虽然未必一定是"西方"的属性，但总是可以作为人类文明整体性的异同加以比较审视的。

作为一位先后毕业于中央美术学院美术史专业和哈佛大学美术史与人类学专业的著名艺术史家，游走于"东西方"学界的巫鸿在一次访谈中也提出"执着于东西方对立，会把我们拖回前现代想象"的观点：

> 我认为现在很多人说的"西方"实际上是"现代"，我们中国人在现代化的过程中吸收了很多西方的东西，将之与中国自己的文化和国情结合。我这一代已经很难说是传统文化意义上的中国人，我们不是背古文写毛笔字长大的，是一种现代型的中国人。[①]

巫鸿所言，实际上是一个更为宏大的"古今中外"问题。"现代型的中国人"的确吸收了更多西方的"现代"文化，并且疏远了"古文"和"毛笔字"等很多中国传统文化。尤其对巫鸿这样的人来说，"无问西东"也是很自然的事情。但这"无问"之中，其实是包含着大量的"东西方"文化营养的。如曾在纽约生活了18年的当代艺术家徐冰所言：

> 现在看来，对我的艺术创造有帮助的，是民族性格中的内省、文化基因中的哲学观与智慧和我们这代在中国大陆长大的人、整

[①] 巫鸿：《执着于东西方对立，会把我们拖回前现代想象》，《三联生活周刊》，2020年第26期。

体经历的寻找社会主义道路的方法与经验,以及与西方思想的碰撞。这构成了我们特有的养料。①

我们从徐冰的《何处惹尘埃》《英文方块字》《桃花源的理想一定要实现》《凤凰》等一系列作品中,都能看出中国传统文化的"滋养"。比如装置艺术作品《何处惹尘埃》是将美国9·11事件中双子楼倒塌后的尘埃收集起来,在一个空房间内吹落,尘埃落定后,地面上会出现两行字:

> As there is nothing from the first,
> Where does the dust itself collect?

其中文即禅宗六祖惠能菩提偈中的"本来无一物,何处惹尘埃"。

"东方"和"西方"是对立的吗?

但是,在地理、历史、政治和文化艺术等不同学科语境对"东方"与"西方"充满歧义的情况下,运用和探讨这对互文的概念并非易事,稍有疏忽便容易自说自话或以偏概全。所以,很多人在讨论相关问题时会代之以"中国"与"世界"等更为确指的概念。如钱穆在《再论中国文化传统中之士》中讲道:"要之,中国是中国,西方是西方,历史路线本属分歧。"②弗朗索瓦·于连则选择了"中国"和"欧洲"进行比较研究,他从中国这一独立于欧洲语言与思想之外的文明实体中,获得从外部迂回审视欧洲思想的灵感、方法与路径。

---
① 高毅哲:《徐冰:艺术为人民》,《中国教育报》,2014年3月22日。
② 钱穆:《宋代理学三书随劄》,生活·读书·新知三联书店,2016年,第232页。

《中国：传统与变迁》中讲道："中西间的文化差异太大了。"①诚然，中华文明自古以来在东亚大陆绵延不绝，虽然也常有兼容并蓄之时，但始终自成体系，无论是思维方式、审美趣味与价值观念，还是经济结构、政治模式与生活方式，都有其独特之处，甚至迥异于古希腊文明。费正清所言的"中国是所谓东亚文明的母源与主体"也是不争的事实。所谓东方文明，除了中国这一"母源和主体"，也唯有印度还能占有一定的比重，但中印之间不仅有佛教这一柔韧而深厚的文明纽带，还有太极与瑜伽在养生健体与冥想静修等诸多方面的会通。至于日本，如冈仓天心所言：

　　早先已有来自中国的影响流入日本这一事实，在众多于他进入日本不久后出现的汉字铭文中可以得到证实，这些铭文也显示了汉字的实用便捷。因此在日本，与在中国一样，儒学提供了土壤，供后来传入的佛教种子在此生根发芽。②

　　这一说法还是比较客观的。即使东方文化内部的差别，与西方文明形态也难以相提并论，所以，以中国为典型的东方文明与西方文明之间的比较在理论和实践上都是可能的。

　　当然，在科技革命带来的日新月异中，东西方的差异是在缩小的。比如我们早在一个世纪前就穿西装、吃面包、住"洋楼"、开汽车了，但时至今日依然很"东方"。比如我们弹奏三千年历史的古琴，阅读两千多年前的经史子集，欣赏一千多年前的书法绘画，演唱有五百多年历史的戏曲。可见，一个民族的文化艺术传统可以一时被冲击，但很难真正被湮灭，尤其是对于中华民族这样一个历史文化积淀如此深厚的国度而言。由此观之，所谓"东

---

① 〔美〕费正清：《中国：传统与变迁》，张沛等译，吉林出版社集团有限责任公司，2013年，第1页。
② 〔日〕冈仓天心：《冈仓天心东方三书》，孙莉莉等译，四川文艺出版社，2019年，第24页。

西方"的概念，首先是成立的，其次必然是互文的。二者是相互建构与彰显的关系，其意义在于为彼此提供了一面返照自我的镜子，而不是相互对立与互不兼容的关系。

所谓的"建构与彰显"，从萨义德的《东方学》中也可以体会得到。这位出生于耶路撒冷的美国当代文学和文艺批评家敏锐地提出，"东方"这一概念是西方想象的东方化的东方，是一个浪漫的异域、一个充满异国情调的乌托邦，因而也是需要殖民与开化的他者。

萨义德不仅对西方建构的带有想象色彩和殖民意味的"东方"概念进行了批判性的剖析，还指出了东西方作为彼此的"他者"的意义：

> 一个人离自己的文化家园越远，越容易对其做出判断；整个世界同样如此，要想对世界获得真正的了解，从精神上对其加以疏远以及以宽容之心坦然接受一切是必要的条件。同样，一个人只有在疏远与亲近二者之间达到同样的均衡时，才能对自己以及异质文化做出合理的判断。[①]

所以，萨义德还给我们提供了一种认识世界的视角和方法。由此，我们就可以反观"西方"这一概念，思考其中是否也包含着一种人为建构起来的"现代性""掠夺性"等标签式的理解。甚至可以进一步追问，无论是"东方"还是"西方"的这种建构，一定是带有建构者的情感性与目的性的主观臆想吗？

显然并不完全如此。"东方"与"西方"各国不同的自然地理环境、生产生活方式、历史条件、社会结构、政治体制乃至语言文字等文明形态各有不同，因而长期浸润其中而形成的民族文

---

① 〔美〕爱德华·W.萨义德：《东方学》，王宇根译，生活·读书·新知三联书店，1999年，第331—332页。

化心理、思维特性、价值取向、审美情趣、艺术精神、人生态度，即整体文化性格也必然有所差异。这也恰恰是"东方是东方，西方是西方"这一话题的意义起点，由此出发探讨什么是"东西方"、何以"东西方"和"东西方"该如何等问题，在这个时代都是十分必要的。

"东方"和"西方"的时代意义

2018年6月，由李军策展的"无问西东——从丝绸之路到文艺复兴"展览在国家博物馆拉开帷幕。意大利24家博物馆与国内18家博物馆的200余件展品，展示了13至16世纪中国与意大利艺术交流与文明互鉴的历史。比如在乔凡尼·贝利尼的《诸神之宴》（见图6-1）中，诸神前面的果盘和林中仙女宁芙手中所持的均为中国明代的青花瓷器，左边萨提尔头顶的是仿中国青花的意大利陶器，很好地说明了东西方艺术的交流会通。

被称为"20世纪系统介绍中国现代美术的西方第一人"的英国艺术史家、汉学家迈克尔·苏立文（Michael Sullivan）则直接以《东西方艺术的交会》（*The Meeting of Eastern and Western Art*）为题，以近二百幅图片的丰富史料，讲述了从16世纪到现代这四百多年间，以中国和日本为代表的东方艺术与以西欧和美国为代表的西方艺术之间相互交流影响的历史，揭示了东西方艺术之间彼此吸引又区别的关系。苏立文写道："不同文化之间在相互接触过程中所产生的创作冲动，至少部分原因出自文化之间的差异。"他还引用了诺思罗普的《东西方的会合》中的观点：东方处于一个"无差别的审美感觉的统一体中"，而西方则处于一个"有差别的逻辑分析的统一体中"①。

美国汉学家、艺术史家包华石（Martin Powers）的《西中有东：前工业化时代的中英政治与视觉》一书，以近六十幅图像梳理了"人民""平等"等政治概念的发展历程，反思启蒙时代以来西方对中国思想的误读。这位能讲一口流利的汉语、喜欢自称"包子"的美国密歇根大学前中国研究中心主任，专攻中国艺术史和比较文化研究。所以，他在书中提出的问题不仅颇有新意，而且颇有深度。比如石刻、绘画、诗文、园林等视觉艺术如何呈现中国从上古到唐宋的正义传统？中国与英国在近代早期的相似之处远比一般想象的要多，是文化交流的"影响"还是结构的必然？

由此可见，东西方文明对话的可能性，恰恰就在于彼此作为"他者"的存在，而"他者"就意味着差异性，懂得彼此的差异是什么和为什么，从而自觉、自省、自励与自信，这才是意义之所在。如费正清所言：

> 中国的传统社会是西方文化的一面镜子，它展现出另外一套价值和信仰体系、不同的审美传统及不同的文学表现形式。②

实际上，这面镜子早在"启蒙时期和前启蒙时期"就被诸多西方思想家作为"纠谬之镜"了：

> 如果列出启蒙时期和前启蒙时期对东方哲学产生过持久兴趣的思想家名录，将颇为引人注目，其中有蒙田（Montaigne）、马勒伯朗士（Malebranche）、贝尔、沃尔夫（Wolff）、莱布尼茨、伏尔泰、孟德斯鸠、狄德罗、爱尔维修（Helvétius）、魁奈（Quesnay）以及亚当·斯密（Adam Smith）。他们对东方的哲学、国家行为、

---

① 〔英〕苏立文：《东西方艺术的交会》，赵潇译，上海人民出版社，2014年，第293页。
② 〔美〕费正清：《中国：传统与变迁》，张沛等译，吉林出版集团有限责任公司，2013年，第2页。

教育体系都十分着迷，他们以各种方式将东方作为自身的纠谬之镜，以此审视欧洲的哲学、制度的不足。东方被视为一个典范，以激励西方的道德、政治改革；东方被用作一种工具，以祛除基督教自诩的唯一性。①

所以，东西方"相遇"之于彼此的重要意义可以说是不言而喻的，关键在于双方以何种姿态来临照这面"纠谬之镜"。从前线回到伦敦不久，吉卜林就将自己的所见所闻记录了下来，取名为《东西方民谣》。

> 啊，东方就是东方，西方就是西方，它们永不交汇，
> 直到地球和天空都站在了上帝的审判席上；
> 没有东方和西方之分，也没有边界、种类和生命，
> 两个巨人面对面站在一起，
> 虽然他们来自地球的两端！②

在这个开头里，吉卜林并不是要强调东西方的差异，恰恰相反，他认为"是地理模糊了真相，要求我们走到世界的两端去了解事情"。今天我们已经拥有太便捷的条件去另一端"了解事情"了。所以：

> 当我们超越了生物界限的时候，既没有东西方之分，也没有边界、种类和生命。如果我们能够长久地推迟世界末日的来临，那么东西方就可以交汇了。
> 我们可以做到吗？我想答案是肯定的。③

我想答案也应该是肯定的。

---
① 〔美〕J. J. 克拉克：《东方启蒙：东西方思想的遭遇》，于闽梅、曾祥波译，上海人民出版社，2011年，第60—61页。
② 〔美〕伊恩·莫里斯：《西方将主宰多久：东方为什么会落后，西方为什么能崛起》，钱峰译，中信出版社，2014年，第413页。
③ 同上书，第413页。

要用世界眼光审视中国传统文化

近二十年前,在"建设社会主义先进文化"的时代语境中,有感于当时人们对社会主义文化"先进性"的诠释,我曾写过一篇《要用世界的眼光审视中国传统文化》的文章。按照诠释之说,社会主义文化的"先进性",在于汲取了优秀中华传统文化的精髓并且借鉴了人类先进文化的有益成分。而我的忧虑是,如果中国传统文化的糟粕与人类落后文化的有害成分相结合了怎么办?随之而来的问题还有,中国传统文化中的"精髓"有哪些? 20世纪初的"整理国故"完成了没有? 20世纪60年代的"破四旧"破了什么?"立四新"立了什么?我们有必要从人类文明演进的整体视野中获取一种"世界眼光",以此审视中国传统文化以辨其"精髓"与"糟粕",同时也在获取"世界眼光"的过程中看到其他文化特别是"西方文化"的"先进性"与"落后性"。

因此,2014年,看到当时已经109岁的周有光讲"应当从世界来看国家"时,不仅大为赞同而且内心小有激动:

> 我认为,我们应当从世界来看国家,不应当从国家来看世界。这样能够扩大我们的眼界,扩大我们的视野。[①]

从国家看世界,应该是19世纪中叶以后的视角,但那时候我们的前辈没有条件"从世界来看国家",尽管林则徐、魏源、郭嵩焘、严复等一大批先贤都努力"睁眼看世界",但他们很难跳出时代的局限。

[①] 吴澧:《不妨从世界来看中国》,《南方人物周刊》,2014年1月28日。

要用世界眼光审视中国传统文化

所谓"用世界眼光审视中国传统文化",其实就是把中国传统文化置于人类文明的整体视野之中来认知与把握。"他山之石,可以攻玉。"我们必须在这个基础之上建构现代中国文化的主体性。否则,我们永远是"追赶型"的现代化,永远不清楚自己"有什么"和"要什么"。

我们"有什么"?我们有五千年悠久的农耕文明历史所造就的丰厚独特的灿烂文化,这是毋庸置疑的。经史子集、诗词曲赋、琴棋书画、岁时礼俗、三教九流,可以说无所不有。文化就是一个民族生活的总和,无论是生产方式、生活习俗、政治制度、社会结构,还是宗教信仰、价值观念、语言文字、审美趣味等,我们都有自己丰厚独特的"传统"。

面对传统文化,长期以来有三种迥异的态度:第一种就是国粹主义,对外采取俯视态度,因为中华文明自成体系,传统中国的一切都好。如辜鸿铭认为不仅必须有皇帝,连女人裹小脚、男人纳妾都是天经地义之事。所以,时至今日,也还有人"闻洋人之长便怒,闻洋人之短便喜"。

第二种则是民族虚无主义,对外采取仰视态度,因为西方代表着人类先进的文明。如陈序经在1933年末题为"中国文化之出路"的演讲中,把当时关于中国文化的不同主张划为三派:一是主张保存中国固有文化的"复古派",二是提倡调和办法中西合璧的"折中派",三是主张全盘接受西洋文化的"西洋派",然后他明确讲到自己是主张全盘西化的:

我们的唯一办法,是全盘接受西化。

要是理论上和事实上中国已趋于全盘西化的解释,尚不能给我们以充分的明了,则全盘西化的必要,至少还有下面二个理由:

(1) 欧洲近代文化的确比我们进步得多。
(2) 西洋的现代文化，无论我们喜欢不喜欢，它是现世的趋势。①

持民族虚无主义者，恐怕是大有人在。尤其是这四十多年来，经典的好莱坞大片、高端的欧美名牌、舒适的海外生活，让很多人愈发相信"外来的和尚会念经""西方的月亮比中国圆"。

第三种态度自然是要"洋为中用""古为今用"，对外采取平视态度，能够自觉审视与接受先进文化。这听起来是最为客观平情的。

显然，"洋为中用""古为今用"应该是最为可取的。但问题的关键在于，我们"要什么"？除了洋枪洋炮、洋火洋油、洋布洋车等"长技"可以"师夷"，还有哪些"洋货"要拿来？拿来之后需不需要"中国化"？比如作为"西洋画"的油画艺术，拿来之后便有"改良中国画"的呼声，但一百多年来，中国画的画法依然传承着传统中国画的基本形式；而"西洋画"也已经被赋予了中国内容、中国风格。所以，鲁迅在《拿来主义》一文中所言极是："没有拿来的，人不能自成为新人，没有拿来的，文艺不能自成为新文艺。"②

"新人"与"新文艺"的"新"在何处？他们所对应的"旧人""旧文艺"的"旧"又是什么？如果新旧不分，何以革故鼎新？这便凸显出用世界眼光审视中国传统文化的意义之所在。当然，这里的"世界眼光"只能也必须是中国人自己的"世界眼光"。

从哲学意义上讲，人是唯一能够把自己作为对象加以审视的动物。由此推及一个国家和一个民族，同样需要思考自己是谁、

---

① 陈序经：《中国文化的出路》，岳麓书社，2010年，第81、97页。
② 《鲁迅全集》第6卷，人民文学出版社，2005年，第41页。

在哪里、要去往何方等根本性问题，以及自己的传统中"有什么"、现在"要什么"和未来"是什么"之类的问题。

尽管对其具体内涵和达成状态的理解会有所差异，但人类对安全、健康、自由、公平、正义、幸福等目标的追求基本是一致的。一种文化，如果能够创造基本满足人们对上述目标追求的社会环境，从而给人提供一种有定力的、充满希望的生活氛围，一种踏实从容而不慌张焦虑的生命状态，就应该是一种进步的文化。

现代新儒学的代表学者杜维明在谈及儒家文化的作为时讲道：

> 多元文化各显精彩的"后现代"社会，儒家应该以不亢不卑的胸怀，不屈不挠的志趣和不偏不倚气度，走出一条充分体现"沟通理性"的既利己又利人的康庄大道来。[①]

这种胸怀、志趣和气度，在思考我们"有什么"和"要什么"时尤其需要具备。因为借鉴和吸收人类先进文化，是今天任何国家与民族不可或缺的发展外因。纵观东西方文化激荡的历史，我们不难发现，善于"拿来"的国家往往能够走在世界的前列。比如日本，今天我们到京都的南禅寺、清水寺等地，往往有一种走进唐诗宋词里那个诗意中国的感受。从公元600年到1636年一千多年间，日本不间断地向中国派出特使，学习吸收中国文化，至今在假名、俳句、和服、寺院等很多地方，都能看到中国文化的影响；而到了近代，日本又通过明治维新成功地吸收了欧美先进的政治经济和教育制度，步入发达国家前列。但日本并没有全盘西化，庄严的国会大厦和绿树掩映的皇宫隔街相望，精美的日本

---

① 〔美〕杜维明：《现代精神与儒家传统》，生活·读书·新知三联书店，1997年，第468页。

料理店和快捷的西餐厅一墙之隔。

早在1935年，林语堂就在英文版的《中国人》一书中写道：

> 我太自信于中国的种族性格和民族遗产，所以并不担心它们将来会失去。民族的遗产，不过是一套道德和心理素质的体系，是活着的、能动的东西，表现为在一个新环境下对生活的某种哲学态度和对生活的反应与贡献。……我认为现代化会把中国人的民族性格驱向于更加新鲜和伟大的发明创造活动。[①]

显然，林语堂是获得了"世界眼光"的。在"旧文化能拯救我们吗"一节中，林语堂还写道：

> 一个民族的遗产并非博物馆内收藏着的碎片。中国的历史已经表明中国文化具有旺盛的不寻常的生命力，任凭各个不同时代政治上的冲击，它都没有失去其自身的连续性。[②]

因此，以宽广的世界眼光审视中国传统文化，更能在比较中发现我们的特质与优长，进而辨别传统文化中的精髓与糟粕，从而为新时代中国优秀传统文化的创造性转化和创新性发展，奠定坚实的基础。

[①] 林语堂：《中国人》，郝志东、沈益洪译，学林出版社，1994年，第349—350页。
[②] 同上书，第350页。

我们为什么"在路上"

先讲个画家的故事吧!

1981年,柳芭考入中央民族学院美术系油画专业,成为世代生活在大森林中以放养驯鹿为生的敖鲁古雅鄂温克人中第一位大学生。1985年,她毕业被分配到内蒙古人民出版社做美术编辑。随着时间的推移,她对森林故乡的思念越来越强烈,也越来越孤独。1992年,柳芭回到了敖鲁古雅。但是,那里不仅没有画廊与画展等文化设施与艺术活动,连画材都难以买到。尤其是曾经以她走出山林为荣的亲戚和族人们的不解,让她的孤独感愈发深重。2003年,年仅42岁的柳芭不幸溺死在自家附近一条仅齐腰深的河中。她遗留下的用皮毛拼接的几幅抽象画和用油画棒画出的小风景画(见图6-2),展示出令人扼腕的艺术天赋。

柳芭的故事虽然是一个极端的个案,但却折射出过去四十多年间急剧变化的当代中国几代人"在路上"的某种现实生存状态及其心灵危机。这种"在路上",就是大多数人所感慨的"他乡容纳不下灵魂,故乡安置不了肉身"的如柳芭这样进退无凭的生命处境。对国家民族来说,尽管我们要在21世纪中叶达到中等发达国家发展水平,但那时我们肯定依然不是"他们",而我们现在也已不是"从前"的"我们"。

这四十多年来奔腾发展的中国,显然不仅仅是柳芭以及她的敖鲁古雅鄂温克族族人难以继续他们的山林原乡生活,农业文明那鸡犬相闻、守望相助的生活场景也已随着城镇化的浪潮逐渐成为历史记忆，数千年来世代农耕的乡民们也难以延续垄上明月照、人荷锄归去的田园旧梦。即使是北京城那些远眺红墙碧瓦、近闻胡同叫卖声、四合院里大枣树下荡秋千的岁月，也早已成为北京人的"城中旧事"了。

　　时代的巨变显然并不是始于改革开放，只不过这40年间尤为天翻地覆罢了。仔细想来，我们这个民族的"起身上路"之时，应该是始于一百八十多年前的第一次鸦片战争。从1840年到1949年这一百多年间，先进的中国人为了寻找国家出路、追求民族独立，历尽了千难万险，付出了巨大的牺牲。从洋务运动到维新变法，从辛亥革命到五四运动，从北伐战争到抗日战争，从中国共产党的成立到新民主主义革命的胜利，中国社会的政治制度、经济模式、思想文化和生活方式都随之发生了沧海桑田般的巨变。中华人民共和国成立以后，成为执政党的中国共产党要带领中国人民将一个满目疮痍、一穷二白的东方大国建设成一个现代化国家，其艰巨性可想而知。七十多年来筚路蓝缕、艰苦卓绝的探索奋斗，中国共产党和亿万中国人民历尽了千辛万苦，付出了沉重代价。尤其是20世纪80年代以来的改革洪流到90年代以降的社会主义市场经济大潮，在激发亿万中国人追求财富的极大热情并使全社会焕发出空前活力的同时，也极为深刻地改变着人们的思想观念与生活方式。楼价的居高不下、股市的跌宕起伏以及电商与带货直播等新兴商业模式的层出不穷，都深刻影响和改变着人们的经济状况、社会关系和价值观念。

　　从人类文明的整体图景来看，不同地域、不同民族、不同历史时期的人的生活及其精神面貌，都必然千差万别。西方在工业革命以后尤其是20世纪以来，社会面貌和人的生活也都在发生着天翻地覆的巨变。如费正清在《中国新史》自序中所言："20世纪已经眼见比以往时代总和还多的人为的苦难、死亡，以及对环境的侵害。"英国史学家艾瑞克·霍布斯鲍姆（Eric Hobsbawm）的"年代四部曲"中的第四部，便是以《极端的年代》为题讲述自1914年第一次世界大战爆发至1991年苏联解体这近八十年间的历史，其中的三部分分别以"大灾难的时代""黄金时代"和"天崩地裂"为题。

显然，对于整个人类历史而言，20世纪是一个不同于以往的充满战争、对抗、不确定的"极端"的年代。将中国的革命、建设和改革开放置于世界历史这一"极端的年代"大视野中，就可以更深刻地理解为什么我们"在路上"了：外部世界的剧变，造成人们内心的"前不见古人，后不见来者"。

美国未来学家阿尔文·托夫勒有一句名言："唯一可以确定的是，明天会使我们所有人大吃一惊。"（The sole certainty is that tomorrow will surprise us all.）对于习惯了传统农耕文明春播夏锄、秋收冬藏那安稳岁月的中国人来说，这种"大吃一惊"显然不是我们所喜欢的生活状态，因而势必造成比较普遍的"没着没落"的"在路上"的心态。

所以，我们不断回望那些回不去的宁静时日——先是怀念20世纪80年代的单纯与明亮，怀念50年代的朴素与热情，继而怀念所谓"民国范儿"的优雅或儒雅，终至怀念传统中国的诗意故园。如此的回望当然也是好的，说明人们对未来的期待包含了对单纯与明亮、朴素与热情的生活状态的期待，对优雅或儒雅的生命气质的渴望，对诗意中国的追求。问题在于，此去的"未来"中，我们能否在享受物质财富极大丰富、通信交通极为便捷的现代生活中，同时拥有单纯朴素的心灵、获得优雅诗意的境界？

由此继续追问，所谓"他乡容纳不下灵魂，故乡安置不了肉身"的感慨，是不是包含着一种"鱼与熊掌兼而得之"的人生期待？想象一下，"绿树村边合，青山郭外斜"的"故人庄"里，如果也有了美术馆、电影院、音乐厅，有了京东到家、美团外卖、同城快递，那还会有"开轩面场圃，把酒话桑麻"的宁静氛围与恬淡心境了吗？

柳芭去世那一年，敖鲁古雅鄂温克人放下猎枪走出大森林定居在根河市区以西不到十公里的地方，当地政府在那里为所有敖鲁古雅家庭盖起了有些北欧风格的"联排别墅"。这个近四百年前从勒拿河流域南迁至大兴安岭北段西坡的"使鹿部落"，其生产生活方式和社会结构直至20世纪50年代一直处于原始社会末期氏族公社阶段。2012年，在一处驯鹿放养地我还听到一位敖鲁古雅年轻人的观点："我们为什么要留在大山里让别人像看动物一样来看我们？我们也喜欢住楼房用手机啊！"是的，连房舍都没有的大山里，夏天蚊虫如织，冬日零下几十度酷寒，没有电、没有水，更没有通信信号。要多强悍的体魄和多强健的心灵，才能常年安然自在于一望无际的大森林之中呢！他们没有理由不"起身上路"走向现代文明啊！

如果现在你到敖鲁古雅鄂温克猎民乡，从民族博物馆走出来就会发现，有一处"敖鲁古雅鄂温克民族美术馆"，里面陈列的主要是柳芭和她弟弟维佳的作品。这是那年我和当地分管文化工作的领导提议修建的，这座条件极其简陋的美术馆其实也寄托着我对乡土中国的美好祝愿。愿所有"在路上"的"柳芭"们都有家可归，有精神的家园可憩灵魂。

走出中国现代化的"倒逼"困境

2011 年 1 月 11 日，一尊高达 9.5 米、总重量约 17 吨的孔子青铜塑像，矗立在了北京天安门广场东北角。孔子身佩宝剑，双手合前。但随后，网络舆情汹涌，莫衷一是。100 天后，孔子塑像被移进国家博物馆院内。

文化复兴是民族复兴的内在应有之义。如果这位"万世师表"不能代表中华文化，那么分布在全球一百多个国家地区的数百所"孔子学院"，又该作何解释？如果他能够代表中国文化，在充满时代与民族象征意义的天安门广场上拥有一席之地又有何妨？

回望 20 世纪以来这一百多年间，我们不难发现，孔子的命运是非常坎坷的。1913 年 6 月，袁世凯颁布《通令尊崇孔圣文》，通令全国恢复祭孔大典，中小学恢复读经，孔教会、孔道会和尊孔会等尊孔复古团体纷纷成立，宣传"有孔教乃有中国"，要求定孔教为国教。1915 年 12 月，袁世凯称帝。1921 年 6 月，胡适给《吴虞文录》的序中首次提出"打孔店"，此后这一口号在新文化运动中广泛流传并且衍变为"打倒孔家店"。中华人民共和国成立后的 1974 年 1 月，全国开展了大规模的"批林批孔"运动，"孔老二"成了妇孺皆知的"丧家狗"。进入 21 世纪以来，自 2004 年 11 月全球首家孔子学院在韩国首尔成立后，全球孔子学院至今已达五百多家。

第六辑　重新认识"古今中外"/

"现代化"是一个变化的过程

孔子命运的"坎坷",看似折射出我们在现代化进程中对传统文化的"不知所措",但实际上,也反映了一个后发国家在"倒逼"现代化的困境中必经的艰难抉择。如黄仁宇所言:"中国的问题在于,以庞大农业社会的单纯结构,突然之间必须响应现代世界的挑战,难怪会产生种种矛盾与复杂的问题。"[①]

仔细想来,中国自鸦片战争至今这千回百转、波澜壮阔的181年,就是"必须响应现代世界的挑战"而艰苦卓绝地漫漫求索的181年。181年的奋斗牺牲,使一个古老的东方大国获得凤凰涅槃一样的新生,使地球上五分之一的人的生产生活方式发生天翻地覆的巨变。这对中国和世界而言,都理应是人类文明发展史上一个特别有参照意义和研究价值的范式,尤其是在当今"现代世界的挑战"再度严峻之时。

对于中国的现代化,无论是英国历史学家阿诺德·汤因比认为的"挑战—应战"模式,还是美国头号"中国通"费正清所提出的"冲击—回应"模式,在本质上都可以理解为一种"倒逼"的现代化之路。如致力研究中国现代化问题数十年之久的金耀基认为,从根本上讲,19世纪末中国的"现代转向"是对来自西方的"现代性"挑战的一个历史性回应,所以中国的现代化的根本动力来自"雪耻图强"的意识。

史景迁在《追寻现代中国:1600—1949》一书中写道:

我能理解,一个"现代的"(modern)国家既可融汇一体,又能兼容并蓄,既有明确的自我认同,也能以平等的地位竞逐新市场、

[①] 〔美〕黄仁宇:《黄河青山:黄仁宇回忆录》,张逸安译,生活·读书·新知三联书店,2015年,第68页。

新技术、新观念。倘若我们能以这种开放的胸襟来使用"现代"这个概念，就不难察觉这个概念的含义是随着人类生活的开展而时时刻刻出在递嬗之中的，因此我们不能就此把"现代"的底蕴归于我们所处的当代世界，而将过去托付给"传统"（traditional），把未来寄望于"后现代"（postmodern）。①

从"不断变化"的"过程"来审视西方的"现代化"历史，可以看到欧洲在"走出中世纪的黑暗"之后，通过14—16世纪的文艺复兴、16—17世纪的宗教改革和17—18世纪的启蒙运动，使人"发现了自己"从而走向个体生命的自觉，建构起人之为人的"主体性"，这应该是现代性国家的起点。所以，史景迁"倾向认为，到公元1600年或更早些（正如此后几个世纪中的任意时段），已存在具上述意义的现代国家。然而在这段时间里，中国都算不上是现代国家"。

胡适在写于1935年5月6日的《再谈五四运动》一文中讲道："欧洲十八九世纪的个人主义造出了无数爱自由过于面包，爱真理过于生命的特立独行之士，方才有今日的文明世界。"他还犀利地批评道：

> 还有一些人嘲笑这种个人主义，笑它是十九世纪维多利亚时代的过时思想。这种人根本就不懂得维多利亚时代是多么光华灿烂的一个伟大时代。马克斯、恩格尔，都生死在这个时代里，都是这个时代的自由思想独立精神的产儿。他们都是终身为自由奋斗的人。我们去维多利亚时代还老远哩。我们如何配嘲笑维多利亚时代呢！②

---

① 〔美〕史景迁：《追寻现代中国：1600—1949》，温洽溢译，四川人民出版社，2019年，第2—3页。
② 朱正编选：《胡适文集》第4卷，花城出版社，2013年，第27页。

胡适提及恩格斯则是从"全部哲学的最高问题"角度这样评价这一时代的：

> 思维对存在、精神对自然界的关系问题，全部哲学的最高问题，像一切宗教一样，其根源在于蒙昧时代的愚昧无知的观念。但是，这个问题，只是在欧洲人从基督教中世纪的长期冬眠中觉醒以后，才被十分清楚地提了出来，才获得了它的完全的意义。[①]

"欧洲人从基督教中世纪的长期冬眠中觉醒"，这是多么形象而贴切的比喻！正是由于三大思想解放运动，欧洲人才得以"觉醒"，成为"现代的人"，才会在18世纪下半叶相继发生英国工业革命、美国独立战争和法国大革命等一系列社会革命运动，使"西方"开始走上"现代化"之路。

马克思主义的立场与观点

1848年2月，30岁的马克思和28岁的恩格斯在伦敦出版了德文版《共产党宣言》。这本发行量仅次于《圣经》的小册子以不足1.5万字的篇幅，第一次全面系统地阐述了科学社会主义理论。其中深刻剖析了西方的"资产阶级时代不同于过去一切时代的地方"，就是"生产的不断变革，一切社会状况不停的动荡，永远的不安定和变动"。

他们这样写道："不断扩大产品销路的需要，驱使资产阶级奔走于全球各地。它必须到处落户，到处开发，到处建立联系。"这种"联系"不仅是一种贸易关系，而且：

[①]《马克思恩格斯选集》第4卷，中共中央马克思恩格斯列宁斯大林著作编译局编译，人民出版社，1995年，第224页。

它迫使一切民族——如果它们不想灭亡的话——采用资产阶级的生产方式；它迫使它们在自己那里推行所谓的文明，即变成资产者。一句话，它按照自己的面貌为自己创造出一个世界。①

由此我们就可以更加深刻地理解中英鸦片战争中"日不落帝国"的殖民野心，以及被迫打开国门卷入所谓"现代化"浪潮之中的中国所处的"倒逼"处境。

在欧洲18世纪末到19世纪上半叶这段轰轰烈烈的"革命的年代"里，中国却仍处在所谓"康乾盛世"的天朝大国之梦中。伊恩·莫里斯在谈到19世纪以后"西方对东方的压榨与欺凌"时说：

1800—1900年间，西方能源获取量只增长了2.5倍，但其军事力量却增长了10倍。工业革命将西方在社会发展中的领先地位变成了统治。

令人愤怒的是，东方的强大国家却对此不予理睬，它们把西方的贸易商限制在广州和长崎等几个极小的区域内从事交易。②

马克思不仅也有如此"愤怒"和犀利的批评，而且还十分精辟地指出这样一个帝国注定"被打垮"的结局：

这样一个帝国注定最后要在一场殊死的决斗中被打垮：在这场决斗中，陈腐世界的代表是激于道义，而最现代的社会的代表却是为了获得贱买贵卖的特权——这真是任何诗人想也不敢想的一种奇异的对联式悲歌。③

---

① 《马克思恩格斯选集》第1卷，中共中央马克思恩格斯列宁斯大林著作编译局编译，人民出版社，1995年，第276页。
② [美]伊恩·莫里斯：《西方将主宰多久：东方为什么会落后，西方为什么能崛起》，钱峰译，中信出版社，2014年，第339页。
③ 《马克思恩格斯选集》第1卷，中共中央马克思恩格斯列宁斯大林著作编译局编译，人民出版社，1995年，第716页。

马克思所言的这样"一种奇异的对联式悲歌"正是中国现代化最初的"倒逼"困境形成之写照。

法国历史学家费尔南·布罗代尔曾写道:"为了摆脱西方强加给中国的枷锁,中国首先需要实现现代化,也就是说在某种程度上使自身'西方化'。"[①]他这样描述了中国的现代化之路的探索:

> 旧的中国是被外力以武力打开大门的,在很长的时期里都蒙受着耻辱。它用了很长的时间才认识到自己到底落在后面有多远。而要找到解救的方法,则需要更长的时间。中国在20世纪获得了成功,但也付出了各种让人难以置信的努力,因为历史没有提供任何最近的先例。[②]

正是因为"历史没有提供任何最近的先例",在"倒逼"的困境中,从洋务运动、维新变法以至辛亥革命建立共和政体,我们曾真诚地向西方学习,尽管这个"现代转向"的过程如金耀基所言的"充满委屈与不情愿",但是第一次世界大战及战后"强权战胜了真理"的巴黎和会,却让中国知识分子更加委屈和痛苦地看清楚了"先生老是侵略学生"的残酷事实;而就在这个时候,如李大钊《新纪元》短文中所言的"欧洲几个先觉"的"自由的曙光出现了",使先进的中国知识分子在"黑暗的中国,死寂的北京,也仿佛分得那曙光的一线,好比在沉沉深夜中得一个小小的明星,照见新人生的道路"[③]。在这种"西方不亮东方亮"的时代契机之中,"以苏俄为师"自然成为中国革命和中国现代化道路的全新转向。

---
① [法]费尔南·布罗代尔:《文明史:人类五千年文明的传承与交流》,常绍民等译,中信出版社,2017年,第218页。
② 同上书,第216页。
③《李大钊全集》第2卷,中国李大钊研究会编注,人民出版社,2006年,第268页。

所以，中国的"现代化"，并非完全的"西方化"。"十月革命"一声炮响送来马克思列宁主义，同时也激活了中国传统文化中的"大同"思想和"等贵贱、均贫富"等观念。始于"五四"前后直至20世纪20年代的"东西方文化论战"和"社会主义论战"以及30年代的"全盘西化"与"本土文化"论战等社会思潮，便可以理解为这一时期知识分子对中国现代化之路的比较鉴别。

实际上，无论哪一种选择，都无法避开在"倒逼"现代化的困境中必须"追赶"的现实，只不过"追赶"的方式有差异而已。因为，"如果中国想要变得现代化，她必须调整自己去适应现代工业主义和民族主义的一切内涵"①。

为走出困境而进行的探索

虽然由近代以来落后挨打的"痛感"和"耻感"所形成的强烈民族主义情绪和敏感的民族自尊心，始终伴随着中国现代化之路的探索与奋斗，但中国的现代化却同样始终无法摆脱在不同的起点与道路上必须"追赶"西方这样一种"倒逼"困境，而这又实实在在是一项"前无古人"的宏大的、系统的、复杂的艰巨工程。尤其是在中华人民共和国成立之初：

社会和政体四分五裂，公共秩序和风气已经败坏，被战争破坏的经济遭受严重的通货膨胀和失业的折磨，中国根本的经济和军事落后性给社会精英争取国家富强的目标造成了巨大的障碍。②

在这种情况下，中国的现代化只能是也必须是"独立自主，

---

① 林语堂：《中国人》，郝志东、沈益洪译，学林出版社，1994年，第349页。
② 〔美〕R.麦克法夸尔、〔美〕费正清编：《剑桥中华人民共和国史：革命的中国的兴起：1949—1965年》，谢亮生等译，中国社会科学出版社，1998年，第55页。

自力更生"。

所以，20世纪五六十年代，许多画家表现新中国新面貌新气象的典型物象往往是拖拉机、厂房间巨大的烟囱和田野上的高压电线杆，这是那个时代中国"现代化"的标志性场景，比如许幸之的油画《化肥烟涌》。今天我们所有人都已确知的严重空气污染的浓烟滚滚场景，在当时被画家以明快的色调表现为社会主义现代化建设的欣欣向荣气象。

由此我们也就不难理解，为什么1957年毛泽东提出要用十五年左右在钢铁等主要工业品的产量方面赶上和超过英国，而在1958年全国就掀起了"以钢为纲，全面跃进"的人民公社化运动和土高炉土法大炼钢铁运动。"大跃进"的教训无疑是惨痛的，但从"倒逼"现代化的艰难处境来看，的确是实现了比较快速的经济增长：

从1950—1977年，工业产量以每年平均13.5%的速度增长，即使是从1952年算起，每年的增长速度也在11.3%。与世界上的发展中国家及主要发达国家的早期发展相比，中国经济的增长率是较高的，与现代世界历史上任何国家实现工业化的周期相比，中国的发展速度也是较快的。

在1952—1978年的25年时间，中国的国民收入增长了4倍，从1952年的600亿元增加到1978年的3000亿元，其中工业产值增长的比例最大。[1]

虽然这期间还发生了值得我们全民族深刻反思并永远铭记教训的"文化大革命"，但30年间在对外五次规模不一的军事战争的情况下，一个满目疮痍的东方大国初步建立起现代工业体系

---

[1]〔美〕莫里斯·迈斯纳：《毛泽东的中国及后毛泽东的中国》，杜蒲、李玉玲译，四川人民出版社，1989年，第537、540页。

以及农村的水利灌溉系统和医疗保健体系，这不能不说是中国现代化进程中一段可歌可泣的筚路蓝缕之路。

而改革开放后这四十多年间，有人形容我们跨越式、压缩式地经历了西方四百多年的社会发展历程。是的，这的确是人类文明史上一段壮观的社会变革图景。但是，数千年农耕文明所塑造的民族深层文化心理和天理人伦价值体系也在这期间发生着激荡裂变，就如同孔子塑像"立与不立"和"立于何处"的问题一样，这是一种更深层次的思想文化层面的"倒逼"困境，需要我们突破。

1938年的中国共产党六届六中全会上，毛泽东讲道："从孔夫子到孙中山，我们应当给以总结，承继这一份珍贵的遗产。"① 显然，这是非常有远见的一个论断。因为从孔夫子到孙中山的文化遗产，都是我们走出"倒逼"困境、建构中国现代化"主体性"的重要思想资源。

---

① 《毛泽东选集》第2卷，人民出版社，1991年，第534页。

第六辑 重新认识"古今中外" /

重温"双面公使"蒲安臣的中国观

2020年是美国著名律师、政治家和外交家蒲安臣诞辰200周年,去世150周年。这位美国共和党创始人之一、美国驻华公使、清廷办理中外交涉事务大臣,可以说是在中外外交史上绝无仅有的一位传奇人物。

1867年11月,担任美国驻华公使六年之久的蒲安臣即将离任回国,恭亲王奕䜣上奏朝廷建议委任他担任外交使节,这个意见随即被采纳,蒲安臣被任命为"办理中外交涉事务大臣"。就这样,1868年2月25日,中国近代第一个外交使团(见图6-3)在蒲安臣带领下从上海出发前往美国。在自己的国家成功出访之后,蒲安臣又继续率团访问了英国、法国、德国(普鲁士)、俄国,分别拜会了维多利亚女王、拿破仑三世、威廉一世皇帝及俾斯麦首相和亚历山大二世沙皇。1870年2月23日,蒲安臣不幸感染肺炎逝世于俄国圣彼得堡,终年不到五十岁。

150年后的今天,在新冠肺炎病毒疫情全球肆虐之时,特别是在中美关系降至建交四十多年来的"冰点"之际,重温一下蒲安臣关于中国的观点和主张,是非常有意义的。作为一位绝无仅有的"双面公使",他对中美双方的了解及对双方关系的把握,显然是有独到之处的。

1868年4月1日,蒲安臣使团抵达美国旧金山。与蒲安臣一同出访的副使志刚在其《初使泰西记》中记载,在旧金山广东冈州会馆公司的欢迎晚宴上,华侨们"执礼甚恭",并且在堂间悬挂了两副对联,其中一副写道:"圣天子修礼睦邻,化外蛮夷,浑若赤子;贤使臣宣威布德,天涯桑梓,视同一家"。由此可见当地华人对蒲安臣使团的态度和情感,也可认识到作为中国第一个外交使团抵美的深远意义。

1868年6月2日,蒲安臣使团到达华盛顿,第二天就拜访了时任美国国务卿西华德;第四天,时任美国总统安德鲁·约翰逊就接见了使团,接受了首封中国国书。志刚记载,美国总统在白宫接见使团时"逐一执手问好,并言深愿帮助中国,愿中国与美国日益和睦等语"。在6月9日的国会招待会上,蒲安臣将招待会称之为"两个文明的相会",并且"自作主张"地讲道:

> 我们邀请你们深入考察中华文明的构成。我们邀请你们更好地了解那里人民的生活方式、节俭克制、谦让忍耐和崇尚学识,他们的科举制度,他们的茶和丝的高深文化。①

6月23日晚,在纽约市迪蒙尼哥饭店当地政要为使团举办的欢迎晚宴上,被称为"最年轻的一个政府的儿子和最古老的一个政府的代表"的蒲安臣,在宴会上发表了反响热烈的演讲。他讲道:

> 她不想要战争,不希望诸位干预其内政,也不希望西方国家派庸才来指手画脚。她恳请诸位尊重她在公海的中立地位和国家领土的完整,简言之,就是让她以自己所判断的最适合本国国情的文明形式来发展国力。
>
> 本人希望中国的自治和独立能保持下去,并坚持认为她不仅应拥有平等的地位,也必须要施与其他国家平等的权利。②

在整整一个半世纪之后,当我们已经成功地走出一条"中国

---

① 徐国琦:《中国人与美国人:一部共有的历史》,尤卫群译,四川人民出版社,2019年,第57页。
② 〔美〕倪维思:《中国和中国人》,崔丽芳译,中华书局,2011年,第394—395页。

特色社会主义"之路的时候,回味蒲安臣对中国的这些判断,不能不感慨其洞察之深刻与识见之长远!蒲安臣一再强调中国需要平等的地位和权利,这在当时乃至今天都是具有积极意义的!在演讲中,蒲安臣还中肯地阐述了中国文化,甚至从某种程度上阐释了中国文化的生命力:

> 我认为中国人非但不野蛮,她还是个伟大高贵的民族,因为她拥有一个荣光民族所应具备的所有特点。……中国人思想的统一程度也是其他民族所无法相比的,很多圣人贤士们的至理名言都被广为传诵,他们的经典语录与其说是一种可以获取的知识,不如说是已渗透进了人们精神之中的本能认识。……中国还是一个多文人雅士和私塾学堂的国度,在那里,从袖珍读物到鸿篇巨典,各类书籍比比皆是。①

当然,他"无意说中国就是一个完美无瑕的民族",而是"与其他民族一样,也有傲慢、偏执的一面"。但他明确指出,要想使中国"摆脱偏见和自负,使用大炮、攻讦和侮辱是无济于事的。是的,绝对不可以"!在演讲的最后,他再次强调"中国其实需要的就是中西之间能平等相待",并呼吁"一定要让中国自主自治、独立发展"。如此的中国观我们今天看来仍具远见卓识、富有积极意义!第二天,《纽约时报》就以近乎整版的篇幅报道了蒲安臣的到访与演讲全文,可见其影响力。

蒲安臣对于中国文化的古老、中国人的骄傲以及对西方不了解这样一些特殊性,也是认知清晰的,因此对于中美文化之间不可能"一举"沟通的现实也非常清醒。从他的演讲和信函中,可以看出蒲安臣对中华文明的独特性、中国现代化的复杂性和艰巨

---

① 〔美〕倪维思:《中国和中国人》,崔丽芳译,中华书局,2011年,第396页。

性都有清醒认识。这不仅在当时十分难得，今天看来仍具有深刻的现实意义。

正是基于这些认识，1868年7月28日，蒲安臣与国务卿西华德签订了中国近代史上第一个具有平等意义的条约《中美天津条约续增条约》，史称《蒲安臣条约》。条约承认中国是一个平等的国家，反对一切割让中国领土的要求；规定中美两国人民可以自由来往、游历、贸易或久居；美国声明不干涉中国内政，中国何时进行改革由自己来决定，等等。《蒲安臣条约》及其作用在历史上是有一定争议的，毕竟美国从中也得到了廉价华工以缓解劳动力紧张等好处。包括蒲安臣作为美国驻华公使期间所奉行的"合作政策"，都给美国带来了贸易增加、传教扩展、聘用美国人员增多等具体利益。但我们不应该苛求蒲安臣在中美利益问题上一定要当美国的"卖国贼"，他能够尽可能恪守"双赢"的相对中立立场已经非常难得了！比如《蒲安臣条约》为在美华人提供了联邦法律保护；条约签订四年后中国陆续派出了120名幼童赴美留学，其中有后来的京张铁路总工程师詹天佑、北洋交通总长梁敦彦、北洋大学校长蔡绍基等在中国近现代史上功绩卓著的人物。正如徐国琦的评价："我们必须承认，当中国人同美国人的利益事实上重叠交织在一起的时候，蒲安臣为中美双方都做出了杰出的贡献。"[①]

蒲安臣的中国观与其政治理念、思想认识、个性品格等，都不无关系。徐国琦认为，在蒲安臣的政治生涯中，他要"捍卫"的主要原则是主权、正义和人道主义。他年轻时的书信和演讲中就满是"良心""人类""道义""文明"这些词汇。推荐蒲安

[①] 徐国琦：《中国人与美国人：一部共有的历史》，尤卫群译，四川人民出版社，2019年，第73页。

臣出任外交使臣的恭亲王奕䜣在奏折中说，蒲安臣"其人处事和平，能知中外大体，遇有中国为难不便之事，极肯排难解纷"。蒲安臣出访前，总理衙门的士大夫董恂赠诗中写道："慈心历遍关山道，四海从今说太平。"随同蒲安臣出访的志刚评价蒲安臣"明白豪爽，办事公平"。美国著名作家马克·吐温写给蒲安臣的悼词中有这样一句话："他对各国人民的无私帮助和仁慈胸怀，已经越过国界，使他成为一个伟大的世界公民。"从这些评价中，我们可以再次感受蒲安臣的历史贡献，并由此深刻体会蒲安臣的中国观的历史价值与时代意义。

真正的自信：我们就是我们

1990年，芭芭拉·布什夫人在韦尔斯利学院（Wellesley College）毕业典礼上的演讲中，讲到这样一个小故事：一位年轻的牧师带领孩子们做游戏，他要求孩子们按照"巨人、矮子和巫师"这三种角色分站三列。这时候，一个小女孩走过来问他：那美人鱼站在哪儿？年轻的牧师耐心地说："孩子，没有美人鱼，只有巨人、矮子和巫师。"小女孩拉着他的裤脚仰着小脸执着地说："有啊，有美人鱼！我就是一条美人鱼。"讲到这里，芭芭拉·布什夫人语气一转，严肃地说：美人鱼站在哪里？这不仅是韦尔斯利学院的建校理念，也是美国的建国理念。

这段轶事生动形象地揭示了美国多元文化共存的思想基础，这与中国传统文化中的"兼容并包""有容乃大"等思想可谓是不谋而合。

但纵观1500年以来的世界历史，在所谓"现代化"和"全球化"的潮流之中，资本裹挟的强大力量几乎打开了世界上所有的"桃花源"。如《共产党宣言》所言的"它按照自己的面貌为自己创造出一个世界"的同时，也使人类文明日益趋于同质化，"美人鱼"难有栖身之处。

1500年是诸多历史学者公认的世界文明演进的分水岭，特别是以中国和欧洲为代表的东西方文明从此兴衰交替。

公元1500年被许多学者当作近代与现代的分界线，这个时候欧洲的居民们绝对看不出他们的大陆即将统治地球上其余大部分的地区。当时人们对东方伟大文明的认识是支离破碎的,而且常常是错误的。这些认识主要来源于旅行者的故事,他们在重述这些故事时常常添油加醋。尽管如此,许多人对拥有神话般的财富和庞大军队的广袤的东方帝国的想象,还是相当准确的。①

1500年,中国处在明代弘治十三年。史记18岁继位的明朝第九代皇帝朱祐樘宽厚勤政,励精图治,史称"弘治中兴"。这一年,距离1405年郑和首次下西洋已经过去了近一百年,而麦哲伦的首次环球航行则是在此后18年即1518年。保罗·肯尼迪从经济史和军事史的角度,对1500年以来的世界经济、政治、军事、思想、社会、地理和外交等多方面加以考察,论述了国际权力体系与全球经济秩序的关系及其历史变迁。

英国金融历史学家尼尔·弗格森(Niall Ferguson)在《文明》一书中,则从经济史的视域,深刻剖析了自1500年至今世界东西方文明的演进历程。书中讲道,1500年的北京生活着近70万人,伦敦人口仅有5万;而到了400年后的1900年,伦敦以超过600万的人口成为全球特大城市;到1990年,美国人均富裕程度已经是中国人的70倍。尼尔·弗格森试图揭示的是,在这500年间西方是如何获得如此巨大的发展优势的。

美国著名历史学家伊恩·莫里斯的《西方将主宰多久:东方为什么会落后,西方为什么能崛起》一书,则是从包括史前文明在内的更加广阔的人类发展整体历史视域和气候条件、地理环境、生产活动、生活方式、社会组织结构等更广泛的因素,考察比较东西方的文明演进,分析近现代西方的发展何以远远超过东方。1500—1800年间,"东方社会发展上升了百分之二十五,而西方

---

① 〔英〕保罗·肯尼迪:《大国的兴衰:1500-2000年的经济变革与军事冲突》(上),王保存等译,中信出版社,2013年,第3页。

社会发展的速度是其两倍"。这一章"西方的赶超"的副标题是"大清王朝为什么出不了牛顿和伽利略"。这还真是一个值得我们深刻反思的问题。

当我们强调在全球化的浪潮中,人类文明理应依然保持多样性的同时,也需要考虑到500年来"西方"科学技术的巨大进步,哲学、人文与艺术的灿烂成就,深刻改变了包括我们在内的人类生活的物质条件与精神面貌。在因"落后挨打"而形成的"痛感""耻感"所塑造的带有强烈民族主义情感的"追赶式"现代化之路上,我们也要记得从铁路到电灯、从汽车到马桶以及从学科到学位等,都是"西方"的舶来品。钱穆在1941年冬天为重庆中央训练团所作的题为"中国文化传统之演进"的讲演中就讲道:

中国今后出路,只要政治有办法,社会有秩序。要政治清明,社会公道,把人生安定下来,则西方科学文明并不是不可能接受。而说到政治清明和社会公道的本身,那就是我们自己内部的事,这些却不能专去向外国人学。好像花盆里的花,要从根生起。不像花瓶里的花,可以随便插进就得。我们的文化前途,要用我们自己内部的力量来补救。西方新科学固然要学,可不要妨害了我们自己原有的生机,不要折损了我们自己原有的活力。能这样,中国数千年文化演进的大目的,大理想,仍然可以继续求前进求实现。[①]

1941年,正是抗日战争最为艰苦的岁月。钱穆对中国文化所怀抱的信念是坚定的,对西方科学文明的态度则是开明的。如此充分的文化自信,是值得我们今天在国运昌盛但挑战严峻的新时代学习借鉴的。如张德祥在《中国文化的基因、活力和能量》一

[①] 钱穆:《国史新论》,生活·读书·新知三联书店,2018年,第371—372页。

文中所讲到的:"自信不是封闭和排外,恰恰是包容并蓄,是一种'吞吐八荒'的大气度,是一种'和谐万物'的大智慧。"①

"周虽旧邦,其命维新。"实际上,除了明代禁海以后特别是清代中叶以后的"闭关锁国",中华民族从来都不是一个故步自封的民族;而且,正是在与外来文化的激荡交融中,中华文明才愈发获得生命力与独特性,像汉代的张骞出使西域,唐代的玄奘"西天"取经,明代的郑和下西洋,都在一定程度上为中国人的生活和中国文化注入了生机活力。所以,我们理应有清醒的文化自觉和充分的文化自信,对5000年来的中华文明、500年来的世界"现代化"潮流和一百八十多年来中国的"倒逼"现代化探索加以全面而深刻的省察,清楚我们有什么,也懂得我们缺什么,更知道我们要什么,如罗素所说:

接受过欧美教育的中国人意识到,必须使中国传统文化注入新的元素,而我们的文明正好投其所需。然而,中国人却又不照搬我们的全部,这也正是最大的希望之所在……②

这个"最大的希望",应该就是通过"注入"而不是"照搬"西方文明,实现中国传统文化的创造性转化和创新性发展,从而建构起中国现代化的"主体性"。19世纪法国著名的文艺理论家和历史学家伊波利特·阿道尔夫·丹纳(Hippolyte Adolphe Taine)的这段话也非常值得我们深思:

一个民族的特性尽管屈服于外来的影响,仍然会振作起来;因为外来影响是暂时的,民族性是永久的,来自血肉,来自空气与土地,来自头脑与感官的结构与活动;这些都是持久的力量,

---
① 张德祥:《中国文化的基因、活力和能量》,《中国艺术报》,2016年12月16日。
② 〔英〕罗素:《中国问题》,秦悦译,学林出版社,1996年,第164页。

不断更新，到处存在，决不因为暂时钦佩一种高级的文化而本身就消灭或者受到损害。①

对于一个有着五千多年悠久历史的文明古国来说，我们对"来自血肉，来自空气与土地"和"来自头脑与感官的结构与活动"的永久的"民族性"理应有充分的省察，这不仅是使中国人之所以成为"中国人"的最为深层的原因，也是建构中国现代化"主体性"的"内生动力"，而且在某种程度上也构成中国现代化的"内在规定性"。早在1966年，金耀基就深刻地指出：

中国在过去两千年中从没有发生过"全部的""永久性"的变迁，而只有"适应性的""循环的"变迁，这是因为中国的文化在一个静态性的农业社会中，富有一种"自足的系统"，而在世界秩序中，享有一种自觉与不自觉的"光荣的孤立"。②

这种由永久的"民族性"所形成的"内在规定性"，也可以作为郑和下西洋为什么没有成为"地理大发现"、大清王朝为什么出不了牛顿和伽利略等问题的参考答案。也因此，如金耀基所指出的，中国的"现代化"是源于"外发的压力"而不是起因于"内发的力量"，所以我们必须因应"民族性""内在规定性"和"内发的力量"走向来实现我们的"现代化"。

"不同的国家是可以通过不同的方式走向'现代'的。"作为中国近现代历史进程"内在导向"的主要倡导者之一，美国著名汉学家孔飞力（Philip Alden Kuhn）提出：

毫无疑问，现代国家在中国产生是革命与变革的结果，并受

---

① 〔法〕丹纳：《艺术哲学》，傅雷译，生活·读书·新知三联书店，2016年，第229页。
② 《中国现代化的终极愿景：金耀基自选集》，上海人民出版社，2013年，第3页。

到了外部世界种种力量的影响。

然而，从本质上来看，中国现代国家的特性却是由其内部的历史演变所决定的。①

在书中，他以魏源、冯桂芬等19世纪中国文化精英的"政治参与"为例，说明植根于本土环境及相应的知识资源作为一个国家走向现代化的"内部动力"的根本性质。金耀基也曾多次讲过：没有"没有传统"的现代化，也没有"没有地方"的现代化。即是从时间和空间的两个维度，强调不同民族国家最终是不同的现代化模式。

2015年在巴黎国际艺术城驻留时，我拜访了一位曾在中国执教的芬兰艺术家，期间他谈到一个观点：中国就是中国（China is China）。字面上看这简直就是一句废话，但在交谈中我理解他的意思是，中国只能按照自己的历史轨迹走自己的现代化之路。是这样的，世界上任何国家和民族都只能是由其独特的历史、地理以及生产生活方式所决定的那个独特的自己。

但这个"自己"，是变化发展的，是需要不断自省自知的。尤其是在新一轮技术革命日新月异的今天，大数据、人工智能、生物技术等不断刷新着我们对生命与世界的认知，并且深刻地改变着我们的生产生活方式。晴耕雨读、诗书传家，几乎已成为一个民族的古老记忆了。这份记忆当然也是好的，让我们懂得我们的来处。也正因懂得来处，才知道我们已走过迢迢长路，置身于没有返程的"现代"之中。我们必须面对这个"现代"，必须在这个"现代"中审视我们的处境和我们的去路。

因为记得来处，我们终究还是会把祖先耕种过的阡陌田野、

---

①〔美〕孔飞力：《中国现代国家的起源》，陈兼、陈之宏译，生活·读书·新知三联书店，2013年，导论，第1页。

祖先跋涉过的山岳河流留一片给我们的子孙，让他们还能拥有一片可望的家山，驰骋一下诸如"七八个星天外，两三点雨山前"的浪漫想象。当然，我们更需要清醒地、冷静地打量我们周遭的世界，不带"光荣历史"的骄傲，不带"百年屈辱"的激愤，以"理性的中国世界观"立足于此时此地，放眼世界的大势，回望我们的文明，使优秀传统文化实现创造性转化和创新性发展，使悠久灿烂的中华文明获得现代转型，为中华民族走向未来提供"自强不息"的力量和"厚德载物"的胸怀。

我们就是我们，我们只能是我们，我们也必然是我们。在五百多年来的世界现代化大潮中，在一百八十多年来的奋力搏击中，我们已不再是被"拉下水"的把水视为敌人的初下水者，而是有底蕴、有勇气、有胆识、也有能力的弄潮儿。而且，我们也不需急于"走向世界"，因为我们也已深知，不管是"巨人、矮子和巫师"还是"美人鱼"，我们都已经不在"世界之外"，我们，就是这个世界不可或缺的一部分。

第六辑　重新认识"古今中外"

未来的自许：我们就是"我"们

一位赴美国波士顿美术馆艺术学院（School of the Museum of Fine Arts）攻读绘画专业硕士的年轻人告诉我，他们第一个学期完全是读书课，每周有必读篇目，而且需要提交读书报告和课堂讨论。期末，他把读书之余给同学们画的几幅肖像给老师看，老师说："你画得都很像，但你告诉我，你在哪里呢？"

这个问题让这位中央美术学院附中保送生、油画系本科毕业生彻底"懵"了——"我"在哪里呢？这岂止是他未曾考虑过的，也是我们大多数人未曾想过的问题吧！因为对我们中国人来说，这似乎不是个问题。我就在这里啊！这个"我"几乎很少从身边的亲人、周遭的环境剥离出来，"我"和"我们"是一个整体，而且是一个几乎不可分割的整体。

但是，这一问对于画画儿的年轻人来说，还真是十分有必要的。他可以由此探寻艺术的本质，探讨艺术与人生的关系，探索自我的表达形式与风格问题，等等，而这些是成为优秀艺术家的重要前提。因为优秀的艺术作品不仅令人"有感觉"，还会让人"有想法"。而对于我们非艺术专业的人来说，这一问，则会触及自我与他者、个人与世界的关系问题。

"关系"这个词本身有着丰富的内涵。马克思在《关于费尔巴哈的提纲》中说："人的本质并不是单个人所固有的抽象物，实际上，它是一切社会关系的总和。"[①] 马克思还讲过，人的本

---

① 《马克思恩格斯全集》第3卷，中共中央马克思恩格斯列宁斯大林著作编译局编译，人民出版社，2016年，第5页。

质是自由自觉的社会实践,这二者并不矛盾。因为一定的社会实践必然产生一定的社会关系,所以,人是由其社会关系而"嵌"入这个物质世界和社会系统中的。

因此在日常生活中,我们很少从"我"这一个体的角度来思考问题,而往往是站在"我们家""我们班""我们学校"和"我们单位"等一个相对整体的立场上。金耀基强调:

> 中国现代化是中国唯一的出路,并且它也逐渐汇成一个日益壮大的潮流,我们不能回避它,必须应接它。对于中国的现代化运动,我们没有权利做一个旁观者,我们必须以良心、智慧与热忱加以拥抱。①

金耀基所强调的,首先是中国现代化是时代大势,其次是在这个大势中个人理应参与。"我们没有权利做一个旁观者"这句话,让我想到当年在博士生英语课堂上,外教老师特别提醒我们的一个问题是,在英文中要慎用 We 而要学会用 I。比如"我们认为"这个在我们看来天经地义的词组,如果表述为 We think 就是不可思议的;而在汉语中我们则很少使用"我认为",在必须表达个人观点时往往会采用"我想""我觉得"这样比较弱化的语气。这就是东西方文化中不同的"个人观"的一种体现。

在这方面,张世英有着系统深入的研究和独到的见解,集中体现在《中西文化与自我》一书中。在序言中他讲到这部以"自我"为焦点的专著的缘起,是心理学家朱滢在《文化与自我》一书中提出西方人的自我观是"独立型自我"(independent self),强调个体的独立性和独创性;而中国人的自我观是"互依型自我"(interdependent self),强调个体与他人和社会的相互依赖。朱

---

① 《中国现代化的终极愿景:金耀基自选集》,上海人民出版社,2013年,第30页。

滢认为"互依型自我"观点的代表是哲学家张世英,但张世英进一步提出"应吸纳西方人的自我观而又超越之"的观点:

> 中华传统文化虽有大一统的群体意识的威力,但因缺乏"独立型自我"的主体性和个体性,而被西方人喻为睡狮之未醒。我以为,"东方睡狮"之彻底觉醒,中华文化之光辉未来,还有待于更进一步的个体性自我的大解放。①

张世英讲道,朱滢的实验调查结论让他"大受震动",就是当今的中国人,甚至年轻人的自我观,还属于"互依型自我",缺乏个体自我的独立性和独创性。

朱滢在《文化与自我》一书中,从心理实验和社会调查的实证方法所得的结论是符合中国传统文化给予中国人的深层集体无意识的"自我观"的。我们单从汉字"人"这一撇一捺的"相互支撑"就可以得知,中国传统文化中的"人"的概念本身就有"独木不成林"的内涵。况且还有"木秀于林风必摧之""枪打出头鸟"这样一些熟语一代又一代潜移默化地强化着我们的"从众"意识。继续从"从众"的汉字构造看,"从"就是跟随,而"跟随"本身就是把"自我"置于群体之中;"众"则是"从"上又有一人,也就是群体皆需上有"遮风挡雨"的统领之人,这似乎可以描绘中国历代社会结构了。而且,这也很容易让人联想到"吃得苦中苦,方为人上人"的俗语。

1920年1月,中国第一位马克思主义者李大钊在《解放与改造》第2卷第2号上发表了一篇题为《由纵的组织向横的组织》的短文,明确讲到"从前的社会组织是纵的组织,现在所要求的社会组织是横的组织""现在劳工阶级、无产阶级联合起来,为

---

① 张世英:《中西文化与自我》,人民出版社,2011年,序,第3页。

横的组织,以反抗富权阶级、资本阶级"。他描述的"横的组织"的愿景是"在此一大横的联合中,各个性都得自由,都是平等,都相爱助,就是大同的景运"①。显然,传统的"人上人"的观念便是封建等级制度的体现,是"一些人统治,大多数人被统治"的官民二元对立社会的思想产物。在这样的社会中,大多数被统治者的权利和福祉都毫无保障,也就只能"从众",只能"抱团取暖",这样的生存策略必然导致这样的"自我意识"。

所以,在《共产党宣言》中,马克思和恩格斯所描绘的未来社会不再是一个"纵的组织"而是自由人的"联合体":

代替那存在着阶级和阶级对立的资产阶级旧社会的,将是这样一个联合体,在那里,每个人的自由发展是一切人的自由发展的条件。②

作为自由人的联合体的"我们",一定是每一个自由发展的"我"的集合体,也就是"我"们。这不仅是现代化的首要内涵,也是马克思主义关于人的解放学说的核心要义。"解放"是我们理解马克思主义,理解中国 20 世纪的革命、建设和改革开放的一个关键词。恩格斯在 1847 年的《共产主义原理》一文中就明确讲道:"共产主义是关于无产阶级解放的学说。"在《共产党宣言》1883 年序言中再次强调了无产阶级"解放"的使命。而早在 1843 年马克思在《论犹太人问题》一文中,就明确讲到"任何一种解放都是把人的世界和人的关系还给人自己"③。以马克思主义为指导的中国共产党从成立伊始,就是把民族解放和人民

---

① 《李大钊全集》第 3 卷,中国李大钊研究会编注,人民出版社,2006 年,第 167—168 页。
② 《马克思恩格斯选集》第 1 卷,中共中央马克思恩格斯列宁斯大林著作编译局编译,人民出版社,1995 年,第 294 页。
③ 《马克思恩格斯全集》第 1 卷,中共中央马克思恩格斯列宁斯大林著作编译局编译,人民出版社,2016 年,第 443 页。

幸福作为自己的奋斗目标的。当年延安被称为"解放区",人民军队名为"解放军",最终是通过"解放战争"使中华民族站了起来;而中华人民共和国成立后,在艰巨而复杂的现代化历程中,经过艰难的探索直至改革开放后"解放思想"和"解放生产力",才使得中华民族富了起来。现在,我们要继续通过"解放思想"并且"解放个性",使每个人都能够自由而全面地发展、充分地实现自我,才能使中华民族真正强起来!

实际上,当年金耀基所讲到的在中国现代化的时代大势中"我们没有权利做一个旁观者"的问题,由这半个多世纪的历史也可以更加清晰地看到,我们每个人不是有没有"权利"做一个旁观者,而是有没有"可能"做一个旁观者的问题。因为现代化的浪潮注定以某种形式深刻影响以至彻底改变我们每一个人的生活。

以其研究译著为海德格尔的研究提供了无穷灵感的卫礼贤,在他的《中国心灵》一书的"东西方的深层契合"一节中这样写道:

> 总而言之,要把人性从时间和空间的束缚下解放出来,还需要做两件事:深深地潜入人性的潜意识层次,直至从那个深度往上,所有充满活力的、只能以一种神秘的统合的观照加以体验的道路完全获得自由。而这恰恰是东方的专利。另一方面,人性还需要对自主个人的最终的强化,直到其获得能与外部世界的全部压力相匹敌的力量,而这却是西方所长。只有在这个基础上,东西方才能成为唇齿相依、彼此都不可或缺的好兄弟。[①]

卫礼贤所言"人性还需要对自主个人的最终的强化,直到其获得能与外部世界的全部压力相匹敌的力量"这句话,在近百年

---

① 〔德〕卫礼贤:《中国心灵》,王宇洁等译,国际文化出版公司,1998年,第298页。

后的今天仍是值得我们深刻反思的。如果没有这种得以强化的个人的自主性,就很难有中国现代化的"主体性"。因为当每一个民族成员都只想省心省力地"从众"之时,那么金耀基所言的需要以其拥抱现代化的每个人的"良心、智慧与热忱",就不可能真正参与到公共生活中,整个民族的现代化也就难免还是要"摸着石头过河",或者亦步亦趋气喘吁吁地"追赶"着他者。

张世英还明确提出了一种中西方自我观相结合的"万物不同而相通"的"新的万物一体观":

> 既肯定"不同""自我"所固有的独特性,又肯定"一体"中人我间的"相通"(相互联系、相互作用、相互影响、相互支持)而尊重"他人"。只有尊重"他人"之"自我"的独特性,创造一个"和而不同"的局面,才能建设一个真正和谐的社会。①

一个每个人的个性都得以充分发展、所有人的个性都得以相互支持与尊重的社会,无疑是一个充满创造活力的和谐美好的社会,这样的个人与群体也无疑是充满现代性的个人与群体。今天,在全球后疫情时代,国际政治秩序和经济形势愈益充满波谲云诡的复杂性和挑战性。在所谓"黑天鹅""灰犀牛"事件随时可能发生的时代,我们每一个人都应以此现代性的自觉与现代人的自许,充满"良心、智慧与热忱"地来参与和推动中国的现代化,来拥抱山河无恙、未来可期的中华民族强起来的新时代。

---

① 张世英:《中西文化与自我》,人民出版社,2011年,序,第3页。